0~36개월, 아기와 엄마가 교감하는 뇌 발달 놀이

뇌가 즐거운 아기 놀이 120

0~36개월, 아기와 엄마가 교감하는 뇌 발달 놀이

뇌가 즐거운 아기 놀이 120

뇌발달영아놀이연구팀

정미라 권정윤 박수경 이방실
김경숙 문원선 유혜경 이민정

시작하며

아기와 엄마의 교감이
왜 뇌 발달에 중요할까요?

자녀를 낳고 기르는 일은 누구나 할 수 있는 일이라지만 사실 부모 역할에는 많은 준비가 필요합니다. 3대가 함께 생활했던 대가족의 전통사회에서는 아기를 낳고 기르는 과정에 필요한 지혜를 자연스럽게 이어받을 수 있었습니다. 하지만 요즘의 우리에게는 이런 기회가 쉽게 주어지지 않지요.

요즘 어린 자녀를 키우는 엄마들은 아기에게 놀이가 중요하다는 것은 알고 있지만 어떻게 놀아주어야 하는지, 어떤 놀이가 아기의 발달, 특히 뇌 발달에 도움을 주는지 몰라 고민이 많습니다. 방법을 모르니 돌이 갓 지난 아기를 문화센터나 놀이학교 등에 데려가고 값비싼 교구를 사들이기도 합니다.

시중에 성공하는 자녀로 기르는 원칙과 이론을 제시한 책은 많으나 그 이론을 기초로 어떻게 아기와 상호작용해야 하는지를 안내하는 책은 찾아보기 어렵습니다. '뇌발달영아놀이연구팀'은 바로 이런 부모들에게 바른 길을 안내하고자 이 책을 만들었습니다. 아기의 뇌 발달에 관한 정보를 제시하고 아기와 잘 노는 법을 알아 부모의 역할을 제대로 할 수 있도록 도움을 드리고자 합니다.

흔히 뇌 발달이라면 머리가 똑똑해지는 과정이라고 생각하지만, 진정한 뇌 발달은 아기의 발달적 요구와 특성에 맞춰 부모와 안정된 애착을 형성하고 긍정적인 상호작용을 통해 이루어집니다. 그 결과 '엄마와 아기가 함께 행복해지는 것'이 뇌 발달 교육의 목표이지요. '뇌발달영아놀이연구팀'은 지난 3년간 영아기 자녀를 둔 부모의 양육 역량강화를 위한 개별 코칭 프로그램을 함께 진행했습니다. 또 뇌 발달에 기초한 영아놀이 프로그램을 직접 운영하며 아기의 뇌 발달을 돕는 놀이 프로그램 효과도 확인했습니다. 이런 연구 결과를 토대로 《뇌가 즐거운 아기 놀이 120》을 완성하게 되었습니다. 이 책에서 제시한 모든 놀이는 아기를 키우는 엄마와 아빠가 아기를 목욕 시키고, 재우고 먹이고 귀저기를 갈거나 산책을 하면서 쉽게 할 수 있는 것들입니다.

이 책이 출판되기까지 많은 분들의 도움이 있었습니다. 먼저 가천대학교 세살마을 뇌 발달 영아놀이 프로그램에 참여해주신 여러 아기와 부모님께 감사드립니다. 놀이 프로그램에서 제공한 자료들을 소중히 보관했다가 다른 엄마에게 전해주었다는 분들도 계셨어요. 육아품앗이모임에 가서 놀이 활동을 소개해주신 어머니들께도 감사의 말씀을 드립니다. 또 놀이 프로그램 운영을 도와준 박사과정의 강은영, 이정림 선생님의 노고도 잊을 수 없답니다.

아직 부족하기만 한 연구팀의 활동을 묶어 세상에 내놓는 것이 마냥 부끄럽습니다. 다만 그동안 저희 연구팀이 고안하고 실천했던 작업을 정리해 실제로 아기를 키우는 엄마들에게 작게나마 도움이 되리라는 점에 의미를 두려고 합니다. 책의 취지와 내용을 듣고 선뜻 출판을 결정해 많은 지원을 아끼지 않은 느림보출판사와 오승민 그림작가에게도 깊은 감사의 뜻을 전합니다.

끝으로, 이 책이 '내 아기를 최고로 기르고 싶다는, 모든 부모의 가장 자연스러운 소망'을 실현하는 데 도움이 되기를 진심으로 바랍니다.

2013년 6월 세살마을연구원장 정미라

CONTENTS

시작하며   **4**   아기와 엄마의 교감이 왜 뇌 발달에 중요할까요?

이론편   **12**   놀이를 시작하기 전에 1 **첫 3년이 평생을 좌우해요**

         16   놀이를 시작하기 전에 2 **오감을 자극해야 뇌가 발달해요**

         28   놀이를 시작하기 전에 3 **아기의 뇌를 즐겁게 만들어요**

놀이편   **34**   아기와 함께 놀아요 **'뇌가 즐거운 아기 놀이 120' 활용법**

STEP 1   0-6개월

- **42** 엄마 손, 아기 손 감각인지
- **44** 소리를 찾아요 감각인지
- **46** 후후~ 입 바람 사회정서
- **48** 빙글빙글 모빌 사회정서
- **50** 얌냠! 쭉쭉! 사회정서
- **52** 팔다리 쭉쭉! 신체운동
- **54** 반사놀이 신체운동
- **56** 보송보송 기저귀 갈이 의사소통
- **58** 엄마 옷이 좋아요 감각인지
- **60** 딸랑딸랑, 데굴데굴~ 사회정서
- **62** 까꿍! 눈 맞춤 사회정서
- **64** 뽀득뽀득 목욕놀이 사회정서
- **66** 산들산들~ 바람 만나기 사회정서
- **68** 손 놀이 신체운동
- **70** 흔들흔들~ 배를 타요 신체운동
- **72** 영차! 영차! 발로 차! 신체운동
- **74** 엄마가 뭐하지? 의사소통
- **76** 자장 자장 의사소통

STEP 2 6-12개월

- 80 똑똑똑! 문 열어주세요 감각인지
- 82 과일 쿵쿵, 과일 얌냠 감각인지
- 84 손수건 마술 감각인지
- 86 거울 속 내 얼굴 감각인지
- 88 쉿! 무슨 소리지? 감각인지
- 90 부비부비, 뽀뽀 쪽~ 사회정서
- 92 내 맘대로 꾹꾹꾹! 사회정서
- 94 칙칙 폭폭! 땡~ 사회정서
- 96 깨끗이, 깨끗이 사회정서
- 98 미끌미끌~ 쏙! 사회정서
- 100 뻥! 뻥! 공놀이 신체운동
- 102 손바닥, 발바닥 신체운동
- 104 자동차놀이 신체운동
- 106 처음 숟가락 신체운동
- 108 불빛을 잡아라 신체운동
- 110 어부바 여행 의사소통
- 112 친구들아, 잘자~ 의사소통
- 114 아가야, 아가야, 뭐하니? 의사소통
- 116 동물그림책 보기 의사소통
- 118 딩딩딩! 동동동! 의사소통
- 120 까꿍 그림책 보기 의사소통

STEP 3 12-18개월

- 124 꼬마 망원경 감각인지
- 126 식빵 요리사 감각인지
- 128 똑같아요 감각인지
- 130 반찬통 블록 감각인지
- 132 손가락놀이 감각인지
- 134 재미있는 서랍 감각인지
- 136 내 몸을 지켜라! 사회정서
- 138 신체 부위 가리키기 사회정서
- 140 조물조물~ 밀가루 사회정서
- 142 치카푸카! 싹싹 사회정서
- 144 이불 놀이터 신체운동
- 146 언덕을 넘어서 신체운동
- 148 발등에서 댄스 신체운동
- 150 아장아장 걸음마 신체운동
- 152 나도 할 수 있어요! 신체운동
- 154 꾹꾹! 수수깡 신체운동
- 156 우리 가족 의사소통
- 158 촉감책 보기 의사소통
- 160 주세요! 주세요! 의사소통

STEP 4
18 – 24개월

- 164 소리 숨바꼭질 감각인지
- 166 냄새 주머니 감각인지
- 168 미끌미끌, 폭신폭신 감각인지
- 170 끼리끼리 블록 감각인지
- 172 뚜껑을 찾아라 감각인지
- 174 주르륵 물놀이 감각인지
- 176 굴려볼까요? 감각인지
- 178 장난감 도장 감각인지
- 180 내가 만든 소리 사회정서
- 182 아기인형 돌보기 사회정서
- 184 인사해요 사회정서
- 186 신나는 모래놀이 사회정서
- 188 달려라, 수레야! 신체운동
- 190 날아라, 비행기! 신체운동
- 192 풍선 제트기 신체운동
- 194 스타킹 줄다리기 신체운동
- 196 그대로 멈춰라! 신체운동
- 198 지그재그 걷기 신체운동
- 200 풍선그네 신체운동
- 202 응가하자, 끙끙! 의사소통
- 204 사진앨범 놀이 의사소통
- 206 빨래 친구들 의사소통

STEP 5
24 – 30개월

- 210 맨발로 걸어요 감각인지
- 212 자석낚시 감각인지
- 214 무엇이 무엇이 똑같을까? 감각인지
- 216 종이 친구들 감각인지
- 218 변신하는 점토 감각인지
- 220 나풀나풀, 리본 흔들기 사회정서
- 222 여기는 구름나라 사회정서
- 224 내가 의사 사회정서
- 226 그림자가 춤춰요 사회정서
- 228 집 만들기 신체운동
- 230 집게놀이 신체운동
- 232 이불말이 신체운동
- 234 페트병 볼링 신체운동
- 236 계단 오르기 신체운동
- 238 궁금이 상자 의사소통
- 240 무슨 소리일까? 의사소통
- 242 동물 흉내 의사소통
- 244 나의 첫 그림책 의사소통
- 246 내 손, 내 얼굴 의사소통
- 248 혼자 입어요 의사소통

STEP 6
30-36개월

- **252** 춤추는 꽃잎 감각인지
- **254** 나는야, 요리사 감각인지
- **256** 구슬그림 감각인지
- **258** 무엇일까요? 감각인지
- **260** 작게, 작게 잘라요 감각인지
- **262** 노래하고 춤추고 사회정서
- **264** 펄럭펄럭~ 스카프 나비 사회정서
- **266** 재미있는 벽화 사회정서
- **268** 얌냠! 상차리기 사회정서
- **270** 빨래를 해요 사회정서
- **272** 쑥쑥~ 자라라 사회정서
- **274** 바느질놀이 신체운동
- **276** 놀이터에 갔어요 신체운동
- **278** 비누거품그림 신체운동
- **280** 하나, 둘, 셋! 일, 이, 삼! 의사소통
- **282** 아기별 이야기 의사소통
- **284** '리'자로 시작하는 말 의사소통
- **286** 내 그림 소개하기 의사소통
- **288** 컵 인형 의사소통
- **290** 나도 읽어요 의사소통

이론편
놀이를 시작하기 전에

아기에게 중요한 것은 부모의 '따뜻한 스킨십'과 '수용적인 태도'입니다. 그래야 아기가 부모와 안정적인 애착 관계를 형성합니다. 이것은 뇌의 변연계를 정상적으로 발달시켜, 자신이 사랑받고 있으며 다른 사람에게 존중받고 있음을 알게 합니다. 애정과 공감의 가치도 알려줍니다. 이런 과정에서 아기는 심리적인 안정감과 자긍심, 자기 통제력을 갖추게 되고 다른 사람의 감정도 읽을 수 있게 됩니다. 첫 3년 동안 부모와의 애착을 안정적으로 형성하는 것은 아기에게 무엇보다 중요합니다.

놀이를 시작하기 전에 1
첫 3년이 평생을 좌우해요

아기의 뇌는 어떻게 발달하나요?

아기의 뇌는 태내에서부터 발달합니다. 뇌는 약 1천억 개의 뉴런(뇌세포)과 이것들을 연결하는 50조 개의 시냅스를 갖춘 상태로 세상에 나옵니다. 아기의 뇌는 태어나자마자 급속도로 발달합니다. 1개월 만에 시냅스가 무려 20배 정도 늘어납니다. 아기의 행동과 생각, 기억, 감정이 눈부시게 발달합니다.

이후 시냅스는 계속 증가해 2세가 되면 어른보다 그 수가 많아집니다. 그러나 지나치게 발달한 시냅스는 오히려 정보 전달의 효율성을 방해하므로, 자주 사용하는 연결망은 강화하고 잘 사용하지 않는 신경세포는 가지치기neural pruning를 하게 됩니다〈그림 1〉. 즉 아기의 뇌는 스스로 자주 사용하는 시냅스를 강화하고, 그렇지 못한 것을 퇴화시킵니다. 이러한 과정을 통해 뇌세포들 사이에 정보전달 속도가 빨라져 아기는 자주 접하는 생각이나 소리, 개념 등에 차차 익숙해집니다.

〈그림 1〉
시냅스 가지치기(Synaptic Pruning) (출처: Santrock, 2004)

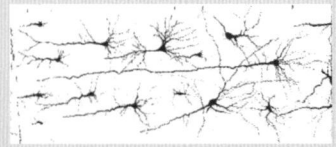
신생아

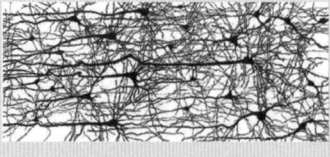
2세

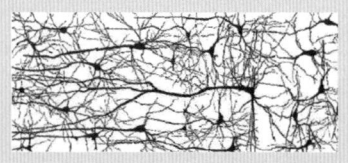
6세

갓 태어난 아기의 뇌는 어른 뇌의 약 1/4밖에 되지 않습니다. 하지만 이후에 경험하는 환경의 영향으로 3세경에는 어른 뇌의 3/4 정도로 뇌의 대부분이 완성됩니다. 가천대학교 부설 세살마을연구원에서(2010) 만 3세 아기와 20세 어른의 뇌 MRI영상을 분석한 결과 뇌량을 지나는 신경다발DTI의 방향성이 94.4%가 일치했고, 신경다발의 밀도는 82.9%가 일치하는 것으로 나왔습니다〈그림 2〉. 하버드 대학의 숀코프Shonkoff 교수도 생애 첫 3년간은 뇌 발달의 속도가 급속히 진행되어 뉴런이 1초에 700개씩 새롭게 연결된다고 밝히면서, 특히 환경의 중요성을 강조했습니다. 한마디로, 아기의 첫 3년 환경이 평생을 좌우한다는 의미입니다.

첫 3년 동안 아기의 뇌는 어떤 과정을 거치면서 발달할까요? 미국의 톰슨Thompson과 넬슨Nelson 박사 연구팀이 그 과정을 밝혀냈습니다. 가장 먼저 발달하는 것은 감각운동영역입니다. 그 다음에는 공간과 언어영역을 담당하는 두정엽, 측두엽이 발달합니다 〈그림 3〉. 그리고 2세에서 4세까지는 감성과 사고영역을 담당하는 전두엽의 활동이 활발해집니다.

신생아기에 감각운동영역의 발달이 활성화될 때는 다양한 사물의 모양이나 색·소리 등을 통한 시각·청각·촉각 등의 감각 경험을 제공해야 합니다. 언어영역을 담당하는 측두엽이 활성화되는 시기에는 따뜻한 말로 이야기를 건네면서, 아기의 옹알이에 친절하게 반응해주는 것이 좋습니다.

그런데 뇌가 잘 발달했다는 것은 무슨 의미일까요? 단순히 기억력이 좋거나 좋은 성적을 받는 것일까요? 아닙니다. 그보다는 어떤 문제에 직면했을 때 그 상황을 바르게 인지하고 적절한 해결 방법을 찾아내는 능력을 의미합니다.

아기의 뇌 발달을 돕기 위해 뇌과학자들이 강조하는 점은 크게 두 가지입니다. 첫째, 뇌가 발달할 수 있는 심리적 환경과 물리적 조건을 마련해주는 것, 두 번째는 뇌 발달 과정에 맞춰 아기에게 적절한 경험을 제공해주는 것입니다.

〈그림 2〉
유아와 성인의 뇌 MRI 비교
(자료제공: 가천대학교 세살마을연구원)

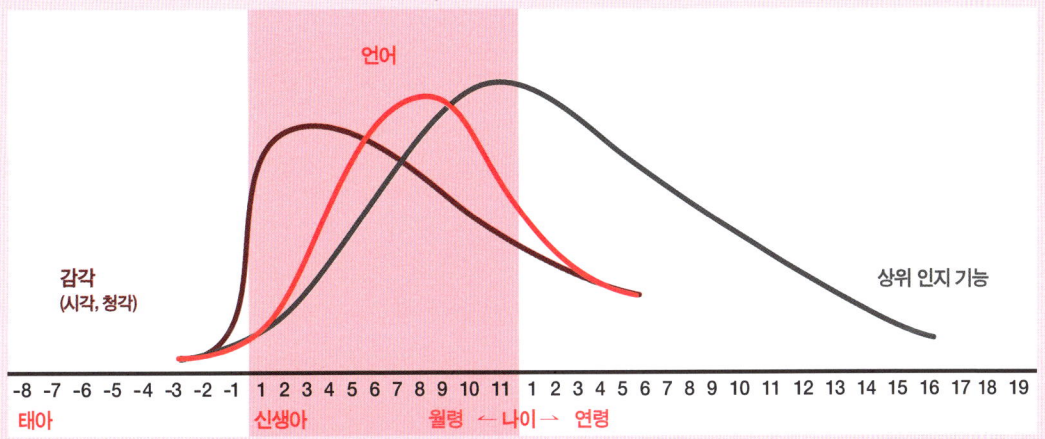

〈그림 3〉
뇌 발달이 민감한 시기

뇌를 발달시키기 위한 심리적 환경은 무엇일까요?

부모의 '따뜻한 스킨십'과 '수용적인 태도'입니다. 그래야 아기가 부모와 안정적인 애착 관계를 형성합니다. 이것은 뇌의 변연계를 정상적으로 발달시켜, 자신이 사랑받고 있으며 다른 사람에게 존중받고 있음을 알게 합니다. 애정과 공감의 가치도 알려줍니다. 이런 과정에서 아기는 심리적인 안정감과 자긍심, 자기 통제력을 갖추게 되고 다른 사람의 감정도 읽을 수 있게 됩니다. 첫 3년 동안 부모와 안정적인 애착 형성은 아기에게 무엇보다 중요합니다.

애착에 장애를 가진 아기는 사회성과 언어, 정서, 행동조절, 인지 등 모든 면에서 문제점을 드러냅니다. 뇌 발달 역시 부진합니다. 영유아기의 부정적인 경험이 뇌의 신경생물학적인 변화를 일으키기 때문입니다.
국내 신의진 교수의 연구에 따르면, 애착장애를 가진 아기들은 사회성과 언어, 정서, 행동조절, 인지 등 거의 모든 분야에서 문제를 겪고 있습니다. 뇌 대사량도 감소했습니다. 앞서 말했듯이 부정적인 애착 경험이 신경생물학적인 변화를 일으켜 뇌의 기능적인 이상을 가져온 것입니다. 부모를 대신해 어린이집에서 아기를 돌보는 2차 양육자인 보육교사나 조부모 같은 대리양육자와의 애착 관계도 마찬가지입니다. 일관성 있는 양육을 통해 양육자와 아기가 따뜻한 유대감을 형성하는 것이 뇌 발달에 가장 중요합니다.
스트레스도 아기의 뇌 발달에 영향을 미칩니다. 임신 중이나 출산 후에 생긴 엄마의 스트레스나 부부간의 문제는 뇌 발달에 부정적인 영향을 줍니다. 태내에서 혹은 영아기에 스트레스를 많이 받은 아기는 머리 크기가 작고 신경운동의 발달이 부진합니다. 정서조절에도 문제가 있으며 운동능력도 느리게 발달합니다. 아기가 울 때 민첩하게 반응해주어야 하는 이유가 여기에 있습니다.
미네소타대학 아동발달연구소Institute of Child Development의 구너Gunner 박사는 아기가 울음이나 칭얼거림으로 불편함을 나타낼 때 부모가 빠르게 반응하면 아기 스스로 스트레스를 조절할 수 있는 능력을 갖추게 된다고 말합니다. 이렇게 성장한 아이는 스트레스를 받아도 그것을 스스로 조절하게 됩니다. 반대의 경우는 늘 불안감을 느끼는 아이로 성장합니다.

뇌를 발달시키기 위한 물리적 조건은 충분한 영양과 수면이에요

모든 영양소가 골고루 들어 있는 모유를 먹으며, 충분히 잠을 자는 아기는 뇌 발달이 촉진됩니다.

뇌는 몸무게의 2%밖에 되지 않지만 인간이 사용하는 총에너지의 20%를 사용합니다. 뇌가 활동하기 위해서는 이처럼 많은 에너지가 필요합니다. 그래서 우리는 매일 에너지원이 되는 탄수화물 식품을 먹고, 기억력과 지능을 촉진하는 비타민과 미네랄을 섭취하려고 제철과일을 먹습니다. 또 푸른잎채소나 유제품도 먹습니다. 푸른잎채소에 함유되어 있는 칼페인 성분이 시냅스를 청소하여 신경 전달의 효율성을 높여주기 때문입니다. 수분도 뇌에 중요한 영향을 줍니다. 뇌는 수분의 함량이 높은 기관으로 체내에 탈수가 일어날 경우 주의집중이 어렵게 되기 때문입니다. 또한 수분은 스트레스를 증가시키는 호르몬을 감소시켜 뇌 활동을 촉진합니다. 아기의 경우도 마찬가지입니다. 충분한 영양과 수분을 함유하고 있는 모유를 먹어야 뇌 발달이 촉진됩니다.

수면 또한 아기의 뇌 발달을 좌우할 만큼 영향을 줍니다.
수면은 얕은 잠REM 수면과 깊은 잠Non-REM 수면으로 나뉩니다. 얕은 잠을 자는 동안 뇌는 생리적·신경적인 기능을 회복하여 깨어 있을 때 학습한 내용을 뇌에 정착시킵니다. 오감을 통해 얻은 다양한 정보를 정리해 장기기억으로 저장하는 것입니다. 깊은 잠은 깨어 있는 동안 활동하느라 지친 뇌를 쉬게 하고 성장 호르몬을 분비해 낮 동안 소멸된 세포의 회복과 재생을 돕습니다. 대뇌피질의 기능은 반드시 자는 동안에만 회복됩니다. 그러므로 잠을 충분히 자는 아기와 그렇지 못한 아기는 뇌 발달에서 큰 차이를 보일 수밖에 없습니다.

놀이를 시작하기 전에 2

오감을 자극해야 뇌가 발달해요

안정적인 애착 관계 형성하기

애착 관계는 태어나면서부터 형성되어 생후 6개월에서 8개월 사이에 가장 두드러지게 나타납니다. 아기가 부모와 상호작용을 하면서 즐거워하는 것, 스트레스를 받을 때 울음으로 부모에게서 위안을 얻으려 하는 것 등이 애착의 표현입니다.

부모와 안정적으로 애착을 형성한 아기는 자신을 소중한 사람이라고 느껴 자신감 넘치는 아이로 성장합니다. 그러므로 부모는 아기의 신호에 빨리 반응해야 합니다. 우는 아기에게 짜증을 내거나 귀찮다고 스킨십을 하지 않으면 아기에게 좋지 않은 영향을 줍니다.

애착이 형성되는 시기에는 시각과 기억이 발달해 친숙하거나 낯선 얼굴을 구분하게 됩니다. 즉 낯을 가리게 되는데 부모와 떨어지게 되면 불안을 느낍니다. 이것을 낯가림과 분리불안이라고 합니다. 낯가림은 돌 무렵에 가장 심하게 나타나 낯선 사람을 보면 얼굴을 돌리고 웁니다. 이러한 현상은 돌이 지나면 어느 정도 줄어듭니다.

안정적으로 애착이 형성된 아기는 엄마가 곁에 있으면 안심하고 낯선 상황에 적응합니다. 새로운 장난감이나 친구들에게도 관심을 보이며 적극적으로 놀이에 참여합니다. 엄마가 곁에 없으면 불안을 느껴 울음을 터뜨리지만 엄마가 돌아와 달래주면 곧 울음을 그치고 다시 놀이를 시작합니다.
이런 아기들은 이후에 유치원이나 어린이집에 다니게 되었을 때도 또래나 교사와 새로운 관계를 맺는 일이 그리 어렵지 않습니다. 엄마와의 관계를 떠올리며 편안하게 다른 사람들과의 관계도 형성합니다. 이러한 아이들은 또래들에게 인기가 많고 그룹에서 리더 역할을 하며, 이후 학교생활에서도 어려움을 잘 이겨내고 좋은 학습태도를 갖게 됩니다.

안정적으로 애착을 형성하지 못한 아기는 엄마와 잠시 떨어지기만 해도 몹시 불안해하며 울음을 터뜨립니다. 엄마가 돌아와도 쉽게 달래지지 않는 특성이 있습니다. 때로는 엄마가 곁에 없어도 불안해하지 않으며, 낯가림이 거의 없는 등 다른 사람들에게 무관심한 경우도 있습니다. 또 자신의 필요와 요구를 강하게 표현하지 않거나 경계심이 강해 낯선 상황을 완강히 거부하는 아기도 있습니다.

이렇게 사랑받고 있다는 확신이 없어 엄마를 믿을 만한 사람으로 여기지 못하면, 성장하여 다른 사람들과 관계를 맺을 때도 어려움이 생깁니다. 마음을 쉽게 열지 못하며 자신을 방어하려고 타인에게 피해를 주는 행동을 합니다. 또래들 사이에서도 불편한 친구로 여겨집니다. 타인의 호의를 믿지 못하기 때문에 사람들과 어울리는 것을 즐거워하지 않고 기피하는 아이가 됩니다.

안정적인 애착 관계를 위한 사랑의 기술

- ✓ 따뜻한 스킨십 많이 해주고 눈 맞추며 웃어주기
- ✓ 아기가 무엇을 원하는지 민감하게 알아채고 반응하기
- ✓ 아기에게 일관성을 가지고 한결같이 대하기
- ✓ 아기와 약속한 것은 아무리 작은 일이라도 반드시 지키기
- ✓ 아기의 감정과 생각 존중하기 (예: ○○가 기분이 나쁘구나.)
- ✓ 아기가 좋아하는 놀이를 통해 친밀감 키우기
- ✓ 아기가 불편을 표현할 때 바로바로 해결해주기
- ✓ 아기가 무언가 요구하기 전에 미리 해결하지 않기
- ✓ 아기 돌보는 사람을 자주 바꾸지 않기
- ✓ 아기에게 상처가 되는 말은 하지 않기 (예: 너 때문에 짜증나, 엄마는 네가 미워! 이것도 못해?)
- ✓ 아기와 헤어질 때 거짓으로 안심시키지 않기 (예: 아기가 울 때 "엄마 안 가요"라고 말하고 몰래 가기)

기질은 아기를 이해하는 열쇠예요

기질은 아기가 유전적으로 가지고 태어나는 특성입니다. 기질은 어떤 상황에 일관되게 반응하는 아기의 행동이나 정서적 반응으로, 성격발달의 기초가 됩니다. 아기의 타고난 기질은 출생 후 몇 주부터 나타납니다.

어떤 부모들은 아기의 기질을 단점으로 생각해 억지로 바꾸려고 노력합니다. 하지만 좋고 나쁜 기질이 따로 있는 것이 아닙니다. 어떤 기질이든 장점과 단점이 있습니다. 따라서 기질을 고치려고 애쓰기보다는 그 기질이 지닌 강점을 살려주는 것이 중요합니다. '주의 산만한 아기'를 '차분한 아기'로 바꾸는 것보다는 그 기질의 장점인 '사물과 사건에 다양한 흥미를 보이는 성향'을 최대한 발휘할 수 있도록 도와주는 것이 좋습니다. 부모는 기질에 맞는 양육방식을 선택해 아기가 갖고 있는 잠재력을 극대화해야 합니다.

아이들의 기질을 오랫동안 연구한 유명한 미국의 기질학자인 토머스Thomas와 체스Chess는 기질을 구성하고 있는 요인과 특성에 따라 까다로운 기질, 느린 기질, 순한 기질로 유형을 나누었습니다. '까다로운 기질'은 매우 활동적이거나 소극적인 성향을 가지고 있으며, 기분이 좋을 때나 싫을 때 격하게 감정을 표현합니다. 아주 작은 변화에도 예민하게 반응하여 낯선 장소나 새로운 경험을 기피하며 주의가 쉽게 산만해지는 특성이 있습니다. '느린 기질'은 자극에 반응이 늦고 감정 표현이 별로 없으며 새로운 환경과 낯선 사람에 쉽게 적응하지 못하고 수줍어하는 성향이 강합니다. '순한 기질'은 먹고 자는 것은 물론, 여러 반응들이 일관적이며 규칙적인 성향으로 밝고 긍정적인 기분을 자주 드러내고 새로운 환경에 쉽게 적응하는 특성이 있어 부모가 아기를 돌볼 때 비교적 수월한 편입니다. 다음은 기질이 까다로운 경우와 느린 경우 어떻게 돌보아야 하는지 정리한 표입니다.

아기의 기질에 따라 상호작용하세요

까다로운 기질의 아기

- ∨ 마음껏 에너지를 발산할 수 있는 장소에서 놀게 하기
- ∨ 불규칙한 수면습관, 식습관 이해해주기
- ∨ 억지로 새로운 것, 낯선 사람과 잘 지내는 것을 강요하지 않기
- ∨ 평소에 나타내는 부정적 정서를 혼내지 않고 인정해주기
- ∨ 우울한 기분이 전환될 수 있도록 즐거운 경험 마련해주기
- ∨ 책읽기 같은 정적인 활동은 되도록 짧게 하기
- ∨ 한 가지 일을 지속하도록 강요하지 않기
- ∨ 작은 변화에도 민감하게 반응하는 것을 인정해주기
- ∨ 조심성 없이 새로운 것을 덥석 만지기도 하므로 안전에 주의하기
- ∨ 격렬한 반응을 보일 때 "굉장히 기분이 좋아서 뛰는구나"라며 인정해주되 "그런데, 다치니까 조심하자"라고 반응하기

느린 기질의 아기

- ∨ 적절한 신체활동을 계획하여 몸을 적당히 움직이게 하기
- ∨ 새롭고 낯선 것을 만날 때 위축되는 것을 인정하고 기다려주기
- ∨ 새로운 환경과 낯선 사람에 적응하도록 여유를 가지고 기다리기
- ∨ 낯선 것에 익숙해지도록 다양한 기회를 반복적으로 마련하기
- ∨ 겉으로 나타내지 않는 생각이나 느낌을 물어보기("기분이 정말 좋아?")
- ∨ 한 가지 일을 지속할 수 있도록 배려하고 시간을 충분히 주기
- ∨ 관심이 가는 것에 집착할 때 이해하고 기다려주기
- ∨ 놀이하면서 반응을 이끌어내기 위해 좀 더 강한 자극을 제공하기

아기는 몸으로 생각해요

영아기에는 감각적이고 운동적인 경험이 인지발달에 매우 중요합니다. 아기는 '감각-운동적' 경험을 통해 사고하기 때문에 아기의 생각이 발달하기 위해서는 시각·청각·촉각·후각을 자극하는 감각적 경험과 움직이고 행동하는 운동적 경험을 제공해야 합니다.

시각은 아기의 감각기관 중 가장 늦게 발달합니다
신생아기에는 명암만 구별하다가 점차 움직이는 사물을 따라 눈을 움직일 수 있습니다. 그러므로 흑백 대비가 선명한 모빌을 아기의 시야에서 멀지 않은 곳에 달아 놓는 것이 좋습니다. 아기는 형태에 집중합니다. 그 중에서도 특히 곡선을 좋아합니다. 얼굴도 좋아하는데 눈을 가장 좋아합니다. 아기가 엄마의 얼굴을 오래 응시하는 것은 자연스러운 현상으로 상호작용을 촉진시킵니다.

청력은 가장 일찍 발달하는 감각능력입니다
아기는 태어나기 전부터 소리를 탐지하는 능력을 갖고 있기 때문에 출생 후에는 높고 강한 소리에 민감하게 반응합니다. 목소리를 구분할 수도 있어 생후 3주경에는 낯선 사람의 목소리보다 엄마의 목소리에 민감하게 반응합니다. 특히 태내에서부터 듣던 음악이나 엄마의 목소리를 들으면 심리적으로 안정감을 느낍니다. 또 리듬이 있는 말소리와 집 안의 다양한 사물 소리, 자연의 소리를 좋아합니다.

후각도 일찍 발달합니다
생후 6일만 되어도 아기는 엄마의 젖 냄새를 알고 젖 냄새가 나는 쪽으로 고개를 돌립니다. 배가 고프면 엄마의 가슴 쪽으로 얼굴을 파묻는데, 이것은 젖 냄새가 나는 쪽으로 입을 대기 때문입니다.

아기의 촉각도 같이 발달합니다

아기가 놀라거나 울 때 등을 쓰다듬어주거나 부드럽게 흔들어주는 스킨십을 하면 애착 관계를 형성하는 데 좋습니다. 처음에는 귀와 입을 사용하여 주위를 탐색하던 아기가 6개월경이 되면 손을 사용해서 물체와 환경을 탐색합니다. 12개월경에는 손으로 만져보는 것만으로도 익숙한 물체를 알아봅니다. 또 아기는 온도의 변화에도 민감합니다. 낮은 온도에 더 민감하게 반응을 합니다. 그래서 아기의 피부를 제2의 뇌라고도 말합니다.

오감발달에 맞춘 까꿍놀이 하기

아기가 까꿍놀이나 숨바꼭질을 좋아하는 이유는 대상영속성을 인지하게 되었기 때문입니다. 눈에 보이지 않거나 소리가 들리지 않아도 그 물체가 존재하고 있다는 것을 아는 것이 '대상영속성'입니다. 대상영속성 개념의 발달은 보통 6단계의 과정을 거치는데, 각 단계에 맞춰 까꿍놀이를 할 수 있습니다.

1단계 - 움직이는 장난감이 보이면 눈으로 그 장난감을 쫓다가, 장난감이 눈앞에서 없어지면 더 이상 관심을 보이지 않습니다.
2단계 - 눈앞의 장난감이 없어지면 없어지기 전에 머물렀던 지점을 잠시 바라보다가 고개를 돌립니다.
3단계 - 장난감이 보이지 않아도 어디엔가 존재한다는 사실을 어렴풋이 이해하는 단계로 장난감을 부분적으로 가려놓으면 장난감을 찾습니다. 그러나 완전히 이불로 덮어놓으면 찾지 않습니다.
4단계 - 아기의 시야에서 사라진 장난감을 적극적으로 찾으려고 하는 모습을 보입니다. 아기가 보고 있는 상황에서 장난감을 처음 감췄던 장소에서 다른 장소로 옮겨도 처음 장소에서 찾으려고 합니다.
5단계 - 아기가 보는 앞에서 빠른 속도로 물체를 여기저기에 숨기면 그것을 찾을 수 있습니다. 하지만 아기가 보지 못한 곳으로 이동하면 이해하지 못합니다.
6단계 - 대상영속성을 완전히 이해하게 되어 숨기는 장면을 보지 않아도 장난감을 찾을 수 있습니다.

아기도 엄마와 소통할 수 있어요

옹알이를 하면서 아기는 엄마와 서로 마주보고 이야기할 수 있어요
생후 2~3개월이 되면 아기가 '아아' '우우'와 같은 목젖울림소리인 쿠잉을 시작합니다. 6개월경이 되면 '다다다'나 '아그' '마마마'와 같이 자음과 모음이 섞인 옹알이를 시작합니다. 이때 엄마가 옹알이에 반응해주면 엄마의 소리와 비슷하게 옹알이를 하거나 소리를 냅니다. 9개월경이 되면 오빠나 언니가 내는 소리를 따라하기도 합니다. 정확하게 발음하는 것은 아니지만 '엄마' 하며 울기도 하고, 배가 고플 때는 '맘마'라고 소리를 내기도 합니다. 이 시기 아기의 언어발달에서 중요한 것은 어휘 수나 발음이 아니라 다른 사람과 소통하는 경험을 제공하는 것이므로 아기와 눈을 맞추고 부드러운 목소리로 이야기해주면 좋습니다.

한 단어만을 이용해서 말해요
12개월경까지는 거의 한 단어만으로 자신의 의사를 전달합니다. 이 시기를 '한 단어 시기'라고 합니다. 이 시기의 아기가 '엄마!'라고 말하면 엄마는 '엄마가 안아줘?' 또는 '엄마가 맘마 줄까?' '엄마랑 나갈까?' 등과 같이 아기가 말하려는 내용을 짧은 문장으로 대신 말해줍니다.

몸짓을 이용해서 말하고 싶어해요
18개월경이 되면 말을 잘하지는 못하지만 제스처를 사용해 자신의 생각을 표현할 수 있는 능력이 생깁니다. 이것을 몸짓언어baby talk라고 하는데, 밖으로 나가자는 의사를 손가락이나 팔을 뻗치는 것으로 표현합니다. 몸짓언어는 아기의 부족한 언어능력을 보완해줘 의사소통을 원활하게 하는 데 도움을 줍니다. 따라서 만 1세 전후의 아기와 이야기할 때는 일관된 몸짓을 함께 하면서 소통하는 것이 효과적입니다.

두세 단어를 사용해서 이야기해요

만 2세가 되면 두세 단어를 사용하게 됩니다. 두 가지 단어를 결합시켜 자신의 의사나 감정을 더 정확하게 표현합니다. 이를 '전보식 언어'라고 합니다. '엄마 우유'라는 말은 '엄마, 우유 주세요'의 의미이기도 하고 '우유가 먹고 싶어요'라는 의미도 됩니다. 주로 행위를 나타내는 말을 명사로 함축하여 사용하는 특징이 있습니다. '아빠 회사' '유진이 밖에' 등의 말도 사용합니다. 일상생활에서는 '안녕'이나 '빠빠이' 등과 같은 표현도 사용합니다. 또한 자신의 신체 부위를 가리키며 명칭을 말할 수 있고 나, 너와 같은 단어를 사용하기 시작합니다. 그러므로 상황과 맥락에 따라 아기가 하는 말의 의미를 잘 파악하여 반응해주어야 합니다.

글자를 몰라도 책을 읽을 수 있어요

만 3세 전후가 되면 아기는 아직 글자를 이해하지 못하지만 그림책의 그림을 보면서 책을 넘기는 것, 즉 왼쪽에서 오른쪽으로 글자를 읽고 책장을 넘긴다는 것을 이해하기 시작합니다. 엄마가 책 읽어주는 것을 기다리지 못하고 다음 장의 그림이 보고 싶어 그림만 보면서 책장을 넘기기도 합니다. 특별히 좋아하는 그림책이 생겨, 그 그림책을 반복해서 읽어달라고 조릅니다. 이때 아기는 엄마가 읽어준 문장을 기억했다가 손가락으로 문장을 짚어가며 책을 읽는 흉내pretend reading를 냅니다. 글자를 읽는 척하는 아기는 문장을 기억했다가 말할 때도 있지만, 그림을 보고 내용을 유추해서 말하기도 합니다. 글자를 읽는 척하는 행동은 아기가 문자를 알아가는 자연스러운 과정입니다. 이 시기 아기에게는 짧은 문장이 반복되는 단순한 책을 보여주는 것이 좋습니다.

아기는 태어나면서부터 돌 무렵까지, 옹알이에서 시작해 2~3가지의 단어를 말하는 수준으로 발달합니다. 이 시기의 언어발달은 수용언어와 표현언어로 나누어 발달하는데 각각 따로 발달하는 게 아니라 통합되어 발달합니다. 그래서 아기에게 다양한 말을 들려주고 상황에 맞는 말을 자주 해주면, 수용언어뿐 아니라 표현언어도 발달합니다.

수용언어는 아기가 다른 사람의 말을 이해하고 알아듣는 능력을 말합니다. 다른 말로는 이해언어라고도 부릅니다. 수용언어 발달을 위해서는 간단한 문장, 쉬운 단어를 사용하여 자주 의사소통을 해야 합니다.

표현언어는 아기가 자신의 생각이나 의도, 감정 등을 언어와 몸짓 등을 사용해서 상대방에게 전달하는 능력을 말합니다. 표현언어 발달에 중요한 것은 발음이나 어휘량이 아니라 의사소통하는 기쁨을 경험하게 하는 것입니다. 그렇기 때문에 단어카드를 사용하여 어휘 수를 늘리려고 하거나 발음이 정확해질 때까지 반복해서 말하게 하는 것은 적합하지 않습니다. 아기의 말에 적절히 반응해주고, 아기가 자신의 생각을 말이나 몸짓으로 표현할 수 있도록 기회를 주고 기다려줘야 합니다.

아기의 의사소통능력 발달을 돕는 부모의 역할

수용언어

높은 아기
- ✓ 듣기 경험을 위하여 간단한 심부름을 시켜주세요(예: 빨간 수건 줄래?).
- ✓ 짧은 스토리가 있는 그림책을 읽어주세요.
- ✓ 비슷한 발음이 나는 단어를 들려주고 구분하도록 도와주세요(예: 매, 배).
- ✓ 두세 단어를 이용하여 다양한 표현 어휘를 경험하게 해주세요.

낮은 아기
- ✓ 일상생활에서 주변소리(자동차 소리, 새소리)에도 관심을 갖고 듣게 해주세요.
- ✓ 아기와 이야기할 때 정확한 발음으로 천천히 말해주세요.
- ✓ 말하려는 내용과 관련된 몸짓을 병행하는 것도 좋습니다.
- ✓ 사물의 사진과 이름이 적혀 있는 사물그림책을 보며 말해주세요.

표현언어

높은 아기
- ✓ 아기와 너무 복잡하지 않은 두세 단어만 가지고 이야기를 나누세요.
- ✓ 일상생활에서 다양한 경험을 함께하고 이야기 해주세요.
- ✓ 다양한 경험(동물원 가기, 공원산책)을 통해 이야깃거리를 제공해주세요.
- ✓ 그림책을 읽어주면서 아기의 생각을 표현할 수 있도록 질문해주세요.

낮은 아기
- ✓ 말하기를 주저하면 스스로 이야기할 수 있을 때까지 기다려주세요.
- ✓ 한 단어로 말하는 아기의 말을 듣고 두세 단어의 문장으로 확장하여 들려주세요.
  (예: 아기: "우유!" → 엄마: "우유 줄까?")
- ✓ 아기가 표현하고 싶은 말을 다양한 '어휘'로 바꾸어 표현해주세요.

대소근육이 발달해요

아기가 8~9개월이 되면 움직임이 더욱 활발해집니다. 체력이 좋아져서 몸놀림이 많아집니다. 엎드려서 기거나 앉은 자세로 기어다니고, 장난감을 보면 기어가서 장난감을 가져오기도 합니다. 물건을 잡고 서기도 합니다. 혼자 앉아 있어도 앞이나 뒤로 넘어지지 않으며 꼿꼿하게 오랫동안 앉아 있을 수 있습니다.

기고 걷고 계단 오르내리기를 통해 대근육이 발달해요

10개월경에는 사람이나 물건을 붙잡고 일어설 수 있으며 가구를 붙잡고 걷기 시작합니다. 운동능력이 발달한 아기는 손을 떼고 한두 발짝 걷기도 합니다. 11개월이 되면 장난감 자동차나 보행기를 이리저리 끌고 다니면서 스스로 걷는 연습을 합니다.

보통 돌 무렵부터 걷기 시작하는 것이 일반적이지만 운동발달이 빠른 아기는 그 전에 걸을 수 있습니다. 20개월경이 되면 엄마의 도움을 받아 계단도 올라갈 수 있습니다. 두 발을 함께 모았다가 다음 계단으로 이동하는 방식으로 올라갑니다. 이렇게 혼자 움직일 수 있게 되면서 다양한 동작이 나타납니다. 계단 위로 기어 올라갔다가 아래로 뛰어내리는 것도 좋아합니다. 뛰어내리는 동작은 할 수 있지만 바닥에 닿을 때는 자주 넘어집니다. 두 발을 모아 점프하거나, 사물을 잡아당기고 미는 것은 이 시기의 아기가 좋아하는 놀이입니다.

18개월경이 되면 대근육이 발달하여 잠시도 가만있지를 못합니다. 여기저기 돌아다니고 기어오릅니다. 남자 아기는 더욱 활발하게 움직이는 편입니다. 24개월경이면 혼자서 자동차에 올라탈 수 있고 음악에 맞춰 몸을 흔들기도 합니다. 바깥놀이를 즐기게 되어 걷기보다는 뛰어다니기를 좋아하고 그네타기와 미끄럼타기, 기구를 이용한 까꿍놀이 등을 즐깁니다.

손가락으로 하는 놀이를 통해 소근육이 발달해요

13개월에서 24개월 사이에는 소근육이 발달합니다. 엄지와 검지(둘째 손가락)를 사용하여 작은 물건을 잡을 수 있으며 블록을 2~4개 정도 쌓을 수 있습니다. 17개월경이 되면 컵으로 물을 마실 수 있지만 컵의 지름이 클 경우 물을 쏟기도 합니다. 옷을 입을 때 지퍼를 혼자서 내릴 수는 있지만 위로 올리는 것은 어려워합니다. 21개월경이 되면 왼손잡이인지 오른손잡이인지 알 수 있습니다. 어느 손으로 주로 물건을 잡고 다루는지 보입니다.

만 2세가 넘으면 아기는 더 활발하게 안정적인 움직임을 보여줍니다. 끊임없이 움직이고 다른 사람을 쫓아가 잡기 놀이하는 것을 즐깁니다. 발레리나처럼 발끝으로 걷거나 한 발로 서 있기, 두 발로 동시에 껑충껑충 뛰기, 계단을 한 발씩 오르기 등을 할 수 있습니다. 공을 발로 차서 앞으로 보낼 수 있고 멀리 던지기도 가능합니다. 세발자전거도 타고 앞으로 나아갑니다. 소근육이 발달해 크게 자른 퍼즐 조각도 맞출 수 있고 스펀지 블록이나 나무 블록을 높이 쌓아 탑이나 집을 만들 수 있습니다. 의자 위에 올라가 싱크대 선반에 있는 컵을 가져오거나 간식을 꺼내오기도 합니다. 안전가위로 종이를 자르고 붙이며, 병뚜껑을 돌려서 열 수도 있습니다. 연필이나 크레파스로 직선과 수평선, 구불구불한 원을 그릴 수 있습니다.

혼자 옷 입는 경험이 자존감을 높여줘요

아기의 신체운동 경험은 대소근육발달뿐 아니라 자존감 형성에도 중요합니다. 아기가 신체운동발달 수준에 맞는 활동을 할 때 자신의 능력을 확인하고 기뻐하며 스스로를 자랑스럽게 여깁니다. 그러므로 발달 수준에 맞지 않는 어려운 신체활동을 강요하거나 보기에 답답하다고 대신해주는 것은 좋지 않습니다. 부모는 아기 스스로 움직이고, 만져보려고 하는 행동을 격려해야 합니다. 특히 혼자 옷을 입으려 하거나 혼자 신발을 신고 양말을 벗으려 하고, 스스로 숟가락과 컵을 사용하고 싶어할 때는 살짝 도움을 주되 아기 스스로 한 것 같은 기분이 들도록 해야 합니다. 이런 경험들이 반복되어야 세련된 동작과 움직임이 가능해지고 긍정적인 자존감도 형성됩니다.

놀이를 시작하기 전에 3
아기의 뇌를 즐겁게 만들어요

아기에게 스킨십을 하면서 웃는 얼굴로 부드럽게 말하세요

아기에게 가장 필요한 것은 엄마 아빠에게 사랑받고 있다는 느낌을 갖게 하는 것입니다. 엄마와 따뜻한 관계를 맺으며 서로 교감하는 가운데 아기의 뇌는 건강하게 발달합니다. 부모는 늘 부드럽게 말하며 밝은 표정을 짓는 게 좋습니다. 그러기 위해서는 먼저 행복한 부모가 되어야 합니다. 아기를 쓰다듬어주는 스킨십은 삶을 긍정적으로 느끼게 해주는 오피오이드와 전두엽 활동에 도움을 주는 도파민, 사랑받고 있음을 느끼게 하는 옥시토신의 분비를 촉진하여 아기를 밝고 긍정적으로 만듭니다.

아기는 환경 자극에 능동적으로 반응해요

아기는 부모와 상호작용하는 과정에서 능동적으로 세상을 탐색하는 존재입니다. 부모는 아기가 상호주도적인 경험을 할 수 있도록 배려해야 합니다. 그 과정에서 아기가 갑자기 고집을 피우며 이전과는 다른 행동을 보이기도 합니다. 그럴 때는 아기 입장에서 생각하여 환경을 바꿔주어야 합니다. 무엇보다 중요한 것은 부모가 얼마나 오랫동안 아기와 함께 있느냐가 아니라 아기에게 무엇을 어떻게 경험하도록 하는가입니다. 부모는 아기의 발달과 적응수준, 타고난 기질, 생리적 리듬을 파악해 일관성 있는 사랑과 관심을 보여주어야 합니다.

아기의 행동을 지켜보고 따라하세요

아기와의 상호작용을 부모가 앞장서서 이끌지 말아야 합니다. 아기가 주도성을 갖도록 기다리면서 아기가 보내는 신호를 관찰해야 합니다. 러너Lerner와 돔브로Dombro에 따르면, 아기가 먼저 시작한 것을 부모가 따라서 하는 것도 바람직한 상호작용이라고 합니다. 아기를 세심하게 관찰하다가 요구할 때 채워주면, 아기가 부모에 대한 신뢰감을 갖게 되어 주변 사람들과 세상에 대해서도 신뢰감을 가지게 된다고 합니다.

자존감이 발달할 수 있게 스스로 해보는 기회를 주세요

아기가 혼자서 해낼 수 있는 기회를 충분히 주고, 스스로 해낸 일을 격려하고 칭찬해줍니다. 아기 혼자 컵에 주스를 따라 마시기를 원한다면 뚜껑 달린 컵이나 잡기 쉬운 컵을 주어 주스를 쏟지 않고 다룰 수 있도록 도와줍니다. 공놀이를 할 때도 잘 튀지 않는 천으로 된 공을 주거나 입기 편한 바지와 양말, 신발을 주어 아기가 스스로 해보도록 해줍니다. 아기가 무엇인가 혼자서 해냈다면 실수를 했더라도 나무라지 않는 것이 바람직한 상호작용입니다. 아기가 스스로 시도하고, 여러 방법으로 해볼 수 있도록 충분히 기다려주는 것이 좋습니다.

주변 사물과 자연을 직접 만져보고 다루어보게 하세요

아기의 첫 3년은 폭발적인 뇌 성장의 시기이므로 뇌를 골고루 발달시킬 수 있는 오감 경험이 중요합니다. 무엇이든 아기가 직접 만져보고 다루어보게 하면, 뇌의 편도체를 자극하여 아기가 즐거워합니다. 안전문제만 없다면 아기가 능동적으로 자유롭게 탐색하도록 도와야 합니다.

아기가 하는 행동을 구체적으로 말해주세요

아기가 무엇을 하고 있거나 움직이고 있다면 보이는 그대로 말해줍니다. 아기에게 "잘하네"라고 칭찬하기보다는 "시윤이가 기어가네" 혹은 "와! 정말 크다" "높이 쌓았네"라고 구체적으로 말해주는 것이 좋은 격려입니다. 이런 식의 상호작용이 아기의 사고와 언어발달에 크게 도움이 됩니다. 아기는 자신의 행동과 엄마의 말을 반복해 들으면서 말과 의미의 관계를 어렴풋이 깨닫게 되어 언어적 사고를 하게 되기 때문입니다. 다만 긴 문장보다는 짧은 문장으로 말해주어야 합니다. 아기에게 반응할 기회를 주면서 상호작용해야 합니다.

다양한 소리나 음악을 들으며 리듬을 느끼게 하세요

음악과 소리는 주의집중을 유도하는 신경전달물질을 증가시키는 역할을 합니다. 반복되는 소리나 멜로디가 있는 음악과 함께 한 경험은 선명하게 기억합니다. 아기가 좋아하는 노래를 따라 부르며 손을 잡고 몸을 움직이는 것이 효과적인 것은 바로 이런 이유 때문입니다. 아기를 발등에 올리거나 안고 왈츠를 추듯이 움직이는 것도 좋습니다. 매일 밤 잠들기 전에 노래를 부르거나 놀이터에 갈 때마다 노래를 부르고 즐거운 음악에 맞춰 함께 춤추는 것은 아기의 뇌를 즐겁게 합니다.

아기가 새로운 발견을 하면 감탄해주세요

아기가 새로운 발견을 하면 함께 기뻐하고, 감탄하며 무엇을 발견했는지 이야기해봅니다. 길가에 피어 있는 꽃을 쳐다보고 있는 아기에게 "시윤이가 꽃을 찾았구나"라고 하거나 개미를 살펴보고 있는 아기에게 "여기 개미가 있네. 개미가 어디로 가고 있을까?"라고 말해줍니다. 아기의 기쁨에 부모가 함께한다면 아기의 뇌는 즐거워합니다.

놀이편
뇌가 즐거운 아기 놀이

감각인지·사회정서·신체운동·의사소통 영역으로 나눈 120가지의 놀이는 아기의 뇌 발달에 적합한 놀이 경험을 제공합니다.

첫째, 개인차를 고려해 놀이방법을 제시했습니다.
둘째, 아기 주도적 놀이 경험이 되도록 했습니다.
셋째, 뇌를 자극하는 다양한 감각·운동적 탐색의 기회를 반복적으로 제공하되 수준을 점차 높였습니다.
넷째, 뇌 발달에 중요한 애착과 즐거움을 줄 수 있는 활동을 고안했습니다.
다섯째, 뇌의 각 영역을 골고루 발달시킬 수 있는 통합된 활동으로 구성했습니다.

아기와 함께 놀아요

'뇌가 즐거운 아기 놀이 120' 활용법

즐거운 뇌 발달 놀이는 이렇게 하세요

• 놀이는 생활 속에서 자연스럽게 하는 것이 좋아요
놀이는 시간을 정해두고 하기보다는 일상생활 속에서 자연스럽게 하는 것이 좋습니다. 놀이를 위해 일부러 욕조에 물을 받아 노는 것이 아니라 아기를 목욕시키는 동안 놀이를 합니다. 일상생활도 놀이로 하면 자연스럽게 동기 부여가 되어 아기가 놀이에 더욱 몰입하게 됩니다.

• 책에 나와 있는 방법이 아니어도 아기가 원하는 대로 놀아주세요
아기와 놀이를 하다 보면 아기가 예상치 못한 행동을 할 때가 있습니다. 그럴 때는 책에서 권하는 놀이 방법이 있더라도 아기가 하고 싶어하는 행동을 중심으로 놀이를 이어가는 것이 좋습니다. 아기가 원하는 것을 충분히 하고 난 뒤 다시 원래 하려던 놀이를 합니다. 엄마가 책에 적힌 대로 가르치듯 놀이를 유도하는 것은 뇌 발달에 적합하지 않은 방법입니다. 엄마에게 일방적으로 끌려가는 것이 아니라 아기가 자발적으로 놀이에 관심을 갖도록 흥미를 이끌어내는 것이 중요합니다.
아기가 놀이를 하다 갑자기 고집을 부릴 때는 무조건 말리거나 질책하기보다는 아기 입장에서 생각하여 환경을 바꾸거나 관심을 돌리는 것이 좋습니다.

● **아기가 놀이에 관심이 없을 때는 엄마가 놀이하는 모습을 보여주세요**
아기가 놀이에 흥미를 보이지 않을 때는 엄마가 옆에서 놀이하는 것을 보여주는 것도 도움이 됩니다. 아기는 엄마의 행동을 따라하려고 하기 때문에 관심이 없던 놀이에도 흥미를 가지게 됩니다. 때로는 소리를 내서 주의를 끌거나 놀잇감을 감췄다가 보여주면서 관심을 유도해보는 것도 좋습니다.

● **모든 놀이는 반복해서 경험할 때 뇌 발달로 연결됩니다**
놀이는 한 번으로 끝내지 않고 반복적으로 하는 것이 중요합니다. 사실 놀이를 반복하다 보면 매번 똑같은 것이 아니라 조금씩 다르게 놀이를 확장하게 됩니다. 외형적으로는 똑같아 보이는 놀이도 아기에게는 각각 다른 의미의 경험이 됩니다. 놀이에 사용하는 재료를 조금씩 달리해도 되고, 아기의 관심사에 따라 그때그때 자연스럽게 놀이의 내용도 달리하는 것이 바람직합니다.

'뇌가 즐거운 아기 놀이 120'은 이런 점이 특별해요

이 책에 소개한 놀이들은 아기의 뇌 발달에 적합한 놀이 경험을 제공합니다. 이 책에서 소개하는 뇌 발달 놀이는 아기의 전인적인 발달과 엄마와의 상호작용을 극대화하는 것을 목표로 합니다. 이 책에서 소개하는 120가지의 놀이는 감각인지, 사회정서, 신체운동, 의사소통 영역으로 나누었습니다.

첫째, 개인차를 고려해 놀이방법을 제시했습니다.
둘째, 아기 주도적 놀이 경험이 되도록 했습니다.
셋째, 다양한 감각·운동적 탐색의 기회를 반복적으로 제공하되 수준을 점차 높였습니다.
넷째, 뇌 발달에 중요한 애착과 즐거움을 줄 수 있는 활동을 고안했습니다.
다섯째, 뇌의 각 영역을 골고루 발달시킬 수 있는 통합된 활동으로 구성했습니다.

다음은 뇌 발달에 적합한 아기-부모 상호작용 놀이의 구성 원리입니다.

뇌 발달의 원리

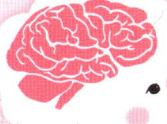

반복의 원리
반복적인 경험은 뇌의 신경회로를 더욱 견고하게 합니다. 단순한 반복적 경험이 아닌, 이전의 경험과 연결되어 확장된 놀이를 할 수 있도록 도와주세요.

오감의 원리
감각을 통한 경험이 기억 속에 오래 남습니다. 신체를 이용해 주변을 탐색하고 오감으로 경험할 수 있는 기회를 많이 제공해주세요.

개별화의 원리
뇌 발달에는 개인차가 있습니다. 아기마다 서로 다른 흥미와 관심사를 존중해주며 놀이해주세요.

통합의 원리
뇌 기관은 서로 상호작용하며 병렬적으로 정보를 처리합니다. 뇌의 각 영역을 골고루 발달시킬 수 있도록 연관된 경험을 제공해주세요.

정서의 원리
정서는 뇌 발달에 중요한 요소로 작용합니다. 아기가 편안한 정서를 가질 수 있도록 따뜻하고 애정 어린 상호작용을 많이 해주세요.

주도성의 원리
자기 주도적 놀이가 뇌 발달에 도움을 줍니다. 아기가 주도적으로 놀이를 할 수 있도록 기다려주세요.

움직임의 원리
신체의 움직임은 뇌를 자극합니다. 활발하게 신체를 움직일 수 있도록 기회를 많이 제공해주세요.

거울뉴런의 원리
뇌는 특수한 뉴런을 통해 사회적 학습을 합니다. 다른 사람과의 상호작용 과정에서 자연스럽게 모델링·모방을 통한 학습 기회를 가질 수 있도록 해주세요.

놀이를 하기 전에 반드시 읽어보세요!

이 책에는 아기 발달을 돕는 놀이뿐 아니라 부모의 양육역량을 강화시키는 지식과 정보도 담겨 있어요. 아기와 부모가 즐겁게 놀이하면 아기의 뇌는 건강해

A 대상 월령

발달 특성을 고려해 해당 놀이를 하기에 가장 적당한 개월을 표시합니다. 단, 대상 월령은 절대적인 기준이 될 수 없으며 아기의 이전 경험이나 개인적인 특성을 고려하여 융통성 있게 놀아주도록 하세요. 즉, 12개월의 영아도 0~6개월 놀이 활동에 관심을 보이며 적극적으로 참여할 수도 있지요.

B 놀이영역

해당 놀이와 관련 깊은 발달영역을 말합니다.
감각인지 : 아기가 주변 세상을 탐색하고 오감을 활용한 경험과 관련된 발달영역.
사회정서 : 아기와 엄마의 애착 형성, 행복한 정서와 관련된 발달영역.
신체운동 : 아기의 팔다리의 움직임을 포함하여 균형감, 이동능력과 관련된 발달영역.
의사소통 : 언어에 관심을 가지고 다른 사람과 소통하는 경험을 하는 발달영역.

C 준비물

놀이에 필요한 자료를 알려줍니다. 뇌 발달을 돕는 아기 놀이는 상품화된 자료보다는 가정에서 쉽게 구할 수 있는 것들을 중심으로 구성했어요. 아기의 안전에 문제가 없다면 여러 가지 자료로 대체해서 사용하는 것도 좋습니다.

D 놀이 설명

해당 놀이에 관한 짧은 설명입니다. 놀이 활동의 목표가 간단히 요약되어 있어요.

미끌미끌, 폭신폭신

A 18 - 24개월
B 감각인지

마른 식재료(다시마, 버섯 등)를 물에 넣고 불리면서 촉감의 변화를 느끼는 놀이 **D**

E

C ● 준비물
마른 다시마, 마른 버섯, 쟁반, 큰 그릇 2개, 물

● 놀이하기
마른 다시마와 버섯을 재료로 요리하는 날에 놀이하세요.

1 마른 다시마와 버섯을 쟁반 위에 놓고 만져보세요.
 · 이것은 다시마야, 이것은 버섯이고.
 · 우리 은성이가 만져볼까? 냄새도 맡아봐.
 · 만져보니 어떤 느낌이 드니? 가루가 있네~
 · 만져보니 딱딱하네, 따갑다!
 · (부러뜨리거나 찢으며)모양이 변했네?
 · 잘라보자. 톡! 부러지네, 버섯이 잘 부서지네.

2 마른 다시마와 버섯을 물에 잠기도록 담가 변화를 지켜보세요.
 · 마른 다시마랑 버섯을 물에 넣어보자.
 · 은성이가 한번 넣어볼까?
 · 물 냄새를 한번 맡아볼까? 음~ 버섯 냄새.
 · 물에 넣은 다시마를 만져보니 어떤 느낌이 들어?

3 물에 불린 다시마와 버섯을 손가락으로 만지며 놀아보세요.
 · 다시마를 손으로 만져보자.
 · 찢어볼까?
 · 다시마가 미끌미끌해졌어.
 · 엄마는 다시마를 손가락에 붙였네? 반지 같다.
 · 은성이의 팔에도 붙여볼까? 와~ 시계 같다.

4 마른 것과 물에 불린 것을 놓고 함께 비교해보세요.
 · 마른 다시마도 만져보고 물에 불린 다시마도 만져봐.
 · 마른 다시마는 어떤 느낌일까?
 · (물에 불린 다시마와 버섯을 만지며)미끌미끌하다~
 · 이것도 다시마고 저것도 다시마야.
 · 이건 딱딱하고 저건 미끌미끌하네?

마른 다시마는 딱딱하고 날카로워 찔릴 수 있으니 주의하세요.

지고 부모는 아기의 발달을 이해하며 어떻게 놀이를 하는 것이 좋은 방법인지 알 수 있습니다. 책에서 소개한 놀이 방법뿐 아니라 놀이를 할 때 알아두면 좋은 정보나 응용할 수 있는 아이디어도 꼼꼼히 체크하세요. 다음은 책의 각 부분에 대한 설명입니다. 놀이를 하기 전에 반드시 읽어보세요.

E 놀이의 진행방법

엄마의 입장에서 아기와 어떻게 놀아주어야 하는지 그 방법을 순서대로 나열합니다. 놀이하는 동안 상호작용할 수 있는 말과 동작을 소개했어요. 따뜻한 표정과 부드러운 억양, 리듬 있고 반복적인 말로 표현해야 아기 뇌를 즐겁게 해줄 수 있어요.

F 뇌 발달 포인트

손을 사용하는 것은 뇌 발달에서 매우 중요한 활동입니다. 손은 필요한 정보를 얻기 위해 움직이기도 하고 이미 얻은 정보를 통해 탐색하기도 합니다. 촉감을 느껴보기 전에 어떤 느낌일지 생각하게 하는 질문은 뇌에서 미리 정보를 구성하고 상상하도록 하므로 매우 유익한 놀이입니다.

뇌 발달에 대한 정보가 담겨 있어 해당 놀이의 뇌 발달적 가치를 이해할 수 있습니다.

G 놀이의 응용

마른 다시마와 버섯을 불리고 탐색하는 놀이가 끝나면 그 재료를 가지고 요리하는 과정을 아기에게 보여주세요. 탐색하고 만지며 놀던 재료가 음식이 되는 과정을 보면 아기는 그 음식에 특별한 의미를 가집니다. 음식을 먹는 동안 음식에서 다시마와 버섯 조각을 찾아보도록 하는 것도 좋아요.

놀이를 좀 더 재미있게 확장할 수 있는 다양한 아이디어를 알려줍니다.

H 엄마를 위한 발달 상식

다시마가 물을 만나 촉감이나 모양이 변하는 것을 관찰하는 놀이는 아기가 사물의 특성에 대한 개념을 형성하는 데 유익한 경험이 됩니다. 마른 다시마나 버섯 이외에도 마른 국수와 익힌 국수, 마른 마카로니와 익힌 마카로니 등을 비교하는 놀이도 해보세요.

H 발달 관련 지식 정보

놀이와 관련한 발달 상식입니다. 아기의 발달 상태를 고려하여 발달에 적합한 놀이를 할 수 있게 합니다.

I 상호작용할 때

놀이를 하면서 재료마다 촉감이 어떤지, 형태가 어떻게 변해가는지를 관찰하면서 이야기를 나눠보세요. 버섯과 다시마의 상태에 따라 '가벼운' '가라앉는' '물 위에 둥둥' '물속에'와 같은 단어도 사용해보세요.

I 상호작용에 관한 정보

놀이 방법의 내용을 추가로 설명해주는 부분입니다. 아기와 부모가 상호작용할 수 있는 구체적인 예시나 강조해야 할 놀이의 포인트, 구체적 지침을 제시합니다.

 J

Q 음식을 이용한 놀이가 아기의 식습관에 혹시 잘못된 영향을 미치지는 않을까요?

A 다시마, 국수, 두부, 묵 등의 음식은 아기가 촉감을 느껴보는 놀이 재료로 적합합니다. 음식을 이용해 놀고 나면 아기는 식사 시간에도 음식을 손으로 만지며 놀 수도 있어요. 밥상 위에 숟가락과 젓가락, 음식이 놓여 있는 경우에는 식사 시간임을 알려주고 아기가 놀이와 구분할 수 있도록 해주세요.

J 놀이에 관한 Q & A

놀이와 관련하여 엄마들이 가장 궁금해하는 점을 모았습니다.

이 시기에는 피부를 자극하기만 해도 좋은 놀이가 됩니다. 아기의 피부를 자극하는 것은 뇌의 시냅스 형성에 도움이 되며 아기와 엄마의 안정적 애착 형성에도 좋아요. 생후 6개월까지 아기는 하루가 다르게 발달하므로 0~3개월과 3~6개월로 놀이를 구분했습니다. 특히 생후 3개월 이내에는 아기가 신체를 인식할 수 있도록 반사행동을 자극하는 놀이를 하고, 3~6개월에는 까꿍놀이를 통해 지각발달을 자극하는 놀이를 하게 하세요.

STEP 1  0-6개월

엄마 손, 아기 손 감각인지
소리를 찾아요 감각인지
후후~ 입 바람 사회정서
빙글빙글 모빌 사회정서
얌냠! 쭉쭉! 사회정서
팔다리 쭉쭉! 신체운동
반사놀이 신체운동
보송보송 기저귀 갈이 의사소통
엄마 옷이 좋아요 감각인지
딸랑딸랑, 데굴데굴~ 사회정서
까꿍! 눈 맞춤 사회정서
뽀득뽀득 목욕놀이 사회정서
산들산들~ 바람 만나기 사회정서
손 놀이 신체운동
흔들흔들~ 배를 타요 신체운동
영차! 영차! 발로 차! 신체운동
엄마가 뭐하지? 의사소통
자장 자장 의사소통

0-3개월
감각인지

엄마 손, 아기 손

아기에게 다양한 볼거리를 제공하면서 손을 뻗어 잡아보도록 하는 놀이

● **준비물**
별도의 준비물이 필요 없어요.

놀이하기

아기가 손으로 주변 물건을 자꾸 잡으려는 시기에 시작하세요.

1 아기와 눈을 맞추며 엄마 손을 보여주세요.
- 까꿍! 엄마 여기 있네!
- 민재야, 엄마 보이니? 엄마 손도 있네. 반짝! 반짝~
- (천천히 좌우로 이동하며) 엄마 손이 새처럼 훨훨~ 날아가네.
- 우리 민재가 엄마 손을 잘 따라 보는구나.

2 아기가 엄마 손을 잡으면 살살 흔들거나 위로 올리며 이야기해주세요.
- (좌우로 살짝 흔들며) 흔들흔들~ 엄마 손이랑 춤추네.
- 우리 민재, 엄마 손 잡았네!
- (위로 올리며) 영차! 옳지, 잘하네!

3 엄마 손이 보이지 않도록 숨겼다가 보여주세요.
- (손을 뒤로 숨기며) 엄마 손이 어디 갔지?
- 꼭꼭 숨어라. 엄마 손 숨어라~
- 까꿍! 찾았다. 여기 있네!
- (손을 위로 높이 올리며) 어? 엄마 손이 없어졌네. 엄마 손이 어디 갔지?
- 까꿍! 엄마 손 찾았다!

4 아기가 엄마 손을 잡으면 짧은 노래를 부르며 리듬에 맞춰 흔들어주세요.
- 엄마 손을 잡아볼까?
- 잡았다! 우리 민재가 엄마 손을 잡았네!
- (짧은 노래를 부르기 전에) 엄마 손이랑 같이 춤 춰볼까?
- (노래에 맞춰 손을 흔들며) 반짝! 반짝! 작은 별~ 아름답게 비추네.

아기의 눈으로부터 45° 각도에서 손을 보여주면 아기가 편안하게 볼 수 있어요.

응용해요!
아기가 좋아하는 장난감을 엄마 손에 들고 보여주는 놀이로 확장해보세요. 딸랑이와 같이 소리 나는 장난감을 사용하면 청각과 시각이 통합적으로 발달합니다.

Point 뇌 발달

신생아의 뇌는 생후 몇 개월 사이에 시각을 관장하는 부위가 집중적으로 발달하므로 생후 초기의 시각 자극이 중요합니다. 이 시기의 아기는 움직이는 사람 얼굴을 특히 좋아하므로 엄마 얼굴을 많이 쳐다볼 수 있도록 해주세요.

5 아기가 엄마 손을 잡도록 좌우로 천천히 움직이다가, 아기가 엄마 손을 잡으면 흔들어주세요.
- 까꿍! 엄마 손 보이니?
- 엄마 손을 잡아볼까? 잡았다!
- 우리 민재가 엄마 손을 잡았네.
- (위로 올리며) 영차! 옳지, 잘하네~
- 엄마 손이랑 흔들흔들~ 또 춤출까?
- 손가락 마사지할까?
- (운율을 살려) 꾹꾹꾹~ 쭉쭉쭉~ 톡톡톡~

엄마를 위한 발달 상식
- 시각은 오감 중 가장 늦게 발달하지만 주변 환경의 영향을 많이 받습니다. 생후 3개월부터 첫돌 사이에는 아기의 시력이 집중적으로 발달하므로 아기 가까이에 모빌을 달아주거나 다양한 사물을 볼 수 있도록 합니다.
- 엄마와 아기가 마주보고 있는 동안 편안하고 부드러운 표정을 짓는 것이 중요합니다. 아기의 표정이나 동작이 바뀔 때마다 적절히 반응해주는 것도 잊지 마세요. 손을 움직일 때는 간단한 음율의 의성어를 말해주세요. 이 시기 영아들은 주변의 소리를 기억하여 발음의 규칙을 습득합니다.

궁금해요 Q & A

Q 아기의 눈에서 엄마 손의 위치가 어느 정도 떨어져 있으면 좋을까요?

A 생후 1~3개월 아기의 시력은 0.03 정도, 생후 4~5개월에는 0.1 정도, 생후 6개월에는 0.3 정도로 발달합니다. 아기가 사물을 보기에 적당한 거리는 생후 1~3개월은 20cm, 생후 4~5개월에는 30cm, 생후 6개월에는 50cm 정도가 적당합니다. 따라서 놀이를 할 때 엄마 손의 위치가 아기의 눈에서 30cm 내외의 거리에 있도록 조절해 주세요.

0-3개월 감각인지

소리를 찾아요

딸랑이 소리에 관심을 갖고 소리 나는 방향으로 시선을 옮기도록 하는 놀이

● 준비물 딸랑이

놀이하기

아기 이름을 불렀을 때 아기가 엄마를 쳐다보면 딸랑이를 흔들며 놀이를 시작하세요.

1 아기가 딸랑이를 볼 때 천천히 혹은 빠르게 흔들어주세요.
- 우리 시윤이 딸랑이를 보고 있구나.
- 이게 무슨 소리지?
- 딸랑이 소리가 나네~
- 빨리 흔들어볼까? / 천천히 흔들어볼까?
- 찰찰찰찰찰! / 찰~ 찰~ 찰~ 찰~!

2 아기의 시선이 딸랑이를 따라갈 수 있도록 천천히 좌우로 움직이세요.
- 딸랑딸랑~ 딸랑이가 어디로 가나?
- 딸랑이가 이쪽으로 간다! 시윤아, 여기 봐봐.
- 우리 시윤이 딸랑이를 잘 따라오네.

딸랑이는 50cm 이내에서 흔들며 놀아주세요.

3 소리가 나도록 딸랑이를 흔들면서 아기 시선 밖으로 이동해주세요.
- 딸랑이가 어디로 가네. 딸랑딸랑~
- 꼭꼭 숨어라, 꼭꼭 숨어라. 어, 어디서 소리가 나지?
- 시윤아, 딸랑이 어디 갔니?
- 우리 아기 옆에서 소리가 나는구나.
- 시윤이 머리 위에서 소리가 나네. 딸랑딸랑!
- 엄마 등 뒤에서도 소리가 나네. 딸랑딸랑!

응용해요!
서로 다른 소리가 나는 딸랑이를 아기가 누워 있는 곳(침대 혹은 바닥) 양쪽에 매달고 손이나 발로 딸랑이를 쳐볼 수 있도록 해보세요.

4 딸랑이로 아기 몸을 살짝 두드리며 소리를 내보세요.
- 우리 시윤이 발에서 딸랑이 소리가 나네!
- 우리 시윤이 무릎에서 딸랑이 소리가 나네!
- 우리 시윤이 어깨에서 딸랑이 소리가 나네!
- (아기가 웃으면) 시윤아, 그렇게 좋아~?

Point 뇌 발달

아기가 외부 사물이나 대상을 쳐다본다는 것은 아기의 마음을 사로잡고 있다는 의미입니다. 그렇지만 억지로 아기의 주의를 끌려고 소란스럽게 하면 오히려 아기가 불안해질 수 있습니다. 아기가 소리에 관심을 가지는 것에 긍정적으로 반응해주는 것이 중요합니다.

5 간단한 노래를 부르며 딸랑이를 다양하게 흔들어보세요.
- 엄마가 노래 불러줄게.
- (딸랑이를 리듬에 맞춰 가볍게 흔들며) 엄마 앞에서 짝짜꿍~ 아빠 앞에서 짝짜꿍~
- (딸랑이로 아기 몸을 살짝 두드리며) 엄마 앞에서 짝짜꿍~ 아빠 앞에서 짝짜꿍~
- 이번에는 딸랑이를 빠르게 흔들며 노래할까?

엄마를 위한 발달 상식

청각은 아기의 감각 중에서 가장 빨리 발달합니다. 아기는 소리에 민감하게 반응하는데, 특히 사람의 목소리를 가장 잘 들어요. 딸랑이 소리를 계속 들려주면 7개월 이후에는 딸랑이 소리를 듣고 무슨 소리인지 알 수 있을 정도로 청각이 발달합니다.

상호작용할 때

딸랑이뿐만 아니라 다양한 소리를 들려주는 것이 좋습니다. 빗물 소리, 새소리 등 자연의 소리를 들려주세요. 엄마가 입이나 손으로 내는 소리에도 아기는 관심을 보입니다. "어머, 비가 오는구나" "새가 짹짹거리네" "쭈쭈쭈, 엄마가 시윤이 사랑해."

궁금해요 Q&A

Q 음반의 자장가와 엄마 목소리로 불러주는 자장가 중 어떤 것이 아기에게 좋을까요?

A 다양한 소리를 경험하는 면에서 음반의 자장가와 엄마 목소리 자장가 모두 좋습니다. 아기는 잠들 때 엄마의 따뜻한 목소리와 눈빛에서 편안함을 느끼고 스스로 소중한 존재라는 것을 인식합니다. 이때 부모와 안정된 애착 형성을 할 수 있으니 엄마가 직접 자장가를 불러주는 시간을 꼭 갖도록 하세요. 아기는 자신이 사랑받는 존재라는 것을 본능적으로 느낍니다.

0-3개월
사회정서

후후~ 입 바람

엄마가 입으로 아기의 얼굴과 몸에 부드러운 바람을 불어주어 애착관계를 형성하는 놀이

● **준비물** 매트(이불)

놀이하기
아기를 엄마 가슴에 기대는 자세로 안거나 아기를 옆으로 안고 눈을 맞추며 놀이를 시작하세요.

1 아기를 토닥이며 따뜻하고 부드러운 음성으로 이야기하세요.
- 시윤아! 엄마가 사랑해~
- (등을 토닥토닥) 우리 시윤이를 안으니 포근하네.
- 우리 시윤이도 좋아요?
- 시윤아, 사랑해. 엄마는 시윤이를 정말 많이 사랑해~

2 아기를 눕히고 얼굴을 쳐다보며 이야기하세요.
- 까꿍, 우리 시윤이, 어디 있나? 엄마가 여기 있네.
- (눈을 짚으며) 우리 아가 얼굴에는 반짝반짝 눈도 있네.
- (코를 짚으며) 오뚝한 코도 있네. / (입술을 짚으며) 앵두 같은 입술도 있네.
- (아기의 손을 잡고 엄마 얼굴을 짚으며) 엄마도 눈도 있고, 코도 있네.

3 아기의 얼굴에 입으로 바람을 불어주세요.
- 엄마가 바람 불어줄까? 후우~
- 바람이 시윤이 얼굴을 간질간질~
- (눈썹 부분만 불어주며) 후우~ 눈썹에도 바람이 부네.
- 바람이 불어서 간질간질하지?
- 이번에는 시윤이 머리에도 바람을 불어볼까?
- 후우~ 간질간질, 기분 좋은 바람이지?

응용해요!
아기의 배, 팔, 다리 등의 피부에 엄마 입술을 대고 '부우~' 하고 불면서 소리를 내는 놀이도 할 수 있어요.

4 아기의 귀, 팔, 손, 발, 손가락, 발가락, 다리, 배에도 바람을 불어주세요.
- 바람이 우리 시윤이 팔에도 부네.
- 손가락에 하나, 둘, 셋, 넷, 다섯! 손가락 사이에도 바람이 부네. 후우~
- 다리에도 바람이 불어요.
- 귀여운 발가락 사이에도 바람이 부는구나.

 **뇌 발달**

아기는 아직 말을 할 수는 없지만 다른 사람과 정서를 나눌 수는 있습니다. 생후 3개월 정도만 되어도 소리와 말, 표정과 몸짓으로 다른 사람과 정서적 소통을 할 수 있습니다. 또 이 시기의 아기는 기억력이 생겨 엄마와 나누었던 기분 좋은 표정을 기억합니다.

5 길고 짧은, 약하고 센 바람을 아기의 얼굴과 몸에 번갈아 불어주세요.
- 다시 바람이 우리 시윤이 얼굴로 왔네.
- (바람을 약하게 불며) 간질간질~ 살랑살랑~ 기분이 좋지?
- (바람을 세게 불며) 훅! 시원하지?
- (바람을 짧게 불며) 훅! 훅! 훅! 훅! 바람이 부네.
- (바람을 길게 불며) 후~~~~~우~~~~욱!

엄마를 위한 발달 상식

엄마와의 친밀한 신체적 접촉은 아기에게 매우 중요합니다. 부드러운 스킨십은 아기가 다른 사람이나 사물을 이해하고 관계를 맺는 데 중요한 역할을 하기 때문이지요. 또한 아기가 보내는 다양한 신호(울음, 미소, 옹알이, 발버둥 등등)에 엄마가 적극적으로 반응해주면 엄마와 아기 사이에 신뢰가 형성되어 긍정적인 유대감이 생기게 됩니다.

상호작용할 때

아기는 엄마의 표정을 읽기 시작합니다. 엄마가 방긋 웃어주면 기뻐하고 화난 표정을 하면 불안해하지요. 아기와 놀이를 할 때는 언제나 밝은 표정을 짓고 동작을 크게 하는 것이 좋습니다.

궁금해요 Q&A

Q 엄마의 얼굴을 기억해 낯선 사람이 가까이 가서 놀아주려고 하면 울어요. 이럴 때는 어떻게 하는 것이 좋은가요?

A 만 3개월이 지날 무렵부터 아기는 서서히 낯가림을 시작합니다. 낯가림은 애착을 형성하는 과정에서 나타나는 자연스러운 현상인데, 이미 친근한 사람들의 얼굴을 기억하고 있다는 증거라고 할 수 있어요. 한꺼번에 낯선 사람들을 만나 아기가 불안함을 겪지 않도록 배려하고, 가까운 사람들과 만나는 기회를 자주 만들어주는 것이 좋습니다.

0-3개월 사회정서

빙글빙글 모빌

아기가 모빌의 소리나 움직임을 통해 시각·청각적 경험과 신체인식 경험을 하는 놀이

● 준비물
모빌(빨강, 파랑, 초록색이 있는 컬러 모빌), 부드러운 끈

놀이하기

태어나서부터 계속 보았던 모빌에 흥미를 잃기 시작하면 이 놀이를 시작하세요.

1 모빌을 흔들거나 돌리면서 친숙한 노래를 불러주세요.
   · (리듬에 맞춰 모빌을 움직이며) 산토끼 토끼야~
   · 어디를 가느냐~ (노래가 멈출 때 모빌도 멈추고)
   · (다시 리듬에 맞춰 모빌 움직이며) 깡충! 깡충! 뛰면서~
   · 어디를 가느냐~ (노래가 멈출 때 모빌도 멈추고)

2 모빌 조각 중 몇 개를 떼어내고 천천히 돌리며 노래를 불러주세요.
   · 지호야, 모빌이 달라졌네. 어, 뭐가 달라졌지?
   · (리듬에 맞춰 모빌을 움직이며) 산토끼 토끼야~
   · 어디를 가느냐~ (노래가 멈출 때 모빌도 멈추고)

노래 리듬에 맞춰 천천히 흔드는 것이 중요해요.

3 모빌을 낮게 달아 아기가 손이나 발로 움직여볼 수 있도록 해주세요.
   · 지호야, 모빌이 여기로 내려왔네.
   · 우리 지호가 손으로 툭! 하고 쳤네.
   · 발로도 뻥뻥! 차는구나. 아이, 잘하네~

4 부드러운 끈으로 아기 발목과 모빌을 연결해 모빌을 움직여보도록 하세요.
   · 우리 지호랑 모빌이랑 연결해볼까?
   · (아기 발이 움직일 때마다 모빌이 움직이면) 아이쿠, 아이쿠, 잘하네~
   · 지호 발이 움직이니까 모빌이 흔들린다! 흔들흔들~

5 모빌 조각들의 위치를 바꿔 위의 과정을 반복해서 놀아보세요.
   · 여기 엄마 얼굴(사진)이 있네.
   · 이건 우리 지호 딸랑이야. 여기에 달아줄까?
   · 이번에는 지호가 좋아하는 엄마 머리끈도 매달아볼까?
   · 빙글빙글 노래 불러줄게.

끈을 연결할 때는 안전에 유의하세요.

아기를 행복하게 바라보는 동안 엄마의 뇌에서도 행복 신경물질이 분비됩니다. 엄마와 아기의 행복한 교감은 엄마의 배 속에서부터 이어져 온 것입니다.

응용해요!

배밀이를 시작하는 아기에게는 요의 가장자리 부분에 모빌을 달아놓고 좋아하는 모빌 쪽으로 몸을 움직이도록 유도하는 것도 좋은 놀이가 될 수 있습니다.

엄마를 위한 발달 상식

태어난 직후의 아기는 흑백에 대한 인식만 할 수 있다가 점차 빨강, 초록, 파랑 등 색깔을 인식하게 됩니다. 아기는 색깔이나 모양이 분명히 구분되는 사물에 관심을 가지므로 파스텔 색보다는 원색의 모빌을 선택하는 것이 좋아요. 이 시기 아기는 다양한 소리를 들려주면 좋아하는데 그 중에서도 사람 목소리를 좋아합니다. 모빌을 돌리면서 엄마가 노래를 불러주는 것은 뇌 발달에 의미 있는 자극이 되지요. 또 이 시기 아기의 발차기는 반사행동이기 때문에 부드러운 끈을 묶어 모빌과 연결하면 신체와 모빌 움직임 사이의 인과관계를 어렴풋이 알게 됩니다.

상호작용할 때

이 놀이는 뒤집기를 막 시작한 아기에게는 적용하기 어려운 놀이입니다. 노래를 부르며 모빌을 돌리는 대신 모빌 조각의 위치만 가끔 바꿔주어도 좋은 놀이가 됩니다. 아기에게 친숙한 물건이나 얼굴 사진(눈, 코, 입이 큰 정면 사진)을 매달아주고 아기가 옹알이를 하면 그 소리에 답하듯 '그랬어?' '여기 엄마 얼굴 있네~'라고 반응해주는 것도 좋습니다.

궁금해요 Q&A

Q '배밀이 놀이'는 무엇인가요?

A 누워만 있던 아기가 뒤집기를 하려면 배, 등, 어깨, 팔 등의 근육이 발달해야 가능합니다. 하루에 5분 정도 누워 있는 아기를 뒤집어 배밀이 놀이를 해주면 뒤집기를 쉽게 할 수 있습니다. 단, 처음에 아기가 힘들어할 수 있으니 반드시 옆에서 세심하게 관찰하며 놀이하세요.

0-3개월 사회정서

얌냠! 쭉쭉!

수유나 이유식을 먹일 때 엄마의 음성을 들려주면서 부드러운 표정으로 스킨십을 하며 교감하는 놀이

● **준비물**
별도의 준비물이 필요 없어요.

놀이하기

아기에게 수유를 하거나 이유식을 먹이는 시간에 놀이하세요.

1. **수유나 이유식을 먹이는 자세로 안고 아기와 눈을 맞추며 이야기하세요.**
   - 시윤아 배고프지? 맘마 먹을까?
   - (우유병을 흔들어 보이며) 찰랑찰랑~ 맘마 소리가 나네.
   - (이유식을 보여주며) 와! 맛있는 맘마다. 음~ 맛있는 냄새.
   - 우리 맛있는 맘마 먹자.

2. **수유나 이유식을 먹이며 눈을 맞추고 아기 얼굴을 살살 만져주세요.**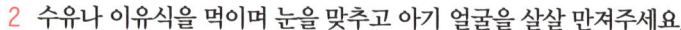
   - (아이와 눈을 맞추며) 시윤아, 맛있어?
   - (볼을 살살 만지며) 꿀꺽꿀꺽 잘도 먹네.
   - (입 주변을 부드럽게 닦으며) 옳지, 맘마 꿀꺽! 우리 시윤이 맘마 잘 먹네~
   - (머리를 쓰다듬으며) 시윤아, 맘마 맛있어? 사랑해.
   - (귀를 살살 비벼주며) 시윤이는 맘마를 잘 먹어요. 얌냠!

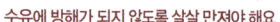
수유에 방해가 되지 않도록 살살 만져야 해요.

3. **아기와 눈을 맞추고 아기 몸을 부드럽게 만져주세요.**
   - (수유에 방해되지 않도록 주의하며) 우리 시윤이, 잘 먹네.
   - (아기 발을 만지며) 우리 시윤이, 발도 예쁘네. 꼬물꼬물~ 발가락이 움직이네.
   - (아기 발가락을 만지며) 발가락이 하나, 둘, 셋, 넷, 다섯! 정말 귀여워.
   - (아기 팔을 만지며) 우리 시윤이, 팔도 튼튼하네. 꾸욱~ 꾸욱~ 시원하지?

4. **수유나 이유식을 먹고 나면 기분 좋은 반응을 보여주세요.**
   - (빈 이유식 숟가락이나 우유병을 보여주며) 와! 시윤이가 다 먹었네. 이것 봐! 잘했어요.
   - (빈 이유식 그릇을 보이며) 맘마 끝! 우리 아기 잘 먹었어요.

뇌 발달 POINT

엄마가 아기를 안고 젖을 먹이는 동안 아기의 뇌에서는 편안하고 즐거움을 주는 여러 가지 호르몬이 나옵니다. 엄마와의 접촉을 통해 나오는 호르몬은 감성이 풍부한 아이로 자라게 합니다. 또한 아기를 편안하게 해주며, 안정적인 애착 형성을 돕습니다.

- (수유를 한 뒤)이제 트림할까?
- 토닥토닥 우리 시윤이, 맘마도 잘 먹네. 토닥토닥 우리 시윤이, 맘마도 잘 먹네.
- (이유식을 한 뒤)엄마가 등 좀 쓸어줄까?
- 쓰윽~ 쓰윽~ 내려가라. 맘마야 내려가라. 쓰윽~ 쓰윽~ 내려가라. 맘마야 내려가라.

엄마를 위한 발달 상식

- 아기에게 수유를 하거나 이유식을 먹이는 시간은 단순히 아기의 배고픔을 채워주는 시간이 아니라 아기와 엄마가 즐거운 상호작용을 하는 시간입니다. 이 시간에는 엄마가 TV나 신문을 보거나 집안일을 하지 않는 것이 좋아요.
- 일반적으로 이유식은 체중이 7kg 정도 되거나 첫 이가 날 때 시작하면 좋습니다. 첫 이유식은 흐르는 물과 같은 유동식으로 하세요. 무엇보다 아기에게 이유식을 먹는 시간이 즐겁고 기분 좋게 기억되도록 하는 것이 이후 좋은 식습관 형성에 도움이 됩니다.

상호작용할 때

아기와의 의사소통은 말로만 하는 것이 아닙니다. 눈빛 마주치기, 신체적 접촉, 쓰다듬기, 얼굴 표정, 고개 끄덕이기 등도 사랑을 전달하는 몸짓언어입니다. 하지만 수유에 방해가 되지 않도록 주의하세요.

궁금해요 Q&A

Q 무조건 손에 닿는 것은 입으로 빨아요. 어떻게 하면 좋을까요?

A 아기는 빨기 능력을 가지고 태어납니다. 빨기 능력은 생리적 만족감과 심리적 만족감을 충족시키는 방법이며 주변을 탐색하는 방법이기도 합니다. 뇌가 담당하는 부위의 비율에 맞춰 신체의 모습을 그린 호문클루스의 특징은 손과 입이 기형적으로 큽니다. 이 그림을 보면 손과 입이 뇌의 작용에 중요한 역할을 하고 있으며 손과 입의 움직임을 통해 뇌 발달이 이루어짐을 알 수 있어요. 아기가 무언가를 빨려고 할 때는 무조건 말리지 말고 안전하고 위생적인 것을 빨 수 있도록 해주세요.

0-3개월
신체운동

팔다리 쭉쭉!

느린 음악에 맞춰 아기의 팔다리를 마사지해 신체발달을 돕고 스킨십으로 사랑을 전하는 놀이

● 준비물
4분의 4박자의 느린 음악, 이불이나 매트

놀이하기

아기가 잘 자고 일어난 후 기지개를 켤 때 놀이하세요.

1 **누워 있는 아기의 팔다리를 펴서 살살 눌러주세요.**
- (양쪽으로 팔을 벌리며) 우리 은성이 팔을 쭉쭉! 쭉쭉!
- (두 무릎을 닿게 하여) 우리 은성이 다리를 쭉쭉! 쭉쭉!
- (두 팔을 귀에 붙이면서) 우리 아기, 아~ 잘 잤다. 쭈우욱~
- 우리 아기, 다리를 접었다 폈다! 접었다 폈다!

2 **아기의 관절을 조물조물 만져주고 살살 돌려주세요.**
- (팔꿈치, 손목, 손가락 관절) 우리 아기, 손목이 빙글빙글 돌아요.
- (무릎, 발목, 발가락 관절) 우리 아기, 무릎이 빙글빙글 돌아요.
- 빙글빙글 마사지해요.

3 **아기를 마주 안고서 등과 엉덩이를 마사지하세요.**
- 우리 아기, 등을 토닥토닥~ 토닥토닥~
- 우리 아기, 엉덩이 조물조물! 조물조물!
- 은성이 기분이 좋구나~

응용해요!
아기의 겨드랑이 이외에 목, 배, 발바닥, 손바닥 등을 간질이며 놀이해보세요.

4 **아기를 눕히고 머리부터 발끝까지 마사지하세요.**
- 어깨를 꾸욱~ 어깨를 꾸욱~
- 팔도 꼬옥~ 팔도 꼬옥~
- 다리도 꾸욱~ 다리도 꾸욱~
- (옆구리를 살짝 간지르며) 간질간질~ 우리 아기가 웃네.

5 **느린 음악의 박자에 맞춰 마사지해주세요.**
- 하나, 둘, 셋, 넷. 다리를 꾹꾹!
- 하나, 둘, 셋, 넷. 무릎을 조물조물!
- 하나, 둘, 셋, 넷. 배를 빙글빙글!

Point 뇌 발달

뇌는 피부와 같이 외배엽에서 만들어지기 시작합니다. 피부와 뇌는 풍부한 신경회로로 연결되어 있어서 미약한 피부 자극도 뇌에 잘 전달됩니다. 신생아 때부터 자주 안아주고 쓰다듬어줄수록 촉각과 피부 접촉을 담당하는 뇌 부위가 잘 발달합니다.

엄마를 위한 발달 상식

0~6개월 동안 아기는 누워만 있던 상태에서 뒤집고 혼자 앉는 등 대근육의 발달이 활발하게 이루어집니다. 평상시 쓰지 않는 근육들을 만져주고 주물러주면서 자극을 주면 신체운동능력 발달에 도움이 됩니다.

상호작용할 때

- 이 놀이는 팔다리를 주물러 신체운동을 돕는 것이 포인트입니다. 팔다리를 주무를 때 아기와 엄마가 교감하는 것도 매우 중요합니다. 따라서 이 놀이를 할 때는 반드시 아기와 눈을 맞추면서 따뜻한 표정과 부드러운 목소리로 이야기하세요.
- '자장자장 우리 아가'라는 자장가 리듬에 '조물조물 우리 아가' 등으로 가사를 붙여 노래하면서 마사지해주세요. 아기에게 짧게 반복되는 리듬을 들려주면 좋아요.

궁금해요 Q & A

Q 팔다리는 언제 주무르는 것이 좋은가요?

A 아기의 팔다리를 주무르는 것을 꾸준히 해주세요. 외출했다 돌아왔을 때, 잠자고 일어났을 때에도 무릎부터 발목까지 부드럽게 주물러주는 것이 좋습니다. 뒤집기를 시작했을 때에는 몸통을 지지하는 어깨부터 손목까지 살살 마사지하듯 주물러주세요.

0-3개월 신체운동

반사놀이

아기가 태어날 때부터 가지고 있는 반사행동을 자극하면서 감각 운동적 경험을 제공하는 놀이

● 준비물
별도의 준비물이 필요 없어요.

놀이하기

아기가 잘 먹고 잘 자고 일어나 기분 좋을 때 누워 있는 상태에서 놀이하세요.

1 아기에게 다가가 눈을 맞추며 검지(둘째 손가락)로 눈썹과 귀를 만져주세요.
- (검지로 눈썹을 만지며) 우리 시윤이, 반달 같은 눈썹.
- (귀를 살살 비벼주며) 우리 시윤이 예쁜 귀. 아이 좋아~
- 엄마가 눈썹 만져주니까 좋아?

2 아기의 입 주변을 톡톡 쳐보세요.
- 우리 아기 톡! 톡! 톡! 이쪽이야.
- (반대쪽을 치며) 우리 아기 톡! 톡! 톡! 이쪽이야.
- (검지로 입술을 만지며) 우리 시윤이, 앵두 같은 입술!
- 엄마가 입술 만져주니까 좋아?

3 아기 발바닥에 손가락을 대고 위아래로 천천히 만져주세요.
- (엄마 손가락을 발가락까지 올리며) 쑤욱~ 올라간다. 발가락을 접었네.
- (엄마 손가락을 뒤꿈치까지 내리며) 쑤욱~ 내려간다. 발가락을 폈네.
- 다시 해볼까? 쑤욱~ 올라가네.
- 우리 아기 발을 간질간질~

응용해요!
부드러운 촉감의 인형이나 딸랑이로도 아기의 몸을 자극해보세요.

4 아기를 마주 안고 손가락 두 개로 아기의 척추를 따라 만져주세요.
- 칙칙 폭폭! 손가락 기차가 내려갑니다.
- 칙칙 폭폭! 손가락 기차가 올라갑니다.
- 시윤이가 몸을 움직이네. 기차놀이 또 할까?

아기의 반사행동은 뇌의 대뇌피질이 미숙하여 나타나는 것입니다. 반사행동은 아기가 신체를 인식하는 데 중요한 경험이 됩니다. 따라서 아기의 반사행동을 자극하는 놀이는 생후 3개월 이내의 아기와 함께 할 수 있는 좋은 놀이입니다. 아기의 피부를 자극하는 것은 뇌의 시냅스 형성에 도움이 되며 아기와 엄마의 안정적·애착 형성에도 좋습니다.

엄마를 위한 발달 상식

아기는 태어나면서부터 생존을 위해 20여 가지 이상의 반사행동을 갖고 태어납니다. 생존 반사행동인 '젖 찾기 반사' '빨기 반사' 등이 대표적인 반사행동이지요. 이러한 반사행동을 통해 아기는 자신의 신체를 인식하고 탐색하는 운동적 경험을 하기 때문에 반사행동을 자극하는 것은 좋은 놀이입니다. 아기는 손바닥에 닿는 것을 꼬옥 쥐는 파악반사도 가지고 있으므로 엄마 손가락을 잡게 하여 좌우로 흔들어주거나 위로 살짝 당겨주는 것도 좋은 반사놀이가 되지요.

상호작용할 때

아기의 반사행동을 유도할 때 엄마는 동작을 천천히 하면서 아기의 반응을 살피는 것이 중요해요. 이때 엄마의 따뜻하고 부드러운 말투와 표정이 아기에게 매우 중요한 영향을 미치므로 아기의 눈을 쳐다보며 반응하세요. 아기와 놀이하기 전에는 반드시 손을 깨끗이 씻어야 합니다. 놀이 중간에 아기가 엄마의 자극에 싫어하는 반응을 보이면 즉시 놀이를 멈추세요.

궁금해요 Q & A

Q 반사놀이는 생후 3개월 이후에는 할 수 없나요?

A 일반적으로 아기의 반사행동은 생후 3개월 정도가 지나면 대부분 자연스럽게 사라집니다. 하지만 이 놀이는 아기에게 부드러운 스킨십과 기분 좋은 상호작용을 제공해 뇌 발달에 좋은 영향을 미치므로 반사행동이 사라진 이후라도 반사놀이를 하는 것은 괜찮습니다.

0-3개월 의사소통

보송보송 기저귀 갈이

기저귀를 갈때, 엄마와의 신체 접촉을 느끼고 생활 속 언어를 접하는 놀이

● 준비물
매트나 이불, 기저귀, 물티슈, 보디로션

놀이하기
기저귀를 갈아주는 시간에 놀이하세요.

"시윤아, 우쭈쭈쭈~ 키 크겠네!" 하며 말해보세요.

1 기저귀를 톡톡 치면서 상황을 이야기하세요.
- 시윤아, 왜 울어? 기저귀 불편해?
- 축축해서 싫었구나~ 갈아줄까?
- 엄마가 보송보송한 기저귀로 갈아줄게.

2 기저귀를 벗기고 닦이는 상황에 대해 이야기해요.
- 기저귀가 많이 젖었구나?
- 음~ 쉬(응가) 냄새도 나네.
- 예쁜 시윤이가 응가도 예쁘게 했네.
- 엉덩이 깨끗하게 닦아줄게.
- 이쪽도 싹싹, 저쪽도 싹싹. 개운하지?
- (물로 씻기면서) 따뜻한 물로 닦아줄게.

3 새 기저귀를 갈기 전에 아기 다리를 마사지해주세요.
- (아기와 눈을 맞추고) 우리 시윤이, 다리랑 발바닥이랑 꾸욱~ 꾸욱~
- (아기의 두 다리를 쭉 뻗게 하며) 우리 시윤이, 쭉~ 쭉~
- (아기 다리를 접었다 펴면서) 우리 시윤이 다리를 접었다, 폈다! 접었다, 폈다!
- (다리를 살살 당기며) 쭈쭈쭈쭈~ 키 크겠네. 시원하지?
- (로션을 발라주며) 미끌미끌~ 로션 바르자.

4 새 기저귀를 채우고 옷을 입혀주세요.
- 깨끗한 기저귀 채워줄게.
- 보송보송한 기저귀, 기분 좋아?
- (아기 눈을 쳐다보고 냄새 맡는 흉내를 내며) 음~ 좋은 냄새~

응용해요!
기저귀를 갈고 난 다음에 팔, 다리 등을 주무르며 이완시키는 아기 체조를 해보세요.

언어를 담당하는 측두엽은 생후 3개월경부터 발달하고 전두엽은 8개월경부터 활동이 활발해집니다. 아기에게 말을 거는 것은 뇌의 측두엽을 자극하는 데 좋습니다. 말을 하지 못하는 아기에게는 손동작, 제스처와 같은 신체 언어와 얼굴 표정을 함께 사용하는 것이 의사소통에 도움이 됩니다.

엄마를 위한 발달 상식

부모들은 흔히 '아기가 아직 어린데 내가 하는 말을 알아들을까?' 하는 의문을 갖습니다. 그래서 필요한 말 외에는 하지 않는 부모가 많아요. 아기와 눈을 맞추고 엄마와 신체 접촉을 한 상태에서 부드럽고 편안한 엄마 목소리를 들려주는 것, 또 상황을 설명하듯 아기에게 이야기해주는 것(예: 기저귀가 젖어서 우는구나~ 음~ 냄새~) 등은 수용언어 발달에 큰 도움이 된다는 것을 기억하세요. 아기에게 저장된 수용언어는 표현언어 발달의 기초가 됩니다.

상호작용할 때

기저귀를 갈면서 엄마와 아기가 서로 주고받는 따뜻한 눈길은 애착이나 유대관계를 형성하는 데 중요합니다. 기분 좋은 경험은 아기의 뇌 속에 '다른 사람과의 상호작용은 즐거운 일'이라는 인식을 갖게 하지요. 이후에 아기는 다른 사람과의 관계에서도 이것을 적용하게 됩니다. 엄마와의 기분 좋은 신체접촉은 아기의 뇌에 옥시토신, 세레토닌 등을 분비시켜 안정 애착을 형성하게 합니다.

궁금해요 Q&A

Q 기저귀 갈기가 아기의 발달에 어떤 도움을 주나요?

A 아기에게는 기저귀 갈기, 우유 먹기, 옷 입기, 목욕하기 등과 같은 일상생활의 경험 자체가 세상을 탐색하고 주변 사람과 상호작용할 수 있는 기회가 됩니다. 이와 같은 경험이 편안하고 즐거울수록 아기는 사랑받고 있다고 느끼며, 세상을 믿을 만한 곳이라고 믿습니다. 또한 아기에게 높은 자아 존중감을 형성하도록 도와주지요.

3-6개월 감각인지

엄마 옷이 좋아요

아기가 엄마 옷을 만져보며 부드러운 감촉과 다양한 색깔을 느껴보는 놀이

● 준비물
엄마 옷(부드럽고 아기에게 자극이 없는 옷), 부드러운 스카프

놀이하기

엄마는 선명한 색깔(빨강, 초록, 파랑)이나 무늬가 있고 감촉이 부드러운 옷을 입고 놀이를 시작하세요.

1 **아기가 엄마 옷을 자연스럽게 느껴볼 수 있도록 안아주세요.**
   · 지호야 엄마 옷 어때? 예쁘지?
   · (엄마가 손가락으로 가리키며) 여기는 빨간색, 여기는 파란색이야.
   · (엄마 옷의 무늬를 가리키며) 여기 나뭇잎도 보이네.
   · 엄마 옷 한번 만져볼래?
   · (아기가 엄마 옷에 손을 뻗으면) 지호야, 부드럽지?
   · (아기 손을 잡고) 여기는 빨간색, 여기는 파란색이야.

2 **아기가 발, 얼굴, 배로도 부드러운 촉감을 느끼게 하세요.**
   · 이번에는 발바닥으로 만져볼까?
   · 엄마 옷을 발로 비벼보자. 아이, 부드러워.
   · (아기 볼에 옷을 문지르며) 어때? 아이, 부드러워.
   · (아기 배에 옷을 문지르며) 배로도 해볼까? 아이, 부드러워.

3 **아기를 앉히고 스카프를 펼쳐 보여주면서 만져보도록 하세요.**
   · 이것 봐! 스카프야. 예쁘지? 여기 꽃도 보이네.
   · (스카프를 좌우로 움직이며) 스카프가 춤을 춰요.
   · 한번 만져볼래? 어때? 부드럽지?
   · (손, 발, 얼굴, 배에 골고루 문지르며) 아이, 부드러워.

4 **집 안에 있는 다양한 사물의 감촉을 느끼게 하세요.**
   · 우리 지호, 헝겊 공도 만져볼까?
   · 여기 곰돌이도 있네. (곰돌이를 아기 볼에 비비며) 곰돌이야, 안녕?
   · 창문 유리는 차갑고 매끈매끈하네.
   · 방석은 오톨도톨하네.
   · 고양이 인형의 꼬리는 보들보들하구나.

아기가 다양한 신체 부위로 촉각을 경험할 수 있도록 해주세요.

 **뇌 발달 Point**

미세한 촉각 자극은 뇌에 잘 전달됩니다. 피부는 정보를 인식하고 처리하는 능력에서 신경계에 뒤지지 않습니다. 그래서 피부를 '제2의 뇌'라 부르기도 합니다. 아기가 다양한 사물을 손으로 만져보는 경험은 뇌 발달에 도움이 됩니다. 그뿐 아니라 아기를 부드럽게 안아주고 토닥여주는 것은 아기의 마음을 평안하게 하는 촉각 자극입니다. 엄마와의 정서적 상호작용은 아기의 두뇌와 정서발달을 위해 중요하므로 부드러운 촉각 자극을 해주세요.

응용해요!

부드러운 헝겊뿐 아니라 다양한 재질을 느낄 수 있는 다양한 재료를 이용하세요. 매끄러운 공, 표면이 울퉁불퉁한 물건, 촉감이 다른 인형 등 각 재료마다 아기는 다른 느낌을 가질 수 있어요. 이 시기의 아기는 촉감을 느끼다가 입으로 가져가 빨곤 합니다. 위생과 안전에 문제가 없도록 주의해야 합니다.

엄마를 위한 발달 상식

아기의 촉각은 자궁 속에서부터 발달합니다. 촉각은 신경체계와 밀접한 관련이 있으며 시각이나 청각이 발달할 때 함께 발달하지요. 아기는 엄마를 만지거나 젖을 먹으면서 엄마와 애착을 형성하고 신뢰감을 쌓아갑니다. 따라서 엄마 옷을 만지고 엄마 냄새를 맡으며 노는 것은 아기의 감각기관을 자극하는 아주 좋은 활동입니다.

상호작용할 때

아기가 다양한 색감과 촉감을 접하게 하는 것이 중요합니다. 평소에 아기가 엄마 옷에 관심이 없더라도 엄마의 옷이나 사물의 촉감을 느낄 수 있도록 상호작용해주세요. 엄마는 목소리뿐 아니라 표정으로도 아기를 사랑한다는 것을 보여주세요.

궁금해요 Q & A

Q 아기는 어떤 색깔과 무늬를 좋아할까요?

A 아기는 처음에 모든 색깔을 흑백으로만 인지합니다. 그러다가 점차 시각이 발달하면서 빨강, 파랑, 초록과 같은 원색을 인지하기 시작하지요. 이 시기에는 형태가 뚜렷한 무늬에 더 관심을 보입니다. 이 시기 아기에게는 색깔도 무늬도 모두 뚜렷한 것을 보여주는 것이 좋습니다.

STEP 1 0-6개월
STEP 2 6-12개월
STEP 3 12-18개월
STEP 4 18-24개월
STEP 5 24-30개월
STEP 6 30-36개월

3-6개월 사회정서

딸랑딸랑, 데굴데굴~

엄마와 아기가 번갈아 소리 나는 장난감을 흔들며 사회적 관계를 경험하는 놀이

● 준비물
딸랑이, 소리 나는 분유통(빈 분유통에 쌀이나 방울을 넣고 뚜껑을 덮어 만들어요)

놀이하기

아기와 마주보게 안거나 아기를 옆으로 안고 눈을 맞추며 놀이를 시작하세요.

1. **딸랑이를 흔들어 아기가 관심을 가지고 쳐다보게 하세요.**
   - 이게 뭐지? 딸랑이네.
   - 어떤 소리가 날까?
   - (아기가 손을 뻗으면) 은성이가 한번 잡아볼래?
   - (아기가 딸랑이를 잡고 흔들 때) 딸랑딸랑 소리가 나네.

2. **엄마와 아기가 번갈아 딸랑이를 흔들어보세요.**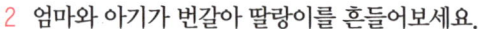
   - 은성이가 딸랑딸랑~ 흔들었네.
   - 이번에는 엄마가 딸랑딸랑.
   - 또 은성이가 흔들어보자. 옳지, 딸랑딸랑!
   - 이번엔 엄마가 또 딸랑딸랑~

분유통을 천천히 굴려주세요.

3. **소리 나는 분유통을 만져보게 한 다음, 분유통을 바닥에 굴려주세요.**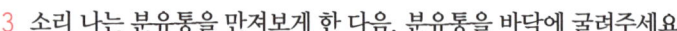
   - 이게 뭘까? 한번 흔들어볼까?
   - 딸랑딸랑 무슨 소리가 나네.
   - 딸랑이가 데굴데굴 굴러가기도 하네.
   - (운율을 살려) 데굴데굴 데구르르~ 데굴데굴 데구르르~
   - 은성아, 구르다가 멈췄네. 다시 해볼까?

4. **아기를 엎드리게 해서 엄마와 아기가 번갈아 분유통을 굴려보세요.**
   - 와~ 데구르르 분유통이 굴러가네.
   - 이번에는 은성이가 굴려보자.
   - 와~ 데굴데굴 잘 굴러가네.
   - 이번에는 엄마가 굴려볼게. 데구르르 굴러간다.
   - 다시 한번 굴려볼까?

엄마와 아기가 번갈아가며 하는 것이 중요해요.

아기는 장난감을 입으로 가져가는 경향이 있습니다. 입에 사물이 닿으면 그 특징을 파악해 정보를 뇌에 전달하고 저장합니다. 또 아기는 움직이는 장난감을 잡기 위해 팔과 다리의 근육을 연속적으로 움직이면서 조절하는 힘을 기릅니다. 굴러가는 장난감을 쫓아가는 놀이로 움직임과 관련된 뇌의 신경회로가 견고해집니다.

5 아기의 행동을 엄마가 바로 똑같이 따라하세요.
- (아기가 우연히 의자를 툭툭 친 경우) 엄마도 은성이처럼 톡톡!
- (아기가 어떤 장난감을 흔들면) 엄마도 은성이처럼 흔들흔들!!
- 우리 은성이가 팔을 흔드네. 엄마도 이렇게~

응용해요!
속이 보이는 플라스틱 음료수 병에 콩이나 방울을 넣고 데굴데굴 굴리며 다양한 소리를 들려주는 놀이를 할 수도 있어요.

엄마를 위한 발달 상식

엄마와 아기가 함께 노는 경험은 아기에게 안정감을 갖게 할 뿐만 아니라 다양한 자극을 통해 만족감을 느끼게 합니다. 다양한 사물의 소리나 엄마의 이야기 소리를 들으며 엄마 목소리와 장난감 소리를 구별할 수 있게 되는데, 이것은 인지적 측면에서 아기에게 즐거운 경험이 됩니다.

상호작용할 때

엄마가 아기의 행동에 반응해주고 아기의 행동을 똑같이 따라하는 것은 아기에게 즐거움을 주는 상호작용입니다. 분유통을 너무 멀리 굴리지 않아야 놀이가 계속 이어질 수 있어요.

궁금해요 Q&A

Q 아기가 분유통을 잘 굴리지 못해요.

A 이 시기의 아기에게는 분유통을 잡고 정확하게 굴리는 것이 아직 어려워요. 아기가 분유통을 굴렸다면 아마 우연히 분유통을 손으로 친 것일지도 몰라요. 이 놀이에서는 아기가 굴러가는 물체에 관심을 가지고 쫓아가거나 사물을 굴려보려고 시도하는 것이 중요합니다.

3-6개월 사회정서

까꿍! 눈 맞춤

아기가 엄마와의 눈 맞춤을 통해 안정적인 애착 형성과 정서적 안정감을 느끼게 하는 놀이

● 준비물 매트(이불), 손수건

놀이하기

아기를 바닥에 눕혀놓고 엄마가 몸을 숙여 아기 이름을 불러보세요.
아기가 엄마와 눈을 맞추면 놀이하세요.

1 **엄마 얼굴을 가리고 아기 이름을 부르며 까꿍 놀이를 해요.**
  - 우리 예쁜 민재는 어디 있을까? (두 손으로 얼굴을 가리고) 민재야~!
  - 민재야~ 엄마 어디 있나?
  - 까꿍! 엄마 여기 있네.
  - 우리 민재 엄마 잘 찾네. 까꿍!

2 **아기 얼굴에 엄마 얼굴을 가까이 대고 눈을 맞추며 이야기해요.**
  - 깜빡! 깜빡! 엄마 눈이 깜빡이네.
  - (손가락으로 부드럽게 만지며) 엄마 눈, 민재 눈, 엄마 눈, 민재 눈!
  - (운율을 살려) 우리 민재도 깜빡! 깜빡! 엄마도 깜빡! 깜빡!

3 **'까꿍' 간격을 달리하면서 까꿍놀이를 하세요.**
  - (두 손으로 얼굴을 가리고) 우리 민재가 어디 있나?
  - (2초 정도 지나서) 까꿍~ 안녕! 엄마야~
  - 민재야~ 어디 있니?
  - (5초 정도 지나서) 까꿍~ 안녕! 엄마야~
  - 우리 민재 눈이 반짝반짝 빛나는구나.

4 **손수건을 가지고 얼굴이 나타나는 위치를 달리하면서 까꿍놀이를 하세요.**
  - (손수건으로 얼굴을 가리고) 민재야~
  - 까꿍! (아기 얼굴로 가까이 가며) 슝슝슝~ 엄마랑 더 가까워졌네.
  - (손수건 왼쪽으로 나타나며) 까꿍!
  - (손수건 오른쪽으로 나타나며) 까꿍!
  - (손수건 위쪽으로 나타나며) 까꿍!

엄마는 밝은 미소와 부드러운 목소리로 아기에게 이야기하세요.

응용해요!
엄마의 얼굴뿐 아니라 평소 아기가 좋아하는 인형이나 딸랑이를 가지고도 까꿍놀이를 할 수 있어요.

Point 뇌 발달

사람이나 사물에 주의를 기울이는 행동은 뇌의 학습능력을 크게 향상시킵니다. 엄마의 얼굴을 보며 하는 까꿍놀이는 아기가 '선택과 집중'을 시작하는 단계에 도움을 주는 놀이입니다.

5 **아기와 눈을 맞추며 아기 몸을 가볍게 마사지해요.**
   · 우리 아가 팔 쭉쭉, 우리 아가 다리 튼튼.
   · 우리 민재 엄마랑 까꿍놀이했지?
   · (얼굴을 뒤로 젖혔다가 보이며) 까꿍! 엄마가 우리 민재 사랑해요.

엄마를 위한 발달 상식
엄마가 얼굴을 숨겼다가 아기에게 찾도록 하는 까꿍놀이는 아기의 인지발달에 도움을 줍니다. 대상영속성이 아직 발달하지 않은 아기는 엄마의 얼굴이나 장난감이 갑자기 보이지 않을 때 찾으려고 하지 않을 수도 있어요. 하지만 엄마와 함께 까꿍놀이를 반복하다 보면 아기가 얼굴을 가린 엄마 손을 치우고 엄마 얼굴을 찾을 수 있게 됩니다.

상호작용할 때
아기는 엄마의 목소리를 알아들을 수 있으며 엄마와 눈이 마주치면 미소를 짓기도 합니다. 그러므로 엄마가 밝고 즐거운 표정으로 놀이하는 것이 매우 중요합니다.

궁금해요 Q&A

Q 이 시기의 아기는 엄마를 알아보기 시작한다는데, 직장에 다니는 엄마는 어떻게 해야 좋을까요?

A 이 시기의 아기에게는 한 사람의 지속적인 양육이 필요합니다. 엄마가 아닌 다른 사람이 아기를 돌봐야 하는 상황이라면 되도록 돌보는 사람(주된 양육자)이 바뀌지 않도록 해야 합니다. 그래야 아기가 심리적인 안정감을 느낄 수 있어요. 이렇게 다른 사람이 아기를 돌보는 경우라도 엄마는 아기와 얼굴을 마주보는 놀이를 해주고, 끊임없이 아기에게 관심을 가지고 발달 상황을 파악하는 것이 중요합니다.

3-6개월
사회정서

뽀득뽀득 목욕놀이

물속에서 따뜻한 편안함과 거품의 부드러움을 느끼며 엄마와 사랑의 스킨십을 하는 놀이

● 준비물
아기 욕조, 허리까지 받쳐주는 의자(또는 기대어 앉는 의자), 면으로 된 손수건, 아기용 목욕비누, 목욕 장난감(고무 삑삑이 인형, 꼬마물총, 플라스틱 반찬통 등)

놀이하기

아기 목욕 장난감을 모아놓고 목욕시킬 공간을 따뜻하게 한 다음 놀이하세요.

1 아기가 미끄러지지 않게 잘 받친 뒤 목욕물에 관심을 갖도록 하세요.
- (아기 몸에 물을 흘려주며)은성이 가슴에도 물을 쪼르륵~ 은성이 팔에도 물을 쪼르륵~
- (손바닥으로 물을 치며)찰랑찰랑~ 물이야. 이것 봐.
- 은성이가 물을 발로 차네. 어이쿠~ 기분이 좋아?
- (아기 손을 잡고 물을 쳐보도록 도와주며)은성이도 한번 만져볼까?

2 손수건을 이용해 목욕놀이를 하세요.
- (손수건을 넓게 펼쳐 물에 띄우고)은성아, 손수건이 둥둥 떠 있네.
- 손수건이 물속에서 빙빙 돌아가네.
- (손수건의 물을 꼭 짜며)주르륵~ 주르륵~ 물이야.
- 얼굴이랑 머리를 이 수건으로 닦아줄게.

3 손수건으로 거품을 내서 목욕놀이를 하세요.
- 비누로 싹싹싹! 거품이 나네. 후우~ 날아가네.
- (아기 손에 거품을 묻히며)거품이 은성이 손에 얍!
- 미끌미끌~ 거품이 온몸에 미끌미끌. 기분 좋지?
- (부드럽게 마사지하듯)겨드랑이도 미끌미끌, 가랑이도 미끌미끌, 다리도 미끌미끌~

4 목욕 장난감을 가지고 목욕놀이를 하세요.
- (준비한 장난감을 물에 띄우며)우와! 물에 둥둥 떴어요. 이게 뭐지?
- (소품을 물밑으로 넣고)어? 둥둥 또 뜨네. 다시 해볼까?
- 인형이 가라앉았네. 어? 또 떠오르네.
- (꼬마물총으로 물을 쏘면서)은성이한테 쭈욱~ 찌익~ 은성이 배꼽 맞아라.
- (컵에 물을 담아 몸에 부어주며)와! 물이다~ 기분 좋아? 또 할까?

point 뇌 발달

아기의 뇌는 따뜻한 스킨십을 좋아합니다. 기쁨, 관심, 사랑 등 긍정적인 기분을 느끼면 왼쪽 전두엽이 발달합니다. 따뜻한 물의 감촉을 느낄 때 아기는 정서적으로 안정됩니다.

응용해요!

노래 대신 리듬이 있는 말을 하며 목욕시켜주세요. 눈! 눈! 눈! 깨끗이 닦고요. 등!등!등! 미끄럼타요. 목!목!목! 싹싹 닦고요. 예쁜 얼굴 되었어요. 쨘~

엄마를 위한 발달 상식

아기들은 따뜻한 물속에서 목욕을 하는 동안 엄마 배 속의 양수에서처럼 편안하고 따뜻한 느낌을 경험하지요. 하지만 물을 싫어하는 아기도 있으니 아기가 물에 들어가지 않으려고 울 때는 물 온도나 실내 온도를 확인해 너무 춥거나 덥지 않도록 합니다. 아기 몸이 물에 푹 잠기지 않으면 감기에 걸릴 수 있으므로 아기 몸에 물을 계속 끼얹으며 놀이하세요. 또 이 시기의 아기는 몸을 가누지 못하므로 목욕 도중 물에 빠지지 않도록 각별한 주의가 필요합니다.

상호작용할 때

목욕이 즐거운 놀이가 되려면 엄마의 기분 좋은 표정과 밝은 목소리가 필요합니다. 목욕놀이는 아기가 평소 가지고 놀았던 장난감을 사용하면 더 좋고 엄마가 큰 욕조에 아기와 함께 들어가 신체 접촉을 하면서 놀이할 수도 있습니다. 꼬마물총이 없다면 입구가 좁은 플라스틱 병이나 아기 약병을 사용하세요. 물총을 쏘며 '가슴에 쭈욱~ 팔에다 찌익~' 신체 이름을 말해주는 것도 좋습니다.

궁금해요 Q&A

Q 아기가 목욕할 때마다 울어요. 왜 목욕을 싫어하는 걸까요?

A 목욕을 하기 전에 너무 배가 고프면 목욕을 하면서 계속 울기도 합니다. 그렇다고 목욕 전에 바로 우유를 먹이면 토할 위험이 있어 좋지 않습니다. 아기가 수유하는 시간을 잘 기록했다가 적절한 시간에 목욕놀이를 하세요. 또 물이 너무 뜨거워서 울 수도 있으므로 물 온도가 적절한지 점검해보세요. 물에 들어가는 것을 싫어하는 아기라면 물을 조금만 받아서 씻기거나 엄마와 함께 들어가 목욕하면서 서서히 익숙해지도록 배려하는 것이 좋습니다.

3-6 개월
사회정서

산들산들~ 바람 만나기

아기를 유모차에 태우고 산책하면서 살랑살랑 불어오는 바람과 따뜻한 햇빛을 느껴보는 놀이

● **준비물**
유모차, 물티슈, 기저귀, 아기 간식

놀이하기

아기의 건강 상태가 양호하고 산책을 해도 좋은 날씨일 때 놀이하세요.

1 외출하기 전에 아기를 안고 창문 너머의 바람과 햇빛을 느끼게 해주세요.
- (창문을 두드리며) 똑똑~ 문 열어주세요.
- 민재야, 우리 창문을 열어볼까?
- (창문을 열며) 안녕! 해님. 아이 눈부셔.
- 바람이 부네. 살랑살랑 바람이 부네.
- 우리 해님 만나러 밖으로 나가볼까?

2 아기를 유모차에 태우고 나가 햇빛과 바람을 느껴보세요.
- (아기를 유모차에 태우기 전에) 이건 민재 유모차네. 여기에 탈까?
- 햇빛이 참 좋다. 바람도 살랑살랑~
- 유모차 안으로 쏙~ 안전띠도 찰칵! 출발~

유모차에서 밖이 잘 보이도록 아기를 앉혀주세요.

3 유모차를 천천히 움직이며 아기 상태를 살피면서 이야기하세요.
- 햇빛도 있고 시원한 바람도 불고, 기분이 좋아?
- (아기가 엄마를 쳐다보면) 까꿍! 민재야, 사랑해.
- (아기가 놀이터를 쳐다보면) 언니들이 놀이터에 나와 노네.
- 어머나, 바람이 불어서 머리카락이 날리네.
- 푸드득! 비둘기가 날아가네.

4 유모차를 세운 뒤 아기를 품에 안고 자연을 가까이에서 느끼게 해주세요.
- 민재야, 엄마가 안아줄게.
- (아기를 안은 채 좌우로 흔들며) 엄마랑 같이 살랑살랑 춤을 춰볼까?
- 저기 꽃 있는 데까지 살랑살랑 춤추며 가보자. 랄라라~
- (꽃이 가까이 보이도록) 우리 민재 닮은 예쁜 꽃이네. 이것 봐!
- (지나가는 자동차를 보며) 빵빵~ 자동차가 지나가네.
- (나뭇잎을 흔들면서) 안녕, 민재야? 나뭇잎이 인사하네.

point 뇌 발달

다양한 색깔과 냄새가 있는 자연은 뇌 발달을 위한 최적의 장소입니다. 아기는 바깥 활동에서 경험한 새소리, 냄새 등의 다양한 정보를 좋은 기억으로 저장합니다. 매일 똑같은 집 안이 아닌, 새로운 환경을 접하는 것은 뇌에 새로운 정보를 제공하기 때문에 시냅스 형성에 도움이 됩니다.

5 산책 왔던 길을 되돌아가며 아까 봤던 것에 대해 다시 이야기하세요.
- 저기, 자동차가 보이네. 아까도 봤지?
- 우리가 봤던 꽃이네.
- 이제 바람이랑 해님이랑 집으로 간대.
- 우리 민재도 '안녕' 하자. 안녕~
- (아기의 손을 잡고 가볍게 흔들며) 나무랑 꽃도 안녕. 또 만나자~

엄마를 위한 발달 상식

- 신선한 공기를 마시는 것은 아기의 건강에 좋습니다. 아기가 흙이나 꽃을 만지고 싶어할 때 위생을 염려해 무조건 금지하기보다는 흙이나 먼지 등도 직접 만지면서 우리 몸에 필요할 정도의 세균에 자연스럽게 노출시키는 것이 좋습니다.
- 뇌 발달에는 새로운 경험이 도움이 됩니다. 익숙한 집 안보다는 야외에서 신선한 공기를 마시며 새로운 변화를 느끼게 하세요.

상호작용할 때

아기를 유모차에 앉힐 때 서로 마주보기보다는 엄마와 아기의 시선이 같은 방향을 향하도록 해서 함께 바라보는 사물들에 대해 이야기해주는 것이 좋아요. 매일 접하는 환경이지만 일상의 작은 변화들에 관심을 가지도록 하세요.

궁금해요 Q&A

Q 아기가 외출을 많이 하면 감기에 걸리지 않나요?

A 햇볕을 쬐면 비타민 D 합성에 좋고 밤에 잠도 잘 잡니다. 옷을 따뜻하게 입혀 실내와 온도차를 많이 느끼지 않도록 한 다음 외출하세요. 유행성 감기나 전염병이 돌 때가 아니라면 외출은 오히려 면역력을 높여줍니다.

3-6개월 신체운동

손 놀이

아기가 손으로 잡을 만한 것을 주어 잡아당기고 흔들어보게 하는 놀이

● 준비물
부드러운 타월, 끈으로 묶을 수 있는 장난감 3~4개(딸랑이, 모빌 조각), 끈

놀이하기

아기가 기분 좋게 누워 있을 때 놀이하세요.

1 아기가 엄마의 검지(둘째 손가락)를 잡도록 하세요.
- 까꿍! 엄마랑 놀이 할까?
- 빙글빙글! 엄마 손가락이 있네.
- (아기 손바닥에 검지를 대고) 잡아봐라~
- (아기가 손가락을 잡으면) 잘 잡았네. 흔들흔들~

2 아기 손을 주무르며 마사지하세요.
- (엄마가 아기가 주먹을 감싸쥐며) 우리 아기 예쁜 아기, 주먹도 예쁘네. 꼬옥~ 주물러줄게.
- (아기의 손바닥을 펴듯이) 쫘악~ 쫘악~ 손을 펴자.
- (아기의 손가락을 마사지하며) 우리 아기 손가락. 예쁘기도 하지. 조물조물! 조물조물!

모빌 조각을 아기 손에 가까이 흔들어주세요.

3 아기 가슴 위로 부드러운 타월을 늘어뜨려 잡게 하세요.
- 지호야, 수건 잡아볼래? 옳지, 잘 잡았네.
- (약간 옆으로 이동하며) 이번에는 이쪽이야. 수건 잡아라.
- (아기의 손에 수건을 닿게 하며) 이 수건 잡아봐라~
- (아기가 수건을 잡으면 좌우로 흔들며) 흔들흔들, 잘 잡았네.
- (아기가 잡은 수건을 입으로 가져가면) 이게 뭔가 궁금했구나.

4 모빌이나 딸랑이를 아기가 잡을 수 있도록 가까이 보여주세요.
- (장난감이 달린 줄을 흔들며) 지호야, 이것 봐~
- 짤랑짤랑~ 이게 뭘까?
- 여기 한번 잡아볼까?(아기가 잡으면 살살 장난감을 잡아당기며) 옳지, 잘 잡네~
- 이 조각 본 적 있지? 모빌에 있던 거야.
- 이쪽 손으로도 잡아볼까?

아기가 손으로 자기 발을 잡을 때 몸을 가볍게 밀어주세요.

Point 뇌 발달

아기가 발을 뻗어 움직이는 것은 뇌의 신경회로가 발달하고 있는 증거입니다. 발을 뻗는 행동은 운동신경 이외에도 감각신경, 대뇌중추신경을 발달시키고 새로운 운동기술을 익히는 데에 도움을 줍니다.

5 **아기가 자기 발을 잡아보도록 하세요.**
- 우리 지호 발도 한번 잡아볼까?
- (아기가 발을 잡으면) 영차! 영차! 흔들흔들~ 잘 잡았네.
- (발을 잡은 아기 손을 옆으로 밀며) 퉁퉁! 으싸! 퉁퉁! 으싸!

응용해요!
손으로 물건을 잡는 힘이 생기면 딸랑이를 직접 흔들어볼 수 있게 도와주세요. 딸랑이를 입에 넣어 빨아볼 수도 있고 바닥에 굴려 소리 내보고 움직임을 관찰하는 활동도 할 수 있습니다. 이 시기의 아기는 손에 잡히는 것은 무조건 입으로 가져가므로 장난감과 육아용품의 청결 상태를 유지하고 소독 관리에 유의하세요.

엄마를 위한 발달 상식

생후 4~7개월의 아기는 팔을 뻗어서 장난감을 잡아 입으로 가져갈 수 있습니다. 이 시기는 사물을 잡아 흔들기도 하고 떨어뜨리며 탐색하는 특징도 보이지요. 아기에게 엄마 손가락을 잡게 한 뒤 엄마 손가락에 걸려 있는 사물을 잡아 입으로 가져가 충분히 탐색할 수 있도록 해주세요.

상호작용할 때

아기가 어떤 사물을 잡고 즐거워하며 웃을 때 '재미있어?' '잘 잡았네' '잘 흔드네' 등과 같은 칭찬을 하면서 미소를 보여주세요. 엄마의 칭찬은 아기가 자신의 활동에 기쁨을 느끼게 하여 자신감을 가지고 지속적으로 활동할 수 있도록 도와줍니다.

궁금해요 Q&A

Q 아기가 아직 손으로 사물을 잘 잡지 못해요. 어떻게 해야 할까요?

A 3~6개월경의 아기는 차츰 두 손으로 물체를 잡으려 합니다. 아직 아기가 사물을 잡으려 하지 않는다면 손가락이나 손바닥을 눌러주거나 마사지를 해주어 소근육과 신경을 자극해주세요. 손놀이를 하면 소근육이 발달합니다.

3-6개월 신체운동

흔들흔들~ 배를 타요

엄마가 아기를 배 위에 앉혀 감싸 안고 좌우로 천천히 흔들어주는 놀이

● 준비물 큰 거울, 이불

놀이하기

엄마가 벽에 기대어 비스듬히 앉고 무릎을 세운 뒤 배 위에 아기를 올려 놓고 놀이하세요.

1 **아기의 겨드랑이를 잡고 좌우로 천천히 기울였다가 세워보세요.**
   · 엄마가 우리 민재 배 태워줄까?
   · (왼쪽으로 기울이며) 둥실둥실! 배를 타요.
   · (오른쪽으로 기울이며) 둥실둥실! 배를 타요.
   · 까꿍! 우리 아기 배를 잘 타네. 또 해볼까?

2 **아기가 거울을 보도록 안아주고 좌우로 천천히 기울였다가 세워보세요.**
   · (왼쪽으로 기울이며) 흔들흔들~ 배를 타요.
   · (아기와 눈을 맞추며) 까꿍! 우리 아기, 배 탔어요.
   · (오른쪽으로 기울이며) 흔들흔들~ 배를 타요.
   · (아기와 눈을 맞추며) 까꿍! 우리 아기, 배 탔어요.

3 **무릎을 굽히고 아기를 기대어 눕힌 다음 좌우로 천천히 기울였다가 세워보세요.**
   · (왼쪽으로 기울이며) 누워서 배를 타요.
   · (아기와 얼굴을 가까이 하며) 까꿍! 우리 아기, 누워서 배 탔어요.
   · (오른쪽으로 기울이며) 누워서 배를 타요.
   · (아기와 얼굴을 가까이 하며) 까꿍! 우리 아기, 누워서 배 탔어요.

4 **무릎 위에 아기를 앉히고 손을 잡은 뒤 무릎을 폈다 접기를 반복하세요.**
   · (접었던 무릎을 펴며) 슈웅! 배가 내려가요.
   · (무릎을 다시 접으며) 슈웅! 배가 올라가요.
   · (아기와 눈을 맞추며) 꿍! 우리 아기, 배를 타요. 재미있어?

 **뇌 발달 Point**

편안하고 따뜻한 신체 접촉은 아기의 면역체계를 강화하고 뇌의 스트레스를 조절하는 능력을 키워줍니다. 아기가 엄마, 아빠 품에 안겨 편안함을 느낄 때 유대감을 높이는 옥시토신이 분비됩니다.

응용해요!

아기가 엎드린 상태에서 아기의 몸 전체를 엄마의 두 손으로 지지하고 '슈웅~ 날아가요' 하며 천천히 움직여주세요. 아기가 목을 가누기 시작하면 놀이하세요.

엄마를 위한 발달 상식

아기는 자기 몸을 흔들어주기, 품에 안고 돌기 등 반복적 움직임을 좋아합니다. 몸의 평형과 움직임을 느끼는 전정계가 잘 발달된 상태로 태어났기 때문이에요. 전정계는 배아 초기에서부터 나타나 촉각과 마찬가지로 아기에게 안락함을 느끼게 합니다.

상호작용할 때

이 놀이는 우리의 전통 아기놀이인 단동십훈과 유사한 놀이로, 천천히 좌우로 흔들 때 '지암지암' 등 전통적 리듬감이 있는 말을 함께 해주면 더욱 흥겹게 놀이할 수 있습니다. 처음에는 좌우로 조금씩 기울이다가 익숙해지면 점점 더 많이 기울어지게 하세요. 낮은 월령일 때는 이불을 돌돌 말아 그 위에 엎드리게 한 후 좌우로 움직이면서 배 타기 놀이를 할 수 있습니다.

궁금해요 Q&A

Q 전통 아기놀이 '단동십훈'이란 무엇인가요?

A '단동십훈(檀童十訓)'은 한국의 전통 육아법으로, 단군 이래 아이들에게 10가지 큰 가르침을 주는 놀이입니다. 오래전부터 무심코 해왔던 놀이가 최근 들어 뇌신경 발달을 돕는 과학적인 놀이라는 것이 밝혀지면서 관심을 끌고 있지요. 곤지곤지, 지암지암, 작자궁, 도리도리 등은 단동십훈에 해당하는 대표적인 놀이랍니다.

> **3-6개월**
> **신체운동**

영차! 영차! 발로 차!

아기가 발차기를 하면서 소리를 내보거나 발로 엄마 손바닥을 밀면서 몸을 움직이는 놀이

● **준비물**
딸랑이(열쇠꾸러미처럼 여러 개를 한데 묶어놓은 것), 은박접시, 수건

놀이하기

아기가 누워서 발차기를 많이 하거나 뒤집기를 할 수 있을 때 놀이하세요. 기저귀를 갈고 난 후 편안한 상태일 때가 좋습니다.

1 **아기의 다리와 발바닥을 가볍게 마사지하세요.**
   - (아기 다리를 주무르며) 우리 아기, 쭈욱~ 쭈욱. 다리, 다리 쭈~욱.
   - 하나, 둘, 셋, 넷!
   - (아기 발바닥을 손가락으로 누르며) 우리 아기, 꾸욱~ 꾸욱. 발바닥 꾸~욱.

2 **발로 차면 소리 나는 딸랑이를 발 아래쪽에 걸어두세요.**
   - (딸랑이를 흔들어 보이면서) 지호야, 이 소리 들어봐. 딸랑딸랑~
   - 발로 한번 딸랑이를 차볼까?
   - 옳지, 영차! 영차! 발로 차.
   - 지호가 발로 차니까 딸랑딸랑 소리가 나네.

3 **아기가 수건이나 은박접시를 발로 차게 하세요.**
   - 이번에는 수건을 발로 차볼까?
   - (리듬을 살려) 영차! 영차! 발로 차. 영차! 영차! 발로 차~
   - 이번에는 은박접시도 차볼까?
   - 부스럭 부스럭, 발로 차! 부스럭 부스럭, 발로 차!

4 **엄마 손으로 아기의 발바닥을 밀어주세요.**
   - 영차! 영차! 발로 차. 엄마 손바닥을 차보자.
   - 지호가 발차기를 잘하네.
   - (아기 발바닥을 교대로 밀어주며) 하나, 둘! 하나, 둘!
   - 옳지, 우리 지호 잘 밀고 가네.
   - 지호가 앞으로 움직이네.

Point 뇌 발달

아기가 발을 뻗어 움직이는 것은 뇌의 신경회로가 발달하고 있다는 의미입니다. 발을 뻗는 것과 같은 동작은 운동신경 이외에 감각신경 및 대뇌중추신경이 발달하고 새로운 운동기술을 익히는 데에도 좋습니다.

응용해요!

뒤집기를 하는 아기가 엎드린 자세로 있을 때 쿠션과 같은 물건으로 발바닥을 밀어주세요. 아기가 발을 뻗치는 동작을 하면 허리 근육과 발의 힘을 기를 수 있습니다.

엄마를 위한 발달 상식

아기의 신체운동능력은 상체에서 하체 방향으로 발달합니다. 목을 먼저 가누고 다음에 몸통을 조절한 뒤 다리 근육이 발달하여 설 수 있게 되지요. 아기가 발을 힘차게 뻗고 차는 동작을 반복하면서 발달이 진행되면 서고 걷기에 필요한 대근육이 발달합니다. 또 아기는 자신의 몸을 이용해 사물을 차고 그 결과로 들리는 소리에서 성취감도 느낍니다.

상호작용할 때

아기가 발차기놀이를 할 때 소리가 나면 더욱 흥미로워합니다. 아기가 발로 찰 때마다 소리가 나는 물건을 이용해 놀이해보세요. 또 아기 발바닥을 밀어주는 놀이는 기어가기 연습에 도움을 줍니다. 아기가 충분히 발로 차고 발바닥으로 밀 수 있도록 발을 받치는 물건을 가까이에 놓아주세요.

궁금해요 Q&A

Q 놀이를 하는 동안 말을 해주거나 노래를 불러주는 것이 좋을까요?

A 아기의 언어능력은 매우 일찍부터 발달합니다. 실제로 말을 하기 전부터 이미 언어발달이 시작됩니다. 그러니 놀이를 하면서 아기의 신체 부위의 이름(손, 발, 손바닥 등)이나 의성어·의태어와 같은 말을 여러 번 반복해주는 것이 초기 언어발달에 도움이 됩니다. 아기가 하고 있는 행동이나 엄마의 생각 등을 말로 표현해 일상생활 속에서 자연스럽게 언어적인 경험을 할 수 있도록 해주세요.

3-6개월
의사소통

엄마가 뭐하지?

엄마가 아기를 돌보며 하는 행동을 말로 표현해 일상적 상황과 언어적 소리를 연결시키는 놀이

● 준비물
별도의 준비물이 필요 없어요.

놀이하기

우유를 타거나 옷을 갈아 입고, 청소를 하고, 빨래를 너는 등 아기 곁에서 다른 일을 하면서 아기와 놀이하세요.

1 엄마의 행동을 한두 단어로 말해주세요.
 · 엄마가 우유 타올게. 잠깐 기다려.
 · 은성아, 엄마가 뭐하지? 맘마 만들어요. 엄마 맘마!!
 · 은성아, 엄마가 뭐하지? 빨래를 개켜요. 엄마 빨래!!
 · 은성아, 엄마가 뭐하지? 치마를 입어요. 엄마 치마!!

2 엄마의 말소리를 듣고 난 뒤 나타나는 아기의 반응에 응답해주세요.
 · (아기가 '우우' 소리를 내면) 그랬어요? 은성이 맘마 주세요?
 · (아기가 '옹알옹알' 소리를 내면) 그래, 엄마 빨래 개키지?
 · 우리 은성이가 엄마랑 얘기하고 싶구나~

3 아기가 내는 소리를 다 듣고 비슷하게 흉내 내어 들려주세요.
 · (아기가 '아부부부, 밥바바'라고 하면) 아부부부, 밥바바~ 했어요?
 · (아기가 '다다다다, 다아아아'라고 하면) 다다다다, 다아아아~ 했어요?
 · 우리 은성이는 이야기도 잘하네.

아기를 바라보며 "엄마 뭐하지? 맘마 만들어요" 라고 말해보세요.

응용해요!

대상을 바꿔가며 이야기하세요.
'아빠, 뭐하세요?' 세수하고 있어요. / '할머니 뭐하세요?' 은성이가 좋아하는 우유 타고 있어요. / '형아, 뭐해요?' 자동차 가지고 놀아요. 노래 불러요.

엄마가 다른 활동을 할 때도 이렇게 놀아보세요.
은성아, 기저귀 젖었지? 기저귀 가지고 올게. / 은성아, 엄마랑 옷 입고 산책가자. 옷 가지고 올게.

아기는 자신과 교감하며 이야기하는 엄마의 얼굴을 보는 순간, 뇌에서 행복 호르몬인 엔도르핀이 분비됩니다. 엄마의 다정한 말들에 아기의 뇌세포가 자극받아 시냅스가 활성화됩니다. 형성된 시냅스는 아기가 자라면서 좀 더 분명하고 복잡해집니다. 이 시기의 경험은 매우 중요하므로 아기에게 자꾸 말을 걸어 자극을 주는 것이 좋습니다.

엄마를 위한 발달 상식

아기는 생후 5개월 정도가 되면 자기 이름에 반응을 합니다. 이때부터 '은성아~' 하고 자주 불러주세요. 5~6개월 정도가 되면 엄마와 다른 사람을 구별하며 엄마와 떨어지는 것에 대해 불안감을 느낄 수 있습니다. 또한 엄마의 접근을 유도하기 위해 고개를 돌려 엄마의 움직임에 따라 시선을 이동하기도 합니다. 이때 엄마가 아무런 반응을 보이지 않으면 아기가 불안해할 수 있으니 언어적 상호작용을 통해 아기가 안심할 수 있도록 도와주세요.

상호작용할 때

아기가 불안감을 느끼지 않도록 아기가 엄마를 바라볼 수 있는 위치에서 일을 하면서 아기와 상호작용하는 것이 좋아요. 간혹 엄마와 떨어져 있을 때라도 엄마 목소리가 들리거나 엄마와 눈을 맞출 수 있다면 아기는 정서적으로 안정이 됩니다. '엄마 여기 있어~' '엄마, 지금 은성이 우유 타고 있어' 등의 이야기로 아기를 안심시켜주세요. 아기에게는 항상 차분하고 조용한 목소리로 이야기하는 것이 좋습니다. 아기와 놀 때는 언제나 부드러운 표정으로 미소를 짓는 것도 잊지 마세요.

궁금해요 Q&A

Q 생후 6개월 미만의 아기도 의사소통을 할 수 있나요?

A 생후 6개월까지는 쿠잉, 울음, 옹알이, 몸짓 등으로 자신의 의사를 표현합니다. 엄마가 조금만 섬세하게 관찰해보면 '아, 지금 이 반응은 아기가 나에게 말을 거는 것이구나' 하고 느낄 수 있습니다. 아기의 쿠잉, 울음, 옹알이, 몸짓에 적절히 반응해주면 아기도 자연스럽게 다른 사람과 소통하는 방법을 배우게 됩니다.

3-6개월 의사소통

자장 자장

엄마가 불러주는 자장가나 동요에서 운율 있는 반복적 언어를 들으며 기분 좋게 잠들게 하는 놀이

● **준비물**
별도의 준비물이 필요 없어요.

놀이하기
아기를 재우는 시간에 놀이하세요. 실내는 조용하고 어두운 것이 좋습니다.

1 **아기를 가슴에 꼭 안고 흔들며 이야기하세요.**
  - 우리 민재, 많이 졸려요?
  - 엄마랑 같이 잘까? 코~ 잘까? 우리 아기 눈을 보니 잠이 오네.
  - 엄마가 자장가 불러줄게. 우리 코~ 자자.

2 **아기를 이부자리에 눕히고 눈 맞추며 자장가를 불러주세요.**
  - 민재야, 엄마가 노래 불러줄게.
  - 자장~ 자장~ 우리 민재, 잘도 잘도 잘도 잔다.
    자장~ 자장~ 우리 민재, 잘도 잘도 잘도 잔다.
    검둥개야 짖지 마라, 우리 민재 놀랠라.
    삽살개야 짖지 마라, 우리 민재 잠깰라.

부드러운 목소리로 노래해주세요.

3 **자장가의 일부 가사를 변형하여 불러주세요.**
  - (자장가를 부르며) 고양이야 울지 마라, 우리 민재 놀랠라.
  - 파랑새야 날지 마라, 우리 민재 놀랠라.

4 **자장가의 일부분을 아주 작은 목소리로 불러주세요.**
  - 자장~ 자장~ 우리 민재, (작은 목소리로) 잘도 잘도 잘도 잔다.
    자장~ 자장~ 우리 민재, (작은 목소리로) 잘도 잘도 잘도 잔다.
    검둥개야 짖지 마라, (작은 목소리로) 우리 민재 놀랠라.
    삽살개야 짖지 마라, (작은 목소리로) 우리 민재 잠깰라.

5 **자장가 이외의 동요를 부르며 아기 몸을 만져주세요.**
  - (아기의 가슴을 토닥거리며) 잘 자라 우리 민재, 앞뜰과 뒷동산에~
  - (아기의 다리를 살살 주무르며) 나비야, 나비야, 이리 날아오너라.
  - (아기의 팔과 손을 만져주며) 엄마가 섬 그늘에 굴 따러 가면~

뇌 발달 Point

오른쪽 뇌가 좀 더 일찍 발달하는 이 시기에는 음악적 요소가 가미된 음성언어를 들으면 언어발달이 효과적으로 촉진됩니다. 즉, 한두 단어의 간단한 어휘를 반복적인 리듬으로 음의 높낮이를 활용한 '아기 말'을 들려주는 것은 좌뇌-우뇌 연합 활동에 도움이 됩니다.

응용해요!

반복적인 리듬이 있는 동요(예: 전래놀이 동요 중 '여우야, 여우야 뭐하니?')를 자주 들려주고 엄마 목소리로 불러줍니다. 엄마나 아빠가 부르는 노래를 녹음해서 들려주는 것도 좋은 방법이에요.

엄마를 위한 발달 상식

아기는 반복적인 리듬이 있는 구절을 좋아합니다. 잠들기 전이나 아기가 불안해할 때 자장가나 리듬 있는 라임, 찬트를 불러주면 편안해하지요. 어릴 때부터 많이 들어왔던 라임이나 찬트는 이후에 커서도 좋아해요. 반복적이고 리드미컬한 어구의 반복은 어휘 학습에도 효과적입니다.

상호작용할 때

이 놀이는 아기를 업고 집안일을 할 때에도 가능한 놀이입니다. 톤이 높은 목소리로 문장의 길이는 짧게, 반복적 어구를 사용하여 말하는 것이 좋아요. 반복적인 어구를 리듬 있게 자주 들려주면 아기가 단어에 집중하게 됩니다. 아기를 안고 좌우로 리듬을 타거나 춤을 추듯이 온몸을 움직이면서 노래를 불러주세요.

궁금해요 Q&A

Q 어떤 자장가를 들려주는 것이 좋을까요?

A 아기의 마음을 진정시켜 편안하게 하는 음악, 잠자는 것을 도와주는 음악, 아기에게 친숙한 음악, 아기가 좋아하는 사람이 불러주는 노래나 찬트 등 모든 것이 자장가가 될 수 있습니다. 태내에서 많이 듣던 음악, 엄마나 할머니가 부드러운 목소리로 흥얼흥얼 부르는 노래 등도 자장가로 좋아요.

감각 경험은 뇌 발달에 매우 중요합니다. 아기가 일상생활에서 시각·청각·촉각 등 다양한 감각을 사용하도록 격려해주세요. 문 손잡이를 잡고 열어보는 것은 시각과 운동에 관여하는 뇌 영역뿐 아니라 전두엽도 자극합니다. 신체운동은 스트레스를 감소시키고 오피오이드라는 호르몬을 분비시켜 긍정적인 정서를 갖게 합니다. 특히 엄마와 함께하는 신체 움직임 놀이는 전두엽의 감정조절 기능도 함께 향상시킵니다.

STEP 2
6-12개월

똑똑똑! 문 열어주세요 _{감각인지}
과일 킁킁, 과일 얌냠 _{감각인지}
손수건 마술 _{감각인지}
거울 속 내 얼굴 _{감각인지}
쉿! 무슨 소리지? _{감각인지}
부비부비, 뽀뽀 쪽~ _{사회정서}
내 맘대로 꾹꾹꾹! _{사회정서}
칙칙 폭폭! 땡~ _{사회정서}
깨끗이, 깨끗이 _{사회정서}
미끌미끌~ 쏙! _{사회정서}
뻥! 뻥! 공놀이 _{신체운동}
손바닥, 발바닥 _{신체운동}
자동차놀이 _{신체운동}
처음 숟가락 _{신체운동}
불빛을 잡아라 _{신체운동}
어부바 여행 _{의사소통}
친구들아, 잘자~ _{의사소통}
아가야, 아가야, 뭐하니? _{의사소통}
동물그림책 보기 _{의사소통}
딩딩딩! 동동동! _{의사소통}
까꿍 그림책 보기 _{의사소통}

6-12개월 감각인지

똑똑똑! 문 열어주세요

집 안의 방을 돌며 공간에 대한 지각과 다양한 사물에 관심 갖게 하는 놀이

● **준비물**
별도의 준비물이 필요 없어요.

놀이하기
배밀이나 기기를 시작할 때, 낯선 장소를 방문할 때 놀이하세요.

1 **아기를 안고 방문을 두드린 후 문을 열고 들어가세요.**
  - (문을 두드리며) 똑똑똑, 똑똑똑. 문 열어주세요~
  - 똑똑똑, 똑똑똑. 안에 누구 계세요? 문이 열렸네.
  - (방문을 천천히 밀며) 이 방에 들어가볼까?

2 **아기를 안고 방 안을 천천히 둘러보며 이야기하세요.**
  - 이 방에는 책이 있네. 우리도 볼까?
  - 이 책은 언니 오빠(누나, 형)가 보는 책이야.
  - (아기의 시선을 살피며) 우리 민재는 무얼 보고 있니?
  - 저건 민재가 가지고 놀던 오뚝이네~

3 **아기를 바닥에 내려놓고 아기가 만지고 싶어 하는 것을 탐색하도록 도와주세요.**
  - 민재도 방 안을 돌아다녀볼까?
  - (아기가 관심을 보이는 물건이 있을 때) 이게 뭐지?
  - 와! 이 이불은 부드럽다. 민재도 누워볼까? 엄마는 코~ 잔다.
  - 이 시계에서는 소리가 나네. 같이 들어볼까? 똑딱! 똑딱!

4 **아기를 안고 다시 방 안을 둘러본 후 방을 나오세요.**
  - 우리 창문도 같이 열어볼까?
  - (창문을 두드리며) 똑똑똑, 문 열어주세요~
  - 드르르르륵! 문이 열렸네.
  - 창문 밖에 나뭇가지가 바람에 흔들리네. 쌩쌩~ 자동차가 달리네.
  - 이제 우리 나갈까? 똑똑똑, 문 열어주세요. 우리 나가요~
  - (아기가 관심을 보인 물건들에게 인사하며) 오뚝이 안녕~
    책 안녕~ 컴퓨터 안녕~

물건 이름을 많이 알려주기보다 감각적인 탐색을 하도록 도와주세요.

 **뇌 발달**

감각 경험은 뇌 발달에 매우 중요합니다. 아기가 일상생활에서 시각·청각·촉각 등 다양한 감각을 사용하도록 격려해주세요. 문 손잡이를 잡고 열어보는 것은 시각과 운동에 관여하는 뇌 영역뿐 아니라 전두엽도 자극합니다.

응용해요!

엄마가 문을 두드리는 모습을 보고 아기도 문을 두드리려고 시도하면 함께 문 두드리기 놀이를 해보세요. 아기가 문을 두드리면 그 행동을 격려해주고 문을 열어주세요. "똑똑똑, 문 열어주세요~"라고 운율을 살려 반복해서 말하면 아기가 더 재미있어합니다.

엄마를 위한 발달 상식

아기가 태어나서 1년까지는 시각적인 탐색이 최고로 활발한 시기입니다. 특히 6개월 이후부터는 시각 기능을 연습해보는 시기이니 다양한 경험이 필요해요. 아기가 낯선 장소(할머니 댁, 친구 집 등 처음 가는 장소)에 갔을 때 주변 공간을 탐색하는 경험은 새로운 환경에 대한 불안을 줄여주어 잘 적응할 수 있도록 도와줍니다.

상호작용할 때

아기가 문을 두드리고 열어보는 경험은 아기 스스로 무언가를 했다는 성취감을 느끼게 합니다. 엄마가 문을 두드리는 것을 보고 아기가 똑같이 해보려고 할 때 반드시 격려해주세요.

궁금해요 Q&A

Q 아기가 다른 사람 집에만 가면 자꾸 울어요. 왜 그럴까요?

A 아기는 생후 6개월이 지나면 친숙한 것과 낯선 것을 구분하기 시작합니다. 아기는 낯선 환경이 불안해 울음을 터뜨립니다. 낯선 곳에 갈 때는 아기가 좋아하는 인형이나 장난감을 가지고 가는 것이 도움이 됩니다. 낯선 곳에 차츰 익숙해질 수 있도록 공간을 탐색하는 놀이를 하세요.

6-12개월 감각인지

과일 쿵쿵, 과일 얌냠

과일의 촉감, 색깔, 겉모습, 단면의 모양 등을 탐색하고 맛보는 놀이

● **준비물**
익힌 과일(사과, 배, 바나나), 그릇, 플라스틱 칼, 이유식 숟가락 또는 포크

놀이하기

이유식을 먹을 때 놀이하세요.

1. 익힌 과일을 그릇에 담아 보여주고 맛과 촉감, 냄새를 느끼게 하세요.
   - 와, 이게 뭘까? 노란 바나나.
   - 물렁물렁~ 배. 달콤한 냄새가 나네.
   - 시윤아, 이건 사과. 무슨 냄새가 나는지 맡아보자.
   - (엄마가 냄새를 맡으며) 맛있는 사과 냄새가 나네~

2. 숟가락으로 과일을 조금 떠서 아기 입에 넣어주세요.
   - 시윤아, 아~ 해보자.
   - 맛있는 배를 먹어볼까?
   - 스윽~ 스윽~ 배를 긁어보자. 얌냠, 맛있다!
   - 꾸욱~ 꾸욱~ 바나나를 눌러서 우리 시윤이 입 속에 쏘옥~

3. 과일 조각을 잘게 잘라 접시에 놓고 손으로 집어보게 하세요.
   - 배를 아주 작게 잘라볼까?
   - 바나나는 부드럽네.
   - 바나나를 손으로 집어 먹어볼까? 옳지, 잘하네~
   - 사과가 딱딱하지? 무슨 맛이 날까?

4. 아기가 원한다면 이유식용 숟가락이나 포크를 사용하게 하세요.
   - 이번에는 포크로 먹어볼까?
   - 시윤이 입 속에 쏙 들어갔네. 얌냠냠, 잘 먹네~
   - 엄마도 사과 주세요. 얌냠, 사과 주세요!
   - 시윤이가 숟가락으로 혼자 먹어요. 아이, 잘하네~

아기가 손으로 먹으려 한다면 먹을 수 있도록 도와주세요.

뇌 발달 Point

엄마 배 속에서부터 태아의 뇌에는 맛을 구별하는 능력이 발달합니다. 이유식을 할 무렵부터 천천히 단맛과 신맛을 구별하도록 시도하세요. 아기가 단맛과 신맛을 느끼면 뇌는 그 맛을 기억합니다.

응용해요!

자른 과일을 꼬치에 끼우는 놀이를 해보세요. 아기가 꼬치를 사용할 때에는 안전에 대해 이야기해준 후 한 가지씩 과일을 선택하여 끼울 수 있도록 도와주세요. 반드시 살짝 익힌 과일을 준비합니다.

엄마를 위한 발달 상식

아기가 이유식을 시작할 때 서서히 과일을 맛보게 합니다. 아기에게 과일을 처음 먹일 때는 단맛이나 신맛이 강한 과일은 피하도록 하세요. 일반적으로 사과, 배, 바나나를 살짝 익혀 먹이거나 숟가락으로 긁어서 먹이는 것이 좋습니다. 아기가 손으로 먹으려 할 때는 작은 조각(사방 0.5cm의 주사위 모양)으로 잘라 접시에 놓아주세요. 한 번에 여러 가지 과일을 먹이기보다는 한 가지씩 먹여야 아기가 맛을 탐색하고 인식하는 데 도움이 됩니다.

상호작용할 때

아기가 과일을 손으로 집어 먹으려 할 때 반드시 엄마가 지켜보는 곳에서 먹게 하세요. 한꺼번에 많은 양의 과일이 입에 들어가지 않도록 해주고 과일을 먹는 동안 갑자기 웃거나 놀라지 않도록 지켜보세요. 이 시기의 아기에게 키위나 딸기, 포도, 토마토 등은 주지 않는 것이 좋아요.

궁금해요 Q & A

Q 아기가 이유식을 잘 삼키지 못하고 자꾸만 흘리는데 괜찮을까요?

A 처음 이유식을 시작할 때는 입에 닿는 숟가락도 낯설고 음식물을 삼키는 것도 익숙하지 않아요. 아기가 이유식을 흘리는 것은 자연스러운 일이므로 걱정하지 않아도 됩니다. 아기가 음식을 삼키는 행동을 쉽게 연습할 수 있도록 걸쭉한 죽 상태의 이유식으로 시작하세요.

6-12개월 감각인지

손수건 마술
아기 앞에서 손수건 아래에 장난감을 숨겼다가 찾는 놀이

● **준비물**
색깔이 다른 손수건 2장, 아기가 좋아하는 장난감(딸랑이, 치발기, 작은 자동차 등), 두루마리 휴지의 속심

놀이하기
아기가 평소 좋아하는 장난감에 관심을 보이고 있을 때 놀이하세요.

1 아기가 가지고 놀던 작은 장난감을 달라고 해보세요.
- 지호가 자동차를 가지고 있네. 엄마 주세요~
- 그 딸랑이, 엄마 한번 줘볼래요?
- 이게 뭐야? 엄마 보여주세요.

2 손수건 아래에 장난감을 숨겼다가 찾아주세요.
- 어? 어디로 갔지? (잠시 찾는 척하다가) 앗! 여기 있네.
- (장난감을 숨기며)장난감이 어디로 가나? 어디로 가나? 없어졌네!
- 짜잔~! 여기 있네. 야~ 신기하다.
- (손수건으로 아기 다리를 가리고) 지호 다리 어디 갔지?
- 앗! 여기 있네. 지호 다리 여기 있네.

3 손수건 아래 숨겨놓은 장난감으로 소리를 내보세요.
- (딸랑이를 흔들며) 지호야, 딸랑딸랑~ 딸랑이 어디 있지?
- (아기가 손수건 쪽을 쳐다볼 때) 짜잔~! 여기 있네.
- (자동차를 바닥에 치며) 탁탁탁! 자동차 어디 있지?
- (아기가 손수건 쪽을 쳐다볼 때) 짜잔~! 자동차 여기 있네.

4 장난감의 일부분이 보이도록 숨기고 아기가 찾아보게 하세요.
- (아기를 쳐다보며) 자동차 어디 있지?
- (장난감의 일부분을 가리키며) 지호야, 이게 뭐지?
- (아기가 울려고 할 때) 여기 있네. 이거 찾았구나~
- 여기 봐. 이게 뭘까? 딸랑이 어디 있지?
- (아기가 장난감을 찾으면) 와! 지호가 찾았네.

아기가 장난감을 숨긴 곳에 관심을 갖도록 합니다.

응용해요!
가지고 놀던 손수건을 키친타월이나 휴지 속심의 구멍 속에 넣었다 뺐다하면서 손수건이 사라졌다 나타나는 놀이를 해보세요.

Point 뇌 발달

숨기고 찾는 놀이는 작업기억(working memory)을 작동하게 합니다. 눈앞에서 사라진 물건을 기억하는 것은 아기의 전두엽 신경세포를 활성화시킵니다.

엄마를 위한 발달 상식

이 시기의 아기는 인지가 발달하면서 대상영속성(대상이 눈앞에서 없어지더라도 어딘가에 계속 존재한다는 것을 이해하는 것)의 개념이 서서히 형성됩니다. 엄마가 잠깐 아이 곁을 떠날 때 "엄마 갔다 올게~"라고 이야기해주면 아기는 엄마가 돌아올 것을 기대하고 잠깐 동안 기다릴 수 있습니다. 기다린 결과 엄마가 다시 돌아오면 안심을 하지요. 반복적인 까꿍놀이는 이런 대상영속성 개념 인식에 도움이 됩니다. 까꿍놀이는 눈앞에서 사라진 사물을 기억하도록 하는 좋은 놀이 방법이에요. 또한 엄마와의 상호작용을 통해 아기는 기분 좋은 경험을 할 수 있습니다.

상호작용할 때

엄마는 말하기 전에 아기에게 표정과 동작을 미리 보여주세요. 예를 들어, 엄마의 두 손을 편 후에 "주세요"라고 말합니다. 아기가 숨겨진 장난감을 스스로 찾으려고 손수건을 들출 때까지 충분히 기다려 주세요. 놀이의 주체가 아기임을 잊지 마세요.

궁금해요 Q&A

Q 숨긴 장난감이나 장난감을 덮은 수건에 아기가 관심을 갖지 않습니다. 그 이유는 무엇일까요?

A 대상영속성의 개념이 아직 덜 발달되었거나 장난감에 관심이 없기 때문일 수도 있어요. 손수건 마술놀이에는 아기가 평소 가장 좋아하는 장난감을 이용하세요. 손수건 아래 숨겨진 장난감을 톡톡 쳐서 소리가 나게 하는 것도 아기의 관심을 끄는 데 도움이 됩니다.

6-12개월 감각인지

거울 속 내 얼굴

아기가 거울에 비친 자기 모습을 보면서 다양한 움직임이나 표정을 경험하여 신체를 인식하는 놀이

● 준비물
안전한 거울, 작은 스티커, 꾸미기 소품(모자, 머리핀, 머플러 등)

아기와 함께 거울을 보며 달라진 모습을 확인하게 해주세요.

놀이하기

손으로 쳐도 떨어지거나 깨지지 않는 큰 거울 앞에서 놀이하세요.

1 아기를 안고 거울을 보며 이야기하세요.
   · 까꿍! 저기 누가 있나?
   · 어? 엄마도 있네?
   · (손을 흔들며)안녕? 은성아! 저기 은성이가 있네.
   · (아기를 안은 채 좌우로 움직이며)엄마랑 은성이랑 저기 있네.

2 작은 스티커를 엄마와 아기 얼굴, 또는 몸에 붙이고 거울을 보며 놀아요.
   · (아기 팔에 스티커를 붙이며)여기 뭐가 붙었네. 이게 뭐지?
   · (아기 얼굴에 스티커를 붙이며)은성이 코에 뭐가 붙었네. 떼어줄까?
   · (엄마 얼굴에도 스티커를 붙이며)엄마 이마에도 붙었네.
   · 여기도 붙어 있네~ 어? 어떻게 떼지?

3 거울을 보면서 소품(모자, 머리핀, 머플러 등)들로 꾸며보세요.
   · 은성아, 엄마 봐봐. 모자 썼네.
   · 은성이도 모자 써볼까? 와! 예쁘다~
   · 머리에 리본 핀을 달아볼까?
   · 머플러를 둘러보자. 노란 머플러~

4 거울을 통해 아기와 눈을 맞추며 다양한 표정과 몸짓을 지어보세요.
   · 은성아, (환하게 웃어주며)까꿍~
   · (호랑이 흉내를 내며)어흥~
   · (우는 표정을 지으며)엉엉엉!
   · (두 손으로 하트를 만들며)사랑해~

Point 뇌 발달

아기에게 자신의 얼굴을 되풀이해서 보게 해, '내 모습'을 기억하도록 하는 것은 뇌의 작업기억을 단련시킵니다. 자신의 얼굴을 기억하는 것에 익숙해지면 거울 속의 자기 모습을 보고 반가워합니다.

응용해요!
아기가 좋아하는 장난감을 거울을 통해 보여주세요. 아기는 거울에 비친 장난감과 실제 장난감을 번갈아보면서 거울을 탐색할 거예요.

엄마를 위한 발달 상식
태어난 지 얼마 안 된 아기는 자신과 외부 환경을 구분하지 못하지만 6개월 정도가 지나면 차츰 자신과 주변을 구분하여 지각하기 시작합니다. 이 시기에 거울을 보여주며 스티커 붙이기 놀이를 하는 것은 아기가 자신의 신체를 인식하는 좋은 경험이 됩니다.

상호작용할 때
기저귀를 갈거나 차를 타고 이동할 때도 거울을 통해 아기의 얼굴을 자주 보게 해주세요. 아기가 거울을 보는 동안 엄마는 "와~ 은성이 기저귀를 갈았더니 기분이 정말 좋구나~" 등의 말을 걸어줍니다.

궁금해요 Q&A

Q 아기에게 스티커 놀이가 도움이 되나요?

A 이 시기의 아기는 스스로 스티커를 붙이고 떼지 못합니다. 하지만 스티커가 붙어 있는 모습을 보면서 이전과 달라졌다는 것을 깨닫지요. 아기가 해도 되는 일과 하지 말아야 할 것을 구분하는 시기(2~3세)가 되면 집 안의 일부분(기둥, 벽, 의자 등)을 정해 그 장소에만 스티커를 붙이게 하세요.

6-12개월 감각인지

쉿! 무슨 소리지?

주변 사물에서 나는 소리에 귀 기울이게 하여 소리의 차이를 알게 하는 놀이

● 준비물
소리 나는 장난감(딸랑이, 음성 칩이 내장되어 있는 책이나 장난감 등)

놀이하기
소리 나는 장난감을 준비한 다음 소음이 없는 상황에서 놀이하세요.

1 입으로 똑딱똑딱 소리를 내거나 혀 차는 소리를 내보세요.
- (아기 귓가에 대고) 쭈쭈쭈! 쭈쭈쭈!
- 똑똑, 똑딱, 똑딱똑딱!!
- (아기가 주의 깊게 듣고 있다면) 다른 소리도 내볼까?
- 추추추추, 치치치치, 또 다른 소리를 만들어보자.
- (소리의 빠르기를 달리하여) 쭈우--- 쭈우--- 쭈우---, 쭈쭈쭈쭈.

2 아기와 조금 떨어진 곳에서 딸랑이를 흔들며 아기 이름을 불러보세요.
- 민재야, 딸랑딸랑~ 이거 봐라.
- 딸랑이 잡아봐라. 민재야, 이거 잡아봐.
- (아기가 금세 기어오면) 조금 멀리 가볼까?
- (조금 더 먼 곳에서) 민재야, 딸랑딸랑~ 이거 잡아봐라~

너무 크고 요란한 소리는 좋지 않아요.

3 소리 나는 책이나 장난감을 가지고 소리 내보세요.
- 민재가 좋아하는 책이네. 어머나~ 동물들이 있네.
- 누굴까? (음성 버튼을 누르고) 음메~ 송아지구나.
- 이건 누구지? (음성 버튼을 누르고) 야옹~ 고양이 소리다!
- (아기가 버튼을 눌러보려고 하면) 민재야, 소리 내보고 싶어?
- 어머! 민재가 꾸욱~ 눌렀더니 소리가 나네.

응용해요!
엄마가 소리 나는 물건을 보이지 않게 가려놓고 아기가 소리 나는 곳을 찾아 가는 놀이도 할 수 있어요.

4 집 안에서 들리는 작은 소리를 찾아보세요.
- (귀 뒤에 손바닥을 대고) 땡땡땡, 무슨 소리지?
- (귀 뒤에 손바닥을 대고) 째깍째깍, 무슨 소리지?
- (손가락으로 가리키며) 아~ 저기 시계소리구나.
- (아기와 함께 소리 나는 곳으로 가까이 가서) 여기서 째깍째깍 소리가 나네.

뇌 발달 Point

이 시기의 아기는 보는 것뿐 아니라 듣는 것을 기억하는 것도 즐깁니다. 스스로 손을 사용하여 소리를 만들어보게 하는 것은 집중력을 기르는 데 도움이 됩니다. 손을 많이 사용하면 뇌 발달에도 도움이 됩니다.

엄마를 위한 발달 상식

외부에서 들리는 소리(시계 소리, 음악 소리, 차 소리 등)뿐 아니라 아기가 직접 장난감을 누르거나 흔들어 소리를 내보는 것은 인과개념을 아는 데 도움이 됩니다. 소리가 나지 않을 것 같았던 장난감에서 소리가 나면 아기는 궁금해서 이리저리 흔들거나 바닥에 놓고 살피는 행동을 하지요. 시각을 통해 익힌 사물을 청각을 통해서도 탐색하는 활동입니다.

상호작용할 때

다양한 소리를 내는 장난감을 준비하세요. 장난감의 소리는 너무 크지 않은 것이 좋고 인공적인 소리보다는 자연의 소리나 사람의 음성을 듣고 관심을 갖도록 하는 것이 좋아요. 아기의 행동이 서툴고 느릴지라도 시간을 충분히 하여 기다려주는 것이 좋습니다. 이때 아기가 하는 행동을 말로 격려해주세요.

궁금해요 Q & A

Q 7개월 된 아기에게는 어떤 장난감을 주어야 할까요?

A 앉아 있는 것이 전보다 안정적이고 두 손이 자유로운 시기입니다. 그래서 손으로 가지고 노는 장난감이 좋습니다. 손잡이가 달린 큰 조각 퍼즐이나 큼직한 퍼즐, 돌리고 누르는 장난감, 모양 조각을 구멍에 끼워넣는 장난감 등 손을 사용하여 놀 수 있는 것을 마련해주세요.

| 6-12개월 사회정서 |

부비부비, 뽀뽀 쪽~

스킨십을 통해 긍정적 애착을 형성하고 엄마가 불러주는 노래를 들으며 즐거움을 느끼게 하는 놀이

● **준비물** 매트 또는 이불

놀이하기

기저귀를 갈고 나서, 또는 목욕을 하고 난 다음에 놀이하세요.

1 엄마가 다리를 쭉 편 상태에서 아기를 무릎 위에 앉혀놓고 부비부비 하세요.
- 우리 시윤이는 엄마 무릎에 앉았네.
- 엄마가 우리 시윤이 손을 잡았네~
- (엄마 코와 아기 코를 비비면서) 엄마 코랑 시윤이 코랑 부비부비~
- 엄마 볼이랑 시윤이 볼이랑 부비부비~
- 엄마 이마랑 시윤이 이마랑 부비부비~

2 엄마가 무릎을 구부려 아기를 위로 올리고 부비부비 하세요.
- (무릎을 접으며) 우리 시윤이, 올라간다~
- (엄마 머리를 아기 배에 비비며) 엄마 머리가 시윤이 배에 부비부비~
- 어? 우리 시윤이가 위에 있네.
- (엄마 머리를 아기 다리에 비비며) 우리 시윤이 다리에 부비부비~

아기와 함께 눈을 맞추며 노래를 불러주세요.

3 엄마 품에 아기를 꼬옥 끌어안고 뽀뽀를 하세요.
- 우리 시윤이, 엄마 품에 쏙~ 뽀뽀! (안아주고 뽀뽀하기)
- (이마에 뽀뽀하며) 쪼옥 쪼옥 시윤이 이마에 쪽!
- (아기 몸을 엄마 가슴에 비비며) 우리 아기랑 부비부비~

4 아기를 눕히고 배, 가슴, 목, 발바닥, 손바닥에 입을 대고 불어주세요.
- (가볍게 입으로 불어 소리를 내며) 배는 두두두두두!
- (발바닥이나 손바닥도 입으로 불며) 두두두두, 두두두두!
- (아기가 간지러워하면) 뽀뽀뽀, 쪽!

응용해요!

매일 한 번씩 온가족이 사랑의 세리모니를 주고받아요. 다같이 팔을 벌려 안으며 "시윤아, 사랑해"라고 이야기하세요. "엄마, 사랑해요" "아빠, 사랑해요"라는 말도 하세요.

5 아기 손을 잡고 노래를 부르듯 가사에 맞추어 움직이세요.
- (아기와 맞잡은 손을 아기 눈에 대며) 시윤이 눈은 어디 있나?
- (아기 눈에 뽀뽀하며) 여기!

포옹이나 마사지, 엄마 품에 안기기 등과 같은 다정한 신체 접촉은 아기 뇌에서 오피오이드와 옥시토신이라는 호르몬을 분비시킵니다. 이 호르몬은 엄마와 아기의 애착 형성에 도움을 줍니다. 엄마의 다정한 노래 소리와 함께 리듬감을 익히게 되면 아기는 싫증내지 않고 집중할 수 있어 뇌를 자극합니다.

- (아기와 맞잡은 손을 아기 코에 대며) 시윤이 코는 어디 있나?
- (아기 코에 뽀뽀하며) 여기!
- (아기와 맞잡은 손을 아기 입에 대며) 시윤이 입은 어디 있나?
- (아기 입에 뽀뽀하며) 여기!
- 엄마 눈은 어디 있을까? (엄마 눈을 가리키며) 여기!

엄마를 위한 발달 상식

생후 6개월이 지나면 아기는 주위에 있는 모든 물체를 손으로 탐색하기 시작합니다. 12개월경이 되면 손으로 만져보고 익숙한 물체를 알아봅니다. 엄마와 아기의 신체적인 접촉은 친밀한 관계를 형성하는 데 중요한 역할을 합니다.

상호작용할 때

노래와 함께 신체 부위를 가리킬 때 손가락으로 부드럽게 만져주면 아기가 흥미로워합니다. 빠르기를 달리하여 노래를 불러주어도 좋아요.

Q 아기가 7개월입니다. 아빠와 함께 놀이를 하면 즐거워하지만 아빠가 볼에 뽀뽀를 하면 얼굴을 찡그립니다. 아기에게 뽀뽀를 하지 말아야 할까요?

A 아기는 엄마에게 부드러움과 아름다움을 느끼지만 아빠에게는 거친 힘을 느끼지요. 이렇게 아기는 부모를 통해 세상의 다양한 면들을 경험하고 알게 됩니다. 아기의 피부가 손상될 정도의 강한 스킨십은 자제해야 하지만 아빠와 아기의 스킨십은 애착 형성을 위해 반드시 필요해요. 아기가 만약 아빠와 뽀뽀하기를 싫어한다면 우선 그 이유부터 살펴보세요. 아빠의 거친 털이나 피부를 싫어할 수도 있고 거칠게 다가와 안기는 큰 몸동작을 싫어하는 것일 수도 있어요.

6-12개월 사회정서

내 맘대로 꾹꾹꾹!

색깔 있는 채소를 갈아놓고 아기가 맛과 향을 느끼면서 엄마와 함께 채소를 탐색하는 놀이

● 준비물
다양한 색깔의 채소(당근, 오이, 비트 등), 플라스틱 강판, 플라스틱 그릇, 손수건, 이유식 숟가락, 턱받이

놀이하기

채소와 그릇, 강판, 이유식 숟가락을 준비하고 아기에게 턱받이를 해준 뒤 놀이하세요.

1 채소를 자르기 전에 보여주고 만져보게 하세요.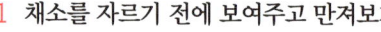
- 지호야, 당근이야. 한번 만져볼래?
- 이건 오이야. 냄새가 나네.
- 데굴데굴~ 굴러도 가네.
- (잡고 흔들며) 하나, 둘, 셋! 당근이 춤추네.

2 채소를 플라스틱 강판에 가는 모습을 보여주세요.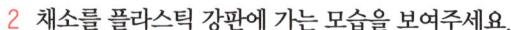
- 여기에 당근을 쓱쓱 갈아볼까?
- (채소를 갈며) 쓱쓱쓱쓱~ 쓱쓱쓱쓱! 소리가 나네!
- 어? 채소에서 물이 나오네.
- 다른 것도 갈아볼까?

아기가 채소즙을 충분히 탐색할 수 있도록 해주세요.

3 채소즙을 손에 묻혀 냄새를 맡고 맛도 보세요.
- (채소즙을 이유식 숟가락으로 떠먹이며) 아~ 얌냠, 오이 맛이야.
- 지호야, 당근즙을 만져볼래?
- 흠~ 당근 냄새가 나네.
- (간 채소를 먹으며) 얌냠, 오이다. 지호도 먹어볼래?
- 엄마도 먹어볼까? 얌냠!

응용해요!
도장찍기 놀이가 끝나면 손수건을 아기가 잘 보이는 곳에 걸어서 말려주세요. 아기가 오고가며 손수건을 보면서 경험했던 것을 떠올리게 하는 것도 좋은 놀이가 됩니다.

4 채소즙을 손에 묻혀 손수건에 꾹꾹 찍어보세요.
- 꾹꾹꾹~ 도장 찍어요. 당근 색이 나왔네.
- 손수건이 당근 색으로 변했네~
- 손바닥 도장 찍을까? 엄마도 꾸욱~!
- 지호 손바닥은 작다~ 엄마 손바닥은 크다~
- 손가락으로도 찍어볼까?

뇌 발달 Point

이 시기의 아기는 손끝을 조절하며 움직이는 것을 즐깁니다. 손끝을 자극할 수 있는 활동을 많이 했을 때 아기의 뇌에서는 다양한 감각과 관계하는 시냅스가 발달합니다. 엄마와 즐겁게 채소 도장놀이를 하는 것은 정서발달에 도움이 됩니다.

5 채소 물이 든 손수건을 펼치며 이야기하세요.
- 손수건이 알록달록. 여기 당근 색깔!
- 이쪽에는 오이 색깔~ 저기는 비트 색깔이네.
- 채소 손수건을 말려볼까? 잘 펼쳐서 말리자~
- 이건 지호가 찍은 도장, 이건 엄마가 찍은 도장이네.

엄마를 위한 발달 상식

아기와 함께 놀이하면서 말로 대상을 설명해주는 것은 훌륭한 인지적 자극이 됩니다. 엄마가 일방적으로 가르치거나 미리 계획한 대로 놀이를 끌고가지 않도록 주의하세요. 아기가 놀이 재료를 만져보고 채소즙의 색이 손수건에 스며들어 변하는 모습을 관찰할 수 있도록 기다려주세요.

상호작용할 때

아기가 채소즙을 손수건에 찍는 놀이를 할 때 손가락 1개, 손가락 2개, 주먹, 손바닥 등 다양한 모양을 낼 수 있게 도와주세요. 손 모양, 손의 움직임에 따라 다르게 생기는 자국을 보는 것만으로도 아기에게는 재미있는 놀이가 됩니다. 찍힌 모양을 보면서 '이게 무슨 모양이지?'라고 묻기보다는 '여기 봐~ 점이 생겼네' '손가락으로 꾹~ 찍었네'와 같이 말해주세요.

궁금해요 Q&A

Q 놀이하면서 옷이나 손이 많이 더러워지는 게 싫어요.

A 놀이하는 동안 엄마가 지나치게 청결을 강조하는 것은 좋지 않아요. 손에 무언가 묻을 때마다 닦아주면 아기는 손에 무엇인가를 묻히며 손의 감각을 이용하는 놀이를 피하게 됩니다. 물론 위생상 문제가 있는 것을 만지거나 입으로 가져가려고 할 때는 "지지" "안 돼"라고 말해주세요. 아기에게 허락한 것과 허락하지 않는 것이 있음을 알게 하되, 자유로운 탐색은 방해하지 마세요.

6-12개월 / 사회정서

칙칙 폭폭! 땡~

끈이 달려 있는 장난감에 가족 사진을 붙인 다음 아기가 장난감을 쫓아오게 하는 놀이

● 준비물
끈이 달린 장난감, 가족의 얼굴이 있는 사진, 셀로판테이프

놀이하기

장난감을 끌고 다닐 수 있도록 바닥을 정리하고 가족의 얼굴이 크게 나온 사진을 준비한 다음 놀이하세요.

1 가족 사진을 보며 이야기하세요.
- 은성아, 여기 누가 있어?
- 여기 엄마가 있네. 엄마 예쁘다~
- 이건 누구 얼굴이지? 아빠다! 그렇지?
- 할아버지는 안경을 쓰셨네.
- 가족 사진을 기차(끈이 달린 장난감)에 붙여보자~

2 끈이 달린 장난감에 가족 사진을 붙이고 움직여보세요.
- (엄마 사진을 붙이고) 은성아, 엄마가 기차 탔네.
- (장난감의 끈을 당기며) 기차가 움직이네, 칙칙! 폭폭! 칙칙! 폭폭!
- 엄마가 기차 타고 칙칙 폭폭! 칙칙 폭폭! 칙칙 폭폭! 땡~
- 은성아, 기차 잡아봐라~ 엄마 기차 잡을 수 있니?
- 기차가 천천히 갑니다. 기차가 빨리 갑니다.

아기가 장난감을 쫓아가지 않는다면 엄마와 같이 장난감을 끌어보세요.

3 아기가 기어와 장난감을 잡으면 사진을 보면서 이야기하세요.
- 기차 잡아라~ 와! 기차 잡았다.
- (아기를 무릎에 앉히고) 이 사람 누구야? 은성이 아빠네.
- (사진에 뽀뽀하듯) 아빠 사랑해요~해볼까? 쪽!
- 칙칙! 폭폭! 땡~ 은성아 출발해볼까?

응용해요!
끈이 달린 장난감이 없는 경우에는 종이 상자나 큰 블록, 우유팩 등을 끈으로 연결하여 기차를 만들어보세요.

4 가족 사진을 바꾸거나 여러 장 붙여놓고 놀아보세요.
- (아기 사진을 장난감에 붙이며) 은성이도 기차 탈까?
- 은성이도 엄마 아빠랑 같이 기차 탔어요~
- 짜잔~ 우리 가족 모두 모두 기차 탔어요. 출발~
- 기차를 잡아보자. 가족들이 탄 기차를 잡아보자.

 **Point 뇌 발달**

움직이는 사물을 쫓아 몸을 움직이는 것은 뇌가 움직임에 반응하고 있다는 증거입니다. 물체를 주시하며 집중력을 기를 수 있도록 움직이는 장난감을 가지고 놀아주세요. 아기가 친근감을 느끼는 대상의 사진을 이용하면 정서 발달에 도움이 됩니다.

엄마를 위한 발달 상식

자신이 한 행동이 상황을 변하게 한다는 것을 어렴풋이 이해하기 시작하는 시기입니다. 즉, 이 시기의 아기는 인과개념을 갖기 시작하는데, 스스로 물체를 만지면서 놀이하는 경험에서 목표지향적인 행동이 나타납니다. 이런 놀이를 통해 자신의 행동이 외부 세계의 사건들을 통제할 수 있다는 것을 이해하게 되고, 성취감도 갖게 됩니다. 아기의 행동이 비록 사소할지라도 그 행동을 인정하고 격려해주는 것이 필요한 것도 바로 이러한 이유에서입니다.

상호작용할 때

이 놀이에서는 아기가 가족의 얼굴을 알아볼 수 있도록 최근 모습이 담긴 사진을 사용하는 것이 좋습니다. 아기가 사진을 쫓아갈 때 잡힐 듯 말 듯 거리를 두고 장난감을 끌어주세요. 아기의 행동이나 표정을 관찰하면서 장난감을 끄는 행동도 조절해주세요.

궁금해요 Q&A

Q 아기가 장난감을 따라오지 않아요. 왜 그럴까요?

A 아기가 장난감 이외의 물체를 주시하거나 아기의 시선이 다른 사물을 따라간다면, 그 순간 주변의 다른 것에 관심이 생긴 것뿐이니 염려하지 마세요. 다른 자극이 없는 환경에서 다시 시도해보세요.

6-12개월 사회정서

깨끗이, 깨끗이

목욕 후에 손수건이나 스펀지를 탐색하고 장난감을 씻기는 놀이

● **준비물**
아기 욕조, 손수건, 목욕용 스펀지, 젖지 않는 장난감(소꿉놀이, 동물 모양 목욕 장난감 등)

놀이하기

욕조에서 아기를 목욕시킨 뒤 물을 따뜻하게 유지하면서 놀이하세요.

1 아기가 앉아 있는 욕조에 손수건과 스펀지를 띄워주세요.
- 둥둥둥~ 이게 뭘까? 손수건이네.
- (스펀지를 짜면서) 주르륵, 주르륵, 물이 나오네.
- 이건 스펀지야. 또 해볼까?
- (아기도 만져보게 격려하며) 민재도 만져볼래? 손으로 물을 짜볼까?

2 손수건이나 스펀지로 아기 몸에 물을 떨어뜨려보세요.
- 쪼로록~ 손수건에서 물이 나오네.
- 민재 머리 위로 떨어지네.
- 찌익~ 민재 손에 물이 떨어지네.
- (아기가 원하면) 민재도 해볼래요? 찌익 짜보자.

3 장난감 닦는 모습을 보여주고 아기도 닦아보게 하세요.
- 그릇이랑 동물들도 목욕시켜줄까?
- (작은 별 노래를 부르듯) 반짝, 반짝, 장난감~ 우리 아기 장난감~
- (소꿉놀이 그릇을 씻으며) 싹싹싹~ 그릇을 씻어요.
- (동물 인형을 닦으며) 쓱쓱쓱~ 토끼도 목욕해요.
- 인형 얼굴도 닦고, 빵빵 자동차도 깨끗이~

4 장난감을 스펀지 위에 올려놓거나 손수건으로 덮어보세요.
- (손수건으로 장난감을 덮으며) 어? 장난감 어디 갔지?
- (손수건을 걷어내며) 짜잔~ 여기 있네.
- (스펀지 위에 장난감을 올려놓으며) 이것 봐. 스펀지 배를 탔어요.
- 둥둥둥! 자동차가 스펀지 배를 탔어요.
- 스펀지 배에 안 타면 자동차가 가라앉네.

물에 뜨는 장난감과 가라앉는 장난감 모두 준비해주세요.

물놀이는 온도, 압력, 움직임에 해당하는 감각기관의 피질을 자극하는 좋은 활동입니다.

응용해요!

- 아기가 손바닥으로 물을 쳐볼 수 있게 해주세요. 색다른 느낌과 소리를 경험할 수 있어요. 놀이하는 동안 엄마가 물을 너무 세게 치면 아기 얼굴에 물이 튀어 놀라거나 울 수 있으니 주의하세요.
- 물 위에 떠 있는 장난감을 손으로 가린 다음 물속에 숨기고 "오리 어디 갔지?" 하며 손을 떼보세요.

엄마를 위한 발달 상식

물속에서 장난감을 만지는 것은 바닥에서 놀이하는 것과는 다른 경험입니다. 아기는 물에 가라앉는 장난감과 뜨는 장난감을 관찰하면서 계속 가라앉거나 뜨게 하려는 반복행동을 하지요. 충분히 반복해서 장난감을 탐색하면서 놀 수 있도록 해주세요. 아기의 두뇌발달에는 값비싼 완성제품보다 집 안에 있는 플라스틱 용기, 다양한 색깔의 종이나 천, 깨지지 않는 안전거울 등을 적절히 활용하는 것이 좋아요.

상호작용할 때

대부분의 아기들은 물놀이를 좋아합니다. 욕조에 물을 받아놓고 아기용 튜브를 이용하여 아기가 몸을 자유롭게 움직여 장난감을 가지고 놀게 하세요. 이때 안전을 위해 반드시 어른이 옆에서 지켜보아야 합니다. 아기가 물놀이를 하면서 긴장감을 해소할 수 있도록 편안한 환경을 제공해주세요.

궁금해요 Q & A

Q 아기의 장난감은 어떻게 관리해야 하나요?

A 이 시기의 아기는 장난감을 입으로 가져가 탐색하거나 손으로 만지며 놀기 때문에 어느 때보다도 깨끗한 관리가 필요합니다. 천으로 된 장난감은 깨끗이 빨아 햇볕에 말려주고 플라스틱 장난감은 칫솔을 이용하여 틈새까지 닦아 세척합니다. 시중에 판매하는 소독제를 이용하는 것보다는 물로 깨끗이 닦는 것이 더 좋습니다. 적어도 1주일에 한 번은 장난감을 씻어주되 오물이 묻었을 때는 수시로 닦아주세요.

6-12개월 사회정서

미끌미끌~ 쏙!

아기 손에 오일이나 로션을 바르고 마사지하다가 엄마 손에서 아기 손이 미끄럽게 빠져나오는 놀이

● **준비물**
베이비오일 또는 로션, 잔잔한 음악

놀이하기

아기와 엄마가 함께 손을 씻은 뒤 잔잔한 음악을 틀어놓고 놀이하세요.

1 아기의 손가락을 만지고 흔들며 이야기하세요.
- (손바닥을 펼쳐 문지르며)아이, 예뻐~
- 이 손가락은 누구 손가락이지?
- (손가락을 하나씩 잡아 털며)흔들흔들~ 누구 손가락?
- (엄마 손바닥 위에 아기 손바닥을 올려 문지르며)엄마 손, 시윤이 손.

2 오일이나 로션을 짜서 아기 손에 발라주세요.
- 이게 뭘까? 찰랑찰랑하네.
- 냄새를 맡아볼래? 흐음~ 냄새 좋다.
- 엄마 손에 먼저 발라볼게.
- 시윤이 손에도 발라줄까?
- 미끌미끌하네. 팔에도 발라볼까?

놀이하는 동안 아기가 춥지 않도록 해주세요.

3 아기 손을 마주 잡고 마사지하듯 주물러주세요.
- 손가락 사이사이에 오일을 발라볼까?
- (손바닥을 살살 간질이듯)간질간질~ 시윤이 손바닥 간질이자~
- 미끌미끌~ 손가락을 마사지하네.
- 시윤아, 손가락이 미끌미끌하다. 그치?

4 아기 손을 잡았다가 미끄러지듯 손을 빼보세요.
- 엄마가 시윤이 손을 꼬옥 잡았다. 미끌미끌, 쏘옥~
- (손을 잡았다 쏙 빼며)손이 '까꿍' 하고 나왔네. 또 해볼까?
- 다리에도 오일을 바르고 '까꿍' 해볼까?
- 엄마 두 손으로 시윤이 다리 잡았다. 미끌미끌, 쏘옥~
- (발을 잡았다 쏙 빼며)발이 '까꿍' 하네.

Point 뇌 발달

아기의 뇌 발달을 촉진하는 환경적인 자극은 다양하지만 가장 중요한 것은 '피부 접촉'입니다. 뇌와 피부는 복잡한 신경회로로 연결되어 있어 신체 접촉이나 마사지는 아기의 뇌 발달을 촉진합니다.

응용해요!

아래와 같은 순서대로 아기와 함께 마사지 놀이를 하세요.
- 엄마 손과 아기 몸에 오일을 충분히 발라줍니다.
- 아기의 등 → 가슴 → 배 → 다리 → 발바닥 → 손 → 팔 순서로 마사지해주세요.
- 마사지를 하면서 리듬이 있는 말을 하거나 짧은 노래를 불러주세요.
- 마사지하는 동안 아기가 엄마의 사랑을 확인할 수 있도록 눈을 마주치며 미소지어요.

엄마를 위한 발달 상식

아기의 피부는 성인과 비슷한 수준으로 민감하게 발달되어 있어요. 엄마의 부드러운 스킨십은 애정과 편안함을 피부를 통해 전달합니다. 스킨십은 아기에게 안정적인 애착 형성을 도와줍니다.

상호작용할 때

아기 마사지는 목욕 전후에 하는 것이 좋아요. 아기가 짜증을 내거나 흥분할 때 마사지 놀이를 하면 아기의 긴장을 풀어줍니다. 마사지 놀이를 하기 전에 반지나 날카로운 액세서리를 빼놓으세요. 또 엄마 손이 차가우면 아기가 깜짝 놀라거나 싫어하므로 손을 따뜻하게 한 다음 놀이하세요.

궁금해요 Q&A

Q 아기에게 로션을 발라주는 것이 뇌 발달에 도움이 되나요?

A 아기를 안고 토닥여주면 아기의 마음이 편안해집니다. 뇌에 세로토닌과 엔도르핀이 분비되어 아기를 행복하게 하지요. 또한 아기가 적극적인 학습태도를 갖도록 도와주지요. 아기 몸에 미끌미끌한 로션을 바르고 마사지해 주는 것은 뇌에서 행복 물질이 분비되도록 도와줍니다.

뻥! 뻥! 공놀이

6-12개월 / 신체운동

엄마의 도움을 받아 천으로 된 공을 발로 차고, 굴러가는 공을 쫓아가는 놀이

● 준비물
천으로 된 공(굴러갈 때 방울소리가 나는 것이면 더 좋아요)

놀이하기

아기 주변을 정리하여 아기가 바닥에서 잘 기어다닐 수 있게 한 다음 놀이하세요.

1 **천으로 된 공을 탐색하세요.**
  - 이게 뭘까? 공이네.
  - 이것 봐봐. 딸랑딸랑 소리가 나네.
  - 만져볼래? 푹신푹신, 보들보들~
  - (아기 손을 잡고 함께 굴려보며) 영차! 데굴데굴~ 공이 굴러가네.
  - 또 해볼까?

2 **아기와 조금 떨어져 앉아 공을 잡으러 오게 하세요.**
  - 지호야, 이리 와. 공이 있네.
  - 이 공 잡아볼래? 이리 와.
  - (아기가 움직이지 않으면 공을 굴려주며) 지호야, 공 받아~
  - (아기가 잡으러 오면) 그래, 그래, 공 잡았다!

3 **공을 살살 굴려 아기가 공을 잡으러 기어다니게 하세요.**
  - 이번에는 엄마가 굴려볼게. 데굴데굴~
  - 공 잡아라! 공이 저~기로 굴러가네.
  - 우리 지호, 공 잡으러 영차! 영차! 잡았다~
  - 다시 한 번 데굴데굴, 공 잡아라!

4 **아기의 겨드랑이를 잡아주어 아기가 발로 공을 차보게 하세요.**
  - 우리 지호도 공 차볼까?
  - 하나, 둘, 셋! 뻥~! 데굴데굴~ 공이 굴러가네.
  - (아기를 바닥에 내려놓고) 공 잡으러 갈까?

5 **공처럼 굴려볼 수 있는 것을 찾아 놀이하세요.**
  - 곰돌이 인형도 굴려볼까?

아기가 놀라지 않도록 처음에는 공을 살살 차보게 하세요.

응용해요!
공에 끈을 달아 아이 앞에 놓아주세요. 엄마가 끈을 잡아당겨 아기가 공을 잡으러 오도록 합니다. 반대로 아기가 끈을 당기면 엄마가 공을 따라가보세요. 끈을 잡고 공을 흔들어보는 것도 좋아요.

Point 뇌 발달

신체운동은 스트레스를 감소시키고 오피오이드라는 호르몬을 분비시켜 긍정적인 정서를 갖게 합니다. 특히 엄마와 함께하는 신체 움직임 놀이는 전두엽의 감정조절 기능도 함께 향상시켜줍니다.

- 빨간 블록도 굴려볼까?
- 물통도 굴려볼까?
- 데굴데굴~ 잘 굴러가네. 잡아라!

엄마를 위한 발달 상식

아기는 대개 6~7개월 사이에 기기 시작하며 12개월 전후로 걷습니다. 이 시기의 아기가 공처럼 움직이는 장난감과 놀면서 대근육을 사용하는 경험은 근육 기능을 강화시키고 신체를 조절할 수 있게 합니다. 공은 아주 좋은 놀잇감입니다. 공은 종류도 다양하고, 한 가지 공으로도 다양한 놀이를 할 수 있기 때문입니다. 공은 발로 차기도 하지만 굴리고 던지는 등 다양하게 활용할 수 있습니다. 이때는 가볍고, 너무 크지 않은 비닐공이나 천으로 된 공이 좋아요.

상호작용할 때

처음에는 집 안에서 공놀이를 하다가 날씨가 좋은 날에는 가까운 야외로 나가보세요. 신발을 신은 채로 공을 차기 때문에 아기가 집에서와는 다른 기분을 느낄 수 있어요.

궁금해요 Q&A

Q 아기가 7개월인데 손에 잡히는 장난감들을 자꾸 빨아요. 장난감이 더러울까 걱정도 되고, 장난감을 치워놓아야 할까요?

A 이 시기의 아기는 본능적으로 손가락을 빨고 손에 잡히는 것들을 모두 입으로 가져갑니다. 아기에게는 무언가를 빠는 행동을 하나의 놀이이지요. 이 시기에 빠는 행동이 충분히 하지 못할 경우 욕구불만이 생길 수 있으니 주변 사물과 장난감의 청결 상태를 유지하여 아기가 마음 놓고 빨 수 있도록 해주세요.

6-12개월 신체운동
손바닥, 발바닥
엄마와 아기가 서로 몸을 비비거나 손바닥을 부딪쳐 신체를 인식하면서 운동능력을 기르는 놀이

● 준비물
이불이나 매트, 아기가 자주 듣는 신나는 음악

놀이하기
아기가 엎드려 다리에 힘주기를 하거나 기어다니는 시기에 놀이하세요.

1 **아기를 이불 위에 눕히고 다리를 주무르세요.**
　· 은성이 다리 주물러줄까? 꾹꾹꾹!
　· (아기 발가락 하나를 잡고 흔들며) 이건 누구 발가락?
　· (아기 발을 잡고 자전거 타듯 움직이며) 하나, 둘! 하나, 둘!
　· 하나, 둘, 셋, 넷! 꾸욱~ 꾸욱 다리를 주무르자.

2 **아기 손바닥, 발바닥으로 아기 몸을 비벼보세요.**
　· (아기 발바닥을 아기 얼굴에 대며) 발바닥으로 쓱쓱쓱~
　· (아기 손바닥으로 아기 팔, 배, 머리를 비비며) 아이, 예쁘다!
　· (아기 발바닥을 서로 비비며) 비벼, 비벼. 발바닥 싹싹싹~

3 **엄마가 아기 발목(손목)을 잡고 발바닥(손바닥) 박수를 쳐요.**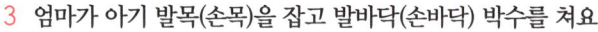
　· 우리 은성이 발바닥(손바닥)으로 박수쳐보자.
　· 짝짝, 짝짝! 짝짝, 짝짝!
　· 참 잘했네~ 다시 해볼까?
　· (337박수 리듬으로) 짝짝, 짝짝짝! 짝짝짝짝, 짝짝!

4 **노래를 부르거나 신나는 음악을 들으며 아기 몸을 비벼주세요.**
　· (아기 손을 잡고 율동하듯이) 사과 같은 내 얼굴~ 예쁘기도 하지요~
　· (음악에 맞춰 발바닥 박수를 치며) 딴따다 딴따! 딴따다 딴따!
　· (아기 손을 잡고 아기 겨드랑이를 간질이며) 간질간질~ 간질간질~

수유 또는 이유식을 한 직후에는 놀이하지 마세요.

 **Point 뇌 발달**

손바닥과 발바닥을 마주쳐 내는 소리를 들으면 뇌의 청각영역을 자극합니다. 평소에 사용하지 않았던 발 안쪽의 근육을 움직이는 효과도 있습니다.

응용해요!

차를 타고 이동하거나 병원에서 순서를 기다릴 때 잠깐이라도 아기가 많이 들어본 노래를 불러주며 아기 손이나 발을 잡고 리듬에 맞춰 흔드는 놀이를 하세요. 이 시기에 아기와 함께 노래를 부르며 율동하는 것은 기분 좋은 스킨십 경험이 됩니다.

엄마를 위한 발달 상식

발바닥을 자극하는 것은 건강에도 이로워요. 이 시기의 아기는 자기 발을 잡아서 빨고 만지며 손가락과 팔의 힘을 기릅니다. 손과 발의 자극을 통해 혈액의 흐름을 자극하고 손가락과 연결된 뇌의 부분을 자극하여 뇌 발달을 촉진시킵니다.

상호작용할 때

놀이를 하면서 엄마가 재미있어하는 모습을 보여주는 것은 중요합니다. 언제나 아기와 눈을 맞추고 즐겁고 부드러운 목소리로 말해주세요. 아기의 발바닥으로 박수를 칠 때 너무 세게 치지 않도록 하세요. 아기의 관절은 유연하지만 무리한 동작은 근육에 충격을 줍니다. 다리와 발을 굽힐 때 아기의 반응을 살피면서 무리하지 않도록 주의하세요.

궁금해요 Q&A

Q 엄마가 불러주는 노래나 음악이 아기의 뇌 발달에 영향을 주나요?

A 음악은 주의집중을 유도하는 신경전달물질을 증가 또는 감소시키며, 학습에 긍정적인 영향을 주는 알파파를 유도해 기억력 향상에 도움을 줍니다. 두뇌의 신경회로를 자극하기도 하지요. 특히 엄마 목소리는 아기가 가장 좋아하는 소리이므로 엄마가 불러주는 노래나 음악은 뇌 발달에 긍정적인 영향을 줍니다.

6-12개월 신체운동

자동차놀이

아기 몸이 들어갈 수 있는 상자에 끈을 매달아 끌어주면서 균형감과 속도감을 익히는 놀이

● **준비물**
커다란 통(빈 과일상자, 빨래 바구니 등), 끈, 인형

놀이하기

아기가 큰 통이나 빨래 바구니에 관심을 보일 때 놀이하세요.

1 큰 통에 끈을 달아 보여주면서 이야기하세요.
- 민재야, 이게 뭘까?
- 이건 엄마가 만든 자동차야.
- (큰 통 안을 보여주며)여기 타볼래?
- 우리 인형 먼저 태워줄까?

2 인형을 통에 태워 살살 끌어주세요.
- 인형이 자동차를 탔어요. 뛰뛰 빵빵!
- 인형이 재미있나 봐. 뛰뛰 빵빵!
- 민재야, 이리 따라와볼래?
- (아기가 통을 쫓아오면) 그렇지, 이쪽이야.

상자가 뒤집어지지 않게 끌어주세요.

3 아기를 큰 통에 태우고 끌어주세요.
- 민재야, 너도 이 자동차 타볼래?
- 여기 타고 뛰뛰 빵빵 할까? 이리 와서 타보자.
- 민재는 자동차 타고 엄마는 끌어줄게.
- (아기가 타기 싫어하면) 민재는 안 탈래요? 그럼, 인형만 태우자.
- (아기가 줄을 끌어보게 하며) 민재야, 자동차 한번 끌어볼래?

응용해요!
이불도 멋진 자동차가 될 수 있어요. 이불에 아기를 눕혀놓고 천천히 끌어주며 '뛰뛰빵빵하자'라고 이야기해보세요. 아기가 좋아하는 놀이예요.

4 통을 움직일 때 빠르게/느리게, 멈춤/이동을 번갈아하세요.
- 자동차가 빵빵~ 출발합니다.
- 슈웅! 슈웅! 빨리 가요.
- 천천히~ 천천히~ 느리게 가요.
- 뛰뛰 빵빵! 가다가 멈추고, 뛰뛰 빵빵! 가다가 멈추고.

엄마의 움직임을 모방해 바퀴를 움직여보는 것은 아기의 운동 관련 뇌 영역을 자극합니다. 빈 상자나 바구니에 타고 놀이하면 소뇌의 균형감각과 운동능력이 발달됩니다.

엄마를 위한 발달 상식

아기가 상자 안에서 균형을 잡으려고 등 근육과 팔, 다리에 힘을 주는 것은 신체 근육발달에 도움을 줍니다. 아직 팔과 다리에 비해 손가락 근육이 약하기 때문에 상자 안에서 안전하게 움직일 수 있도록 쿠션을 넣어주고 속도를 조절하세요. 아기가 상자 안에서 빠르고 느린 속도를 경험해보는 것은 인지발달에도 도움이 됩니다.

상호작용할 때

아기는 엄마의 따뜻한 자궁에서 편안했던 기억 때문에 좁은 상자 안에 들어가는 것을 즐깁니다. 인형을 태우고 끌어줄 때 아기가 기어서 따라올 수 있도록 속도를 조절해주세요.

궁금해요 Q&A

Q 8개월이 된 우리 아기는 어릴 때부터 제 다리 위에 서는 걸 좋아했어요. 너무 일찍 걷기 시작하면 다리가 휠 수 있다는데 지금 아기를 보니 다리가 조금 휜 것 같아 걱정입니다.

A 너무 일찍 걷기 시작하면 다리가 휜다고 생각하는데 실제로는 그렇지 않습니다. 아기의 다리는 원래 약간 구부러져 있으며 다리에 힘이 생기고 걸어 다니기 시작하면 다리가 점차 곧아집니다.

6-12개월
신체운동

처음 숟가락

아기가 손과 손가락, 팔을 움직여 이유식을 먹어보게 하는 놀이

● 준비물
이유식 숟가락 2개, 턱받이, 바닥용 깔개

놀이하기

아기가 이유식을 먹을 때 턱받이를 두르고 바닥에 깔개를 깐 다음 놀이하세요.

1 **이유식의 맛, 색, 냄새를 탐색하며 이야기하세요.**
   · 여기 맛있는 이유식이 있네.
   · 냄새를 맡아볼까? 흐음~ 맛있는 냄새.
   · 한번 맛볼까?
   · 엄마도 먹어볼까? (맛을 보며) 아이, 맛있어.
   · 하얀색 두부로 만든 이유식이야.

2 **흘린 이유식을 손으로 만져보게 하세요.**
   · 어이쿠, 여기 떨어졌구나.
   · 시윤이가 손으로 집어 먹고 싶구나.
   · 손가락으로 집어볼까?

3 **이유식을 숟가락으로 떠먹여주세요.**
   · 이유식을 먹어볼까? 맛있겠다.
   · 아~ 시윤이 입속으로 들어간다.
   · 얌냠! 꼭꼭 씹어서 꿀꺽.
   · (씹어 먹는 시늉을 하며) 얌냠냠~ 꼭꼭 씹어 잘 먹네.

4 **아기가 숟가락을 잡고 싶어 하면 숟가락을 주세요.**
   · 시윤이가 혼자 먹어보고 싶구나.
   · 옳지, 숟가락으로 먹어요.
   · 엄마 한 번, 시윤이도 한 번.
   · 시윤이가 숟가락으로 두부를 먹네.
   · 시윤이도 얌냠. 아이~ 맛있네. 참 잘 먹네~

흘린 이유식을 탐색하는 것도 아기에게는 즐거운 놀이예요.

시냅스가 활발하게 형성되는 시기에는 단백질을 비롯한 필수영양소 5군이 골고루 포함된 음식을 섭취하는 것이 중요합니다. 특히, 잎채소에 들어 있는 칼페인 성분은 뇌의 시냅스를 청소해주는 역할을 하므로 아기가 싫어하더라도 조금씩 먹이는 것이 좋아요. 무조건 먹이려 하지 말고 스스로 시도할 수 있도록 기회를 주세요. 숟가락을 직접 사용하는 것은 손 근육과 관련한 뇌의 운동영역 발달에 도움이 됩니다.

5 바닥의 깔개와 턱받이를 정리하며 이야기하세요.
  · 오늘 두부 맛있었어?
  · (아기 숟가락을 보여주며) 우리 시윤이가 숟가락으로 먹었지?
  · (빈 그릇을 보여주며) 아이, 잘 먹었어요~ 다 먹었네.

엄마를 위한 발달 상식

이유식을 통해 다양한 음식의 맛과 질감을 경험하도록 하는 것이 좋아요. 처음 접하는 이유식에 대한 경험은 음식에 대한 선호도나 편식에 영향을 미칩니다. 아기에게 다양한 음식을 접할 수 있는 기회를 제공하도록 하세요.

상호작용할 때

아기에게 테이블이 너무 높거나 낮지는 않은지, 숟가락이 너무 크거나 작지 않은지 살펴보세요. 이유식을 먹는 시간은 단순히 배를 채우는 시간이 아니라 뇌를 단련하는 시간이므로 청결하면서도 따뜻한 분위기를 만들어주는 것이 좋습니다.
아기 스스로 성취감과 먹는 즐거움을 느낄 수 있도록 숟가락을 바르게 잡지 않더라도 고쳐주지 마세요. 가만히 기다리며 음식을 흘려도 격려해주세요. 하지만 아기가 숟가락을 입속에 너무 깊이 넣어 다치지 않도록 지켜보세요.

궁금해요 Q&A

Q 아기가 이유식을 가지고 장난을 해도 괜찮은가요?

A 이 시기의 아기는 이유식을 가지고 장난을 칠 수 있어요. 아기가 원한다면 손으로 주무르거나 찔러보면서 음식물을 탐색하게 하세요. 그러나 유아식을 먹는 18개월 전후에는 음식물을 가지고 놀거나 장난치면 안 된다는 것을 분명히 알려주세요.

6-12개월 신체운동

불빛을 잡아라

아기가 손전등을 탐색하고 불빛을 잡으러 기어다니게 하는 놀이

● **준비물**
손전등(앞부분을 손수건으로 묶어 가려놓아요)

놀이하기

아기가 제법 잘 기어다닐 때 실내를 어둡게 하고 놀이하세요.

1 아기를 안고 방 안의 스위치를 만져보세요.
- 지호야, 잘 봐봐. (스위치를 껐다가 켜며) 딸깍, 딸깍.
- 와! 불이 켜졌다가 꺼졌다가 하네.
- 지호도 한번 해볼래?
- (아기가 혼자 힘으로 하기 어려우면) 도와줄까? 같이 해보자.

2 방 안의 스위치를 끄고 손전등을 보여주세요.
- 지호야, 이것 봐라. 손전등이네.
- (아기 앞을 비추며) 불빛이 나오네~
- 불빛이 지호 손 위에 있네.
- (아기 다리를 비추며) 지호 다리 봐봐.
- (아기가 만지고 싶어하면) 만져볼래? 여기 있어.

3 손전등 불빛을 이동시켜 아기가 따라오게 하세요.
- 불빛이 빙글빙글 도네.
- 불빛이 어디로 가나? 불빛 잡으러 가볼까?
- 어? 불빛이 움직이네~ 불빛이 저쪽으로 가요.
- 지호야, 이쪽으로 와. 이거 잡아봐~

4 아기에게 손전등을 주고 불빛을 비춰보게 하세요.
- 이번에는 지호가 해볼까?
- 엄마가 불빛을 잡을게. 어디로 가나?
- (불빛 비친 바닥을 치며) 얍! 잡았다.
- 어디로 갔니? 여기 있다. (박수를 치며) 탁! 엄마가 잡았네.

손전등 빛이 너무 강하지 않게 조절해주세요.

만 1세경의 아기는 손을 자유롭게 사용할 수 있어요. 아기가 물건을 누르고 돌려보면서 동작의 결과를 탐색하면 전두엽이 발달합니다. 아기가 스스로 손전등을 켜고 끄는 동작을 시도하게 합니다.

응용해요!

손전등에 손수건 대신 색이 있는 셀로판지나 포장지를 붙이면 그림자의 색깔이나 분위기를 바꿀 수 있어요. 또 불빛을 바닥뿐 아니라 벽이나 소파, 이불 등에 비추어 아기가 새로운 공간을 탐색하며 불빛을 쫓아갈 수 있도록 해보세요.

엄마를 위한 발달 상식

아기가 손전등을 쥐고 움직일 때 불빛도 따라 움직이는 것을 경험하게 하세요. 이런 놀이는 감각기관의 협응력을 기르는 데 도움을 줍니다. 이후에 인과관계를 이해하는 능력의 기초가 됩니다.

상호작용할 때

손전등의 불빛이 눈에 직접 쏘이지 않도록 하면서 그림자놀이로 확장해보세요. 손전등이 너무 밝을 때는 투명하면서도 색이 있는 셀로판지를 씌워 색 그림자를 다양하게 만들어주세요.

궁금해요 Q&A

Q 밤에 불을 끄면 심하게 우는 이유가 무엇인가요?

A 원래 인간은 환경을 탐색할 때 시각에 가장 많이 의존하여 정보를 받아들입니다. 갑자기 주위가 어두워지면 아기는 답답함을 느끼거나 보이지 않는 상황을 두려워합니다. 수면등을 켜놓거나 문을 열어 틈새로 빛이 새어들게 한 다음 방 안의 전등을 꺼주세요. 아기가 불안하지 않게요.

6-12개월 의사소통

어부바 여행

아기를 업고 밖으로 나가 사람도 만나고 자연도 느끼며 주변 환경을 탐색하는 놀이

● 준비물
포대기 또는 아기 띠

놀이하기
날씨가 화창한 날, 분리수거를 하거나 마트에 갈 때 놀이하세요.

1. **포대기나 아기 띠로 아기를 업어주세요.**
   - 은성아, 엄마랑 밖에 나갈까?
   - 양말 신고 옷 입고 엄마랑 어야 가자.
   - 엄마가 어부바해줄게.

2. **업은 아기의 엉덩이를 톡톡 치며 몸을 좌우로 흔들면서 노래하세요.**
   '꼬마야, 꼬마야' 리듬으로 엄마의 동작을 노래로 불러주세요.
   - 은성아, 은성아 / 신발을 신자!
     은성아, 은성아 / 엘리베이터 타자!
     은성아, 은성아 / 문을 열어라!
     은성아, 은성아 / 밖에 나가자~

3. **길에서 만나는 사람, 자연, 물건과 인사하세요.**
   - (경비원 아저씨를 만나면)아저씨, 안녕하세요?
   - 은성아, 저기 비둘기 있네. 비둘기야 안녕!
   - (가게 아주머니에게)아주머니, 안녕하세요.
   - 자동차가 빵빵~ 하네. 자동차야, 안녕!
   - 형들이 미끄럼을 타네. 흔들흔들~ 그네도 안녕?

4. **집으로 돌아올 때는 아까 아기가 보았던 것들과 다시 인사하세요.**
   - 은성아, 이제 집에 가자. 아저씨께 또 인사할까?
   - 미끄럼틀아, 잘 있어. 안녕~
   - 그네도 잘 있어. 안녕~
   - 비둘기야 안녕!
   - 자동차도 안녕. 잘 가! 내일 또 만나~

아기가 사람들과 마주볼 수 있도록 방향을 잘 잡아주세요.

Point 뇌 발달

포대기로 아기를 업으면 아기 몸이 엄마 등에 밀착되어 아기의 뇌에서는 뇌신경 호르몬인 오피오이드, 옥시토신이 분비되어 아기가 안정되고 행복한 마음이 됩니다.

응용해요!

'어부바 여행' 놀이는 마트나 시장에 갈 때 하기 좋은 놀이입니다. 마트나 시장은 아기에게 새로운 물건을 많이 볼 수 있는 좋은 장소이지요. 병원에 갔을 때 의사 선생님, 간호사 선생님, 병원에서 볼 수 있는 것들과 함께 이야기하는 것도 좋아요.

엄마를 위한 발달 상식

엄마와 함께하는 나들이는 낯설고 새로운 세상을 경험하는 시간입니다. 아기가 좀 더 자라면 포대기나 신발을 들고 오거나 엄마 손을 잡고 현관으로 가 외출하자는 의사표현을 합니다. 아기가 외출을 좋아하는 이유는 집 밖에 나가면 볼 것, 들을 것이 많기 때문이에요. 집 밖으로 나가 자연을 관찰하는 것은 엄마가 아기에게 줄 수 있는 최고의 선물입니다.

상호작용할 때

외출할 때 아기를 업으면 아기에게 정서적 만족감을 주고 아기 몸을 따뜻하게 할 수 있어서 좋아요. 또 엄마의 이야기를 잘 들을 수 있고 엄마와 같은 높이에서 볼 수 있어 아기에게 대상을 설명하기에도 좋습니다. 아기가 울거나 속상해할 때는 따뜻하게 감싸주는 역할도 하기 때문에 정서발달에도 도움을 주지요.

궁금해요 Q&A

Q 돌이 된 아기가 '엄마' 하고 부르는 소리는 어떤 의미일까요?

A 돌 전후의 아기는 한 단어로 자신의 의사를 표현할 수 있어요. 이때 아기의 한 단어는 문장의 역할을 합니다. 때로는 '엄마, 맘마 주세요' '엄마 함께 놀아요' '엄마 물 주세요' '엄마 졸려요' '엄마 밖에 나가고 싶어요'와 같은 의미를 함축하고 있지요. 상황을 고려하여 아기가 말하는 단어의 의미를 이해하려고 노력하세요. 이를 위해서는 평소 세심하게 아기를 관찰하는 것이 중요합니다.

6-12개월
의사소통

친구들아, 잘자~

주변 물건이나 인형들과 '안녕'이라고 인사하며 즐겁게 잠잘 준비를 하는 놀이

● 준비물
인형, 조용하고 느린 음악
(태교할 때 듣던 음악이면 더 좋아요)

놀이하기

아기가 잠잘 시간이 되면 실내를 어둡게 하고 조용하고 느린 음악을 튼 다음 놀이하세요.

1 **아기 잠자리에 인형을 눕히고 잠잘 시간임을 알려주세요.**
  · 민재야, 이제 잠잘 시간이네.
  · 목욕도 했고, 우유도 먹었지?
  · 아~ 졸리다. (하품하는 척하며)아함~
  · 곰돌이도 졸리대. 곰돌이 코 재울까?
  · 자장자장~ 우리 곰돌이, 잘도 잔다~ 우리 곰돌이.

2 **아기를 안거나 업고 방 안을 돌아다니며 인사하세요.**
  · 친구들에게 인사하고 잘까?
  · 누구한테 먼저 인사할까?
  · 민재가 좋아하는 곰돌이한테 인사하자. 곰돌아, 잘 자~
  · (방 안 물건들을 가리키며)시계야, 잘 자~ 거울아, 잘 자~

평소보다 작은 목소리로 놀아주세요.

3 **아기를 잠자리에 눕힌 뒤 다시 인사하세요.**
  · 이제, 우리 민재는 잘 거예요.
  · 친구들아, 잘 자. 안녕! 곰돌아.
  · 민재도 손 흔들어 인사할까?
  · 안녕, 잘 자!

4 **엄마와도 인사하고 음악을 끈 다음 자장가를 불러주세요.**
  · 엄마한테도 인사해줘. 엄마도 잘 자.
  · (뽀뽀를 하며)민재야, 잘 자~ 쪽!
  · 자장~ 자장~ 우리 민재, 잘도 잔다. 우리 민재~

Point 뇌 발달

수면은 뇌 발달에 매우 중요합니다. 충분한 수면은 뇌의 휴식을 돕지요. 잠을 자는 동안 분비되는 멜라토닌과 진정 효과가 있는 옥시토신은 아기가 낮 동안 받은 긴장을 풀어주고 기억과 관계된 해마에도 긍정적인 영향을 줍니다.

응용해요!

잠을 자기 전에 인사놀이를 했듯이 잠에서 깨어난 뒤에도 '잘 잤니, 곰돌아?' '잘 잤니, 장난감아?' '잘 잤니?, 책들아?' 하고 인사하는 놀이를 해보세요.

엄마를 위한 발달 상식

신생아기에는 2시간 간격으로 깨던 아기가 수유 시간이 길어지고 먹는 양이 많아지며 수면 시간이 길어집니다. 12개월까지는 약 12~14시간 정도의 수면이 필요합니다. 아기가 잠을 잘 자지 못하고 보챌 때는 몸이 불편한 것은 아닌지 살펴보고 방 안의 온도가 너무 덥거나 낮지 않은지 살펴보세요.

상호작용할 때

인사놀이를 시작하기 30분 전부터 조명을 어둡게 해 아기가 자야 할 시간임을 알려주세요. 아기가 잠들 때까지는 시간이 걸리므로 이 놀이를 반복해주는 것이 좋습니다. 인사놀이를 반복하는 중간중간 느린 자장가를 들려주거나 토닥토닥 두드려주는 것도 좋아요.

궁금해요 Q & A

Q 아기가 잠자는 시간이 불규칙해요.

A 규칙적으로 잠자는 습관이 들기까지는 시간이 걸립니다. 엄마가 하루 일과를 규칙적으로 해야 아기에게 규칙적인 습관이 생겨요. 아기가 잠자는 시간은 부모의 수면 패턴과도 관계가 있어요. 수유, 이유식, 목욕하기 등을 일정한 시간에 규칙적으로 해주세요. 잠자기 전에 목욕하고 수유하고 자장가를 들려주고 주변 사물에게 인사하는 등의 활동을 반복하면 아기도 '이제 잘 시간이구나~' 하고 생각하여 점차 규칙적으로 잠을 잡니다.

STEP 1
0-6 개월

STEP 2
6-12 개월

STEP 3
12-18 개월

STEP 4
18-24 개월

STEP 5
24-30 개월

STEP 6
30-36 개월

6-12개월 의사소통

아가야, 아가야, 뭐하니?

리듬 있는 문장을 반복해서 들으며 상황에 따라 주고받는 놀이

● **준비물**
별도의 준비물이 필요 없어요.

놀이하기
아기와 집 안팎에서 일상생활을 하는 중에 잠깐씩 놀이하세요.

1 **전래동요 '여우야, 여우야, 뭐하니'를 들려주세요.**
   - 여우야, 여우야, 뭐하니 / 잠잔다 / 잠꾸러기
     여우야, 여우야, 뭐하니 / 세수한다 / 멋쟁이
     여우야, 여우야, 뭐하니 / 밥먹는다 / 무슨 반찬
     개구리 반찬 / 살았니, 죽었니 / (큰 소리로) 살았다!

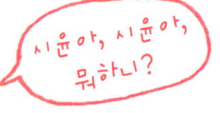
시윤아, 시윤아, 뭐하니?

2 **'엄마야, 엄마야, 뭐해요'로 바꿔서 노래하며 묻고 대답하세요.**
   - (우유 먹일 때) 엄마야, 엄마야, 뭐해요 / 우유를 타요. 맛있겠다.
   - (기저귀 갈 때) 엄마야, 엄마야, 뭐해요 / 기저귀 갈아요. 좋아요.
   - (옷 입힐 때) 엄마야, 엄마야, 뭐해요 / 옷 갈아입혀요. 멋쟁이.
   - (시장에 갔을 때) 엄마야, 엄마야, 뭐해요 / 두부 사요. 맛있겠다.

3 **'시윤아, 시윤아, 뭐하니'로 바꿔서 노래하며 묻고 대답하세요.**
   - (아기가 우유 먹을 때) 시윤아, 시윤아, 뭐하니 / 우유 먹어요.
   - (아기가 옷 입을 때) 시윤아, 시윤아, 뭐하니 / 옷 입어요(바지 입어요).
   - (아기가 기저귀 갈 때) 시윤아, 시윤아, 뭐하니 / 기저귀 갈아요.
   - (자려고 누웠을 때) 시윤아, 시윤아, 뭐하니 / 졸려서 눈 비벼요.
   - (놀이할 때) 시윤아, 시윤아, 뭐하니 / 딸랑이 흔들어요(보행기 타요).

아기는 운율 있는 엄마 목소리를 좋아해요.

4 **주변 사물을 보며 '△△야, △△야 뭐하니'로 노래하며 묻고 대답하세요.**
   - (아기가 좋아하는 곰돌이) 곰돌아, 곰돌아 뭐하니? / 시윤이랑 놀아요. 좋겠다.
   - (딸랑이를 굴리면서) 딸랑아, 딸랑아 뭐하니? / 데굴데굴 굴러가요. 재미있겠다.
   - (다 먹은 우유병을 보여주며) 우유병아, 우유병아 뭐하니? / 목욕해요. 멋쟁이.

 **뇌 발달**

부모가 아기에게 말을 하면 아기 뇌의 청각, 사회정서, 언어영역을 동시에 자극해 뇌 발달이 촉진됩니다. 엄마의 말소리 자극은 아기 뇌의 청각 피질에 있는 신경세포를 자극하고 정보를 연결하는 시냅스 형성을 돕습니다.

응용해요!

엄마가 아빠에게 묻고 아빠가 대답하는 것을 아기가 들을 수 있게 해주세요.
- 아빠, 아빠, 뭐하세요? 수염 깎아요.
- 아빠, 아빠, 뭐하세요? 양말 신어요.

엄마를 위한 발달 상식

7~10개월경의 아기는 보다 작은 지각 단위로 나누어 알아들을 수 있는 운율 단어에 민감합니다. '여우야, 여우야, 뭐하니'처럼 운율이 있는 엄마 말소리에 귀를 잘 기울이지요. 이 놀이는 반복을 통해 집중력을 길러줘 단어를 익히도록 하는 효과가 있습니다.

상호작용할 때

'여우야, 여우야, 뭐하니?'와 같은 전래동요는 리듬과 반복되는 어구라 아기가 따라 부르기 쉽습니다. 언어는 상황과 연결될 때 가장 쉽게 배울 수 있지요. 주변 사물에 대한 이름, 주변 사람의 움직임 등을 노래를 통해 이야기해주면 보다 쉽게 언어를 배울 수 있습니다.

궁금해요 Q&A

Q 아기와 이야기할 때 문장의 길이는 어느 정도가 좋을까요?

A 엄마가 아기에게 말을 걸 때 문장의 길이는 상황에 따라 달라야 합니다. '아직 잘 못 알아들을 테니 짧게 한 단어로 이야기해야지'라고 생각할 수도 있지만, 늘 한 단어로만 이야기하면 어휘력이 제한될 수 있어요. 목적에 따라 한 단어, 반복되는 두 단어, 두 단어의 문장, 또는 조금 긴 문장으로 다양하게 이야기해주세요.

6-12개월
의사소통

동물그림책 보기

아기에게 친숙한 동물그림을 보여주며 그 동물을 상징하는 몸짓과 이름(단어)을 연결하는 놀이

● **준비물**
동물그림이 나온 그림책(보드북),
작은 동물인형, 잘 찢어지는 종이

놀이하기

아기가 동물을 본 경험이 있고 동물에 대해 관심을 가질 때 놀이하세요.

1 작은 동물인형을 종이로 싼 다음 아기가 종이를 찢어 인형을 보게 하세요.
   · 지호야, 이게 뭘까?
   · (조금 찢어 보며)이렇게 찢어볼까?
   · (아기가 찢으면)옳지! 잘 찢었네. 짜잔~ 토끼다.
   · (머리에 두 손을 올려 토끼 귀처럼 하고)깡총! 깡총! 토끼네.

2 아기가 동물(인형 또는 그림)을 볼 때마다 이름(몸짓)을 들려주세요.
   · (길을 가다가 강아지를 만나면)지호야, 멍멍이다. 저기 봐.
   · (TV에 호랑이가 나오면)어흥~ 호랑이다!
   · (동물원에서 토끼를 보면) 깡충! 깡충! 토끼다~
   · (기린 인형을 보면)목이 긴~~~ 기린이다.

3 동물이 나오는 그림책을 보면서 몸짓으로 표현해보세요.
   · (한 손으로 긴 코를 만들며) 코가 긴~ 코끼리다.
   · (두 손으로 토끼 귀를 만들며) 깡충! 깡충! 토끼다.
   · (손을 지그재그로 움직이며) 헤엄치는 물고기네~
   · (손가락으로 코를 누르며) 꿀꿀! 꿀꿀! 돼지

4 아기에게 몸짓으로 대답할 기회를 주세요.
   · 곰돌아 지호랑 재미있게 놀았니?
   · (손을 흔들며) 곰돌아, 안녕?
   · (곰돌이를 안아주며) 곰돌아, 사랑해~ 지호야, 사랑해.

동물을 볼 때마다 그 이름과 몸짓을 연결해주세요.

Point 뇌 발달

이 시기의 아기 뇌는 언어와 관계된 시냅스가 활발하게 형성됩니다. 어른과 같이 완전한 언어를 구사하지는 못하지만 울음과 옹알이 등으로 자신의 의사를 표현하며 주변에서 구사하는 언어를 보고 듣습니다.

응용해요!
촉감을 느끼도록 만든 헝겊책을 보면서 등장인물들에게 인사하는 모습을 보여주세요.
- 병아리야, 안녕!
- 병아리 부드럽다~
- 병아리가 지호에게 인사하네. 지호야, 안녕~

엄마를 위한 발달 상식
7개월 무렵이면 소리를 내며 놀고, 한 번에 여러 소리를 냅니다. 또한 여러 사람의 목소리를 주의 깊게 듣고 서로 다른 음조와 억양을 구별하지요. 어른의 몸짓과 억양의 특성을 모방하기도 합니다. 돌 무렵의 아기는 간단한 지시에 따라 움직이며, '아니야'라는 말에 반응합니다. 한 단어 또는 그 이상의 단어를 말할 수 있지만 언어발달에는 개인차가 있다는 점을 명심하세요.

상호작용할 때
아기가 동물이나 사물의 움직임을 흉내 낼 때 아기의 움직임을 말로 표현해주세요. "지호가 오리처럼 뒤뚱뒤뚱 걸어가네" "비행기처럼 팔을 벌리고 날아가는구나." 아기는 엄마의 말을 통해 자신의 움직임에 대해 긍정적인 감정으로 더욱 즐겁게 놀이할 수 있어요.

궁금해요 Q&A

Q 아기에게 아나운서처럼 또박또박 정확한 발음을 들려주는 것이 좋을까요?

A 부모가 아기의 언어발달을 돕는 방법 중 하나는 '아기식 말투'를 사용하는 거예요. 아기식 말투는 간단하고 짧은 말을 약간 높은 소리로 천천히 반복해서 말하는 것입니다. 이 시기의 아기는 일반적인 말투보다 아기식 말투에 더욱 주의를 기울입니다.

6-12개월 의사소통

딩딩딩! 동동동!

주변의 여러 가지 물건과 아기 몸으로 낼 수 있는 소리를 탐색해보며 의성어를 경험하는 놀이

● **준비물**
콩이나 쌀을 넣은 페트병, 작은 북 (분유통 또는 냄비), 숟가락

놀이하기

소리를 만들 수 있는 집 안의 물건들을 모아놓고 놀이하세요.

1 **몸으로 낼 수 있는 소리들을 탐색해보세요.**
　· (박수를 치며) 은성아, 손뼉을 쳐보자. 짝짝짝! 짝짝짝!
　· (아기의 양손을 잡고 손뼉을 치며) 은성이도 박수쳐요. 짝짝짝! 짝짝짝!
　· (아기 손등에 입을 대고 불며) 푸~ 푸~ 푸우우우!
　· (아기 배나 등에 입을 대고 소리를 내면서) 후~ 후~ 배에서도 소리가 나네.

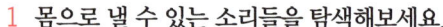

2 **흔들어 소리를 내면서 그 소리를 의성어로 표현하세요.**
　· 은성아, 여기 봐라. 이렇게 찰찰찰! 찰찰찰!
　· 이것도 흔들어볼까? (페트병을 흔들며) 츄츄츄, 츄츄츄.
　· 페트병에 콩이 들어 있네. 흔들어볼까? 축축축, 축축축.
　· 탬버린도 흔들어볼까? 찰찰찰, 찰찰찰.

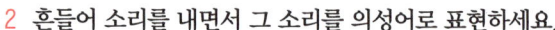

의성어도 함께 표현해주세요. 푸푸푸~ 푸푸푸~

3 **두드려 소리를 내면서 그 소리를 의성어로 표현하세요.**
　· 분유통을 두드리면 어떤 소리가 날까? 둥둥둥! 둥둥둥!
　· 숟가락으로도 쳐볼까? 댕댕댕! 댕댕댕!
　· 딸랑딸랑~ 딸랑딸랑~ 종소리 같다.

4 **짧은 노래를 불러주며 리듬에 맞춰 소리를 내보세요.**
　· 은성아, 엄마가 '나비야, 나비야' 노래 불러줄게.
　· (노래에 맞춰 페트병을 흔들며) 나비야~ 나비야~
　· (아기가 두드려보게 하며) 엄마가 노래할게, 은성이는 북을 쳐보자~
　· 북이 둥둥둥! 소리가 나네.

Point 뇌 발달

임신 3주가 지나면 태아의 뇌에 청각신경세포가 생깁니다. 보통 아기는 어른보다 두 배 정도 느리게 청각 정보를 처리하며, 3개월이 넘으면 고음에 가장 예민하게 반응합니다. 따라서 아기와 놀이할 때는 피아노 소리의 '솔' 또는 '라' 정도의 높이로 천천히 이야기하는 것이 좋습니다.

응용해요!

페트병에 다양한 물건(물, 콩, 쌀 등)을 넣어보세요. 멋진 리듬악기가 됩니다. 소리가 날 때 의성어(스르륵~ 스르륵 / 츄츄츄 / 톡톡톡! 등)로 표현해주세요.

엄마를 위한 발달 상식

이 시기의 아기는 앉아서 집중하여 장난감을 가지고 놀 수 있어요. 손 전체를 이용해서 물건을 잡기도 하지요. 물건을 잡고 입으로 가져가거나 흔들고 두드리는 행동을 통해 눈과 손의 협응력이 생깁니다. 눈과 손의 협응이 잘될수록 물건을 잡고 옮기는 능력이 발달합니다.

상호작용할 때

엄마가 먼저 시범을 보인 다음 아기 손을 잡고 함께 해본 뒤 아기 혼자서 해보도록 기다려주세요. 점차 아기 스스로 할 수 있게 됩니다. 이런 연습은 아기의 집중력을 향상시키는 데 도움을 줍니다.

궁금해요 Q & A

Q 왜 소리와 상황을 언어로 이야기해주어야 하나요?

A 상황에 기초한 언어를 적절히 사용하면 아기의 어휘력과 언어이해력, 상황에 대한 인지능력이 향상됩니다. 또 언어능력이 잘 발달한 아기는 생각이 풍부하지요. 언어와 사고는 상호 연관되어 있기 때문입니다.

6-12개월
의사소통

까꿍 그림책 보기

그림책에 나오는 사물 그림과 까꿍놀이를 하면서 사물의 이름을 듣고 찾아보는 놀이

● **준비물**
영아용 사물 그림책,
포스트잇(큼직한 사이즈), 손수건

놀이하기

아기가 평소에 본 적이 있는 사물 그림책의 그림을 포스트잇으로 반쯤 가려놓고 놀이하세요.

1 손수건으로 무언가를 가려놓고 까꿍놀이를 하세요.
- (손수건으로 아기 발을 가리고) 민재 발 어디 갔지?
- (손수건을 치우며) 까꿍! 민재 발 여기 있네.
- (손수건으로 그림책을 가리고) 이것은 무엇일까?
- (손수건을 치우며) 까꿍! 민재 그림책이 있네. 우리 같이 볼까?

2 그림책에 붙은 포스트잇을 떼어내고 그림을 함께 보세요.
- 민재야, 엄마랑 책 보자.
- (반쯤 가린 그림을 가리키며) 누가 숨었지?
- (포스트잇을 떼며) 오? 여기 누가 숨었지?
- (손가락으로 가리키며) 여기 손잡이도 보이네~ 뭐가 숨었지?
- 컵이 있네. 맛있는 주스가 담겨 있네.

3 그림책을 다시 보며 사물의 이름을 말하고 찾아보게 하세요.
- (손으로 그림을 가리며) 여기 바퀴가 보이네. 이게 뭐지?
- (손을 치우고) 자동차가 숨었네.
- 이것은 무얼까? 예쁜 신발.
- (그림책을 펼치고) 여기 양말이 어디 있게~?

4 아기를 안고 집 안팎으로 돌아다니며 사물의 이름을 말해주세요.
- 민재야, 저게 뭐지? 그네지. 그네 재미있지?
- 이건 뭐지? 시계야. 째깍째깍 시계지.
- 민재 양말 어디 있어요? 여기 민재 양말이 있구나~
- (아기가 사물을 손으로 가리키면) 어? 그래~ 저기 가방이 있다고?

 **Point 뇌 발달**

아기가 좋아하는 일에 도전할 때 뇌는 도파민이라는 신경전달물질을 분비합니다. 행복감을 느끼게 해주는 도파민은 뇌 활동에 도움을 줍니다. 아기가 하고 싶은 행동을 하게 하는 것은 뇌의 시냅스 연결 강도를 높여 뇌가 활발하게 움직이도록 합니다.

응용해요!

아기가 기어다닐 때 문 뒤에 숨었다가 아기 앞에 나타나며 까꿍! 해보세요. 아기가 좋아하는 곰인형을 손수건으로 가렸다가 손수건을 치우면서 "곰돌아, 까꿍!" 하는 놀이도 할 수 있어요.

엄마를 위한 발달 상식

숨겨진 사물을 찾는 놀이는 '대상영속성'을 발달시키는 데 좋은 활동입니다. 대상영속성이란 사물이 눈에 보이지 않더라도 그 사물이 계속 존재한다는 개념입니다. 엄마가 눈앞에 안 보이면 우는 것도 대상영속성의 개념이 생기고 있다는 증거이지요. 손수건으로 사물을 가리고 그것을 찾는 경험을 반복하면 대상영속성이 발달합니다.

상호작용할 때

'엄마 없다' '엄마 여기 있네' '민재 어디 있지?' '여기 있네' 등과 같은 상호작용은 아기의 주의를 끌고 대상영속성을 발달시킵니다.

궁금해요 Q & A

Q 까꿍놀이는 왜 필요한가요?

A 아기는 사물이 지금의 장소 이외에서도 존재한다는 사실을 인식하지 못합니다. 눈앞에 안 보이면 없어졌다고 생각하지요. 사물이 계속 존재한다는 개념을 '대상영속성'이라고 하는데, 두 돌 무렵에 거의 발달합니다. 까꿍놀이는 대상영속성 발달 과정의 아기가 매우 즐겨하는 놀이입니다.

복잡하고 용도가 정해져 있는 장난감도 좋지만 다양한 방식으로 활용할 수 있는 놀잇감이 뇌 발달에는 더 좋습니다. 뇌는 똑같은 것보다는 새로운 것에 끌리게 되어 있기 때문이지요. 또 이 시기에 엄마와의 다정한 대화는 아기의 언어능력뿐 아니라 감성능력을 기르는 데에도 많은 도움이 됩니다. 뇌는 거울뉴런 시스템을 통해 엄마의 다정한 표정과 대화를 함께 기억합니다.

STEP 3
12-18개월

꼬마 망원경 감각인지
식빵 요리사 감각인지
똑같아요 감각인지
반찬통 블록 감각인지
손가락놀이 감각인지
재미있는 서랍 감각인지
내 몸을 지켜라! 사회정서
신체 부위 가리키기 사회정서

조물조물~ 밀가루 사회정서
치카푸카! 싹싹 사회정서
이불 놀이터 신체운동
언덕을 넘어서 신체운동
발등에서 댄스 신체운동
아장아장 걸음마 신체운동
나도 할 수 있어요! 신체운동
꾹꾹! 수수깡 신체운동
우리 가족 의사소통
촉감책 보기 의사소통
주세요! 주세요! 의사소통

12-18개월
감각인지

꼬마 망원경

집 바깥 주변 공간과 자연을 감각적으로 경험하고 관찰하는 탐색놀이

● **준비물**
두루마리 휴지 속심 2개, 호일 속심 2개, 셀로판테이프, 돗자리

놀이하기

다 쓴 휴지·호일의 속심을 2개씩 짝지어 테이프로 붙여서 꼬마 망원경을 만들어 놀이하세요.

1 **평평하고 안전한 곳에 돗자리를 깔고 누워 하늘을 보세요.**
  · 우리 민재, 여기에 누워볼까? 어때? 편안해?
  · 와~ 바람이 분다. 바람이 느껴지니?
  · 민재 얼굴에 햇빛이 비치네. 참 따뜻하다~
  · (평소 자주 들려주던 동요를 부르며) 햇볕은 쨍쨍, 모래알은 반짝~
  · 저기 뭉게구름이 보이네.

2 **주변 풍경을 손가락으로 가리키며 아기와 함께 이야기하세요.**
  · 저~기 바람에 흔들리는 나무가 있네. 민재도 보이니?
  · 우리 민재는 무엇을 보고 있어?
  · (아기가 가리키는 곳을 함께 보며) 구름을 보고 있구나? 구름이 둥실둥실 움직이네.
  · (아기의 시선을 따라 같은 곳을 보며) 저기, 비둘기네.

공기도 좋고 위험하지 않은 곳에 자리를 잡아요.

3 **짧은 꼬마 망원경(휴지 속심으로 만든 것)을 소개하고 어떻게 보는지 알려주세요.**
  · 여기 둥근 통이 있네.
  · 엄마가 이쪽으로 들여다보니 민재가 보이네.
  · 우리 민재는 망원경을 들여다보니 무엇이 보여?
  · (주변 환경 중 일부를 찾아) 나뭇가지가 바람에 살랑살랑 흔들리고 있구나~

응용해요!
비치는 천이나 셀로판지 등을 이용해 주변 환경을 살펴보는 것도 재미있어요. 그냥 바라보는 풍경과 천이나 셀로판지를 통해서 보는 풍경을 비교해보는 것도 좋아요.

4 **긴 꼬마 망원경(호일 속심으로 만든 것)을 소개하고 다른 점을 이야기해보세요.**
  · 여기 긴 망원경이 있네. 긴 망원경으로도 한번 볼까?
  · (아기가 관찰하는 곳을 함께 보고 주변의 움직임을 관찰하며) 무얼 보고 있니?

 **Point 뇌 발달**

사물을 주시하는 것은 아기가 스스로의 의지로 사물을 똑똑히 보려는 행동입니다. 이런 시각적 주의집중은 아기의 대뇌발달에 큰 도움이 됩니다.

- 저~기 부릉부릉~ 자동차 보여?
- 저쪽에는 미끄럼틀이 보이고, 그네도 보이는구나.
- (주변 사물을 손가락으로 가리키며) 이쪽에 꽃이 있네.
- 망원경으로 꽃을 볼까?

5 집에 들어와서도 꼬마 망원경으로 방을 구석구석 살펴보세요.
- 민재가 망원경으로 엄마를 보고 있구나.
- 엄마는 지금 맛있는 민재 간식을 준비하고 있어.
- 간식도 망원경으로 보이니?

엄마를 위한 발달 상식

아기는 주변 사물에 대한 호기심이 왕성합니다. 아기는 시각을 통해 정보의 80%를 얻으므로 특히 야외에서는 집중하지 못하고 산만할 수 있어요. 아기가 엄마 이야기에 집중하지 못하더라도 아기가 보고 있는 사물이나 현상을 함께 보며 아기 눈높이에 맞춰 설명해주세요.

상호작용할 때

시선의 이동을 따라 아기가 흥미를 보이는 것에 대해 이야기를 나누세요. 짧은 망원경과 긴 망원경을 번갈아보며 사물이 보이는 차이를 느낄 수 있도록 해줍니다.

궁금해요 Q&A

Q 아기가 외출하는 것을 싫어할 때는 어떻게 하지요?

A 기질에 따라 어떤 아기는 새롭고 낯설며 복잡한 것을 싫어합니다. 만약 아기가 외출을 싫어하는 이유가 기질적 특성 때문이라면 억지로 데리고 나가지 않는 것이 좋아요. 대신 아기와 창문을 열고 밖을 내다보거나 베란다나 정원으로 나가는 것부터 서서히 경험하도록 도와주세요. 혹시 아기가 외출을 싫어하게 된 이유(큰 개를 만나 무서웠다거나 병원에 갔던 경험 등)가 있다면 외출을 통해 긍정적인 경험을 할 수 있도록 천천히 시도하는 것이 좋습니다.

12-18개월 | 감각인지

식빵 요리사

아기가 식빵의 질감과 특성을 자유롭게 탐색한 다음 샌드위치를 만들어 먹는 놀이

● **준비물**
식빵, 잼, 모양 찍기 틀, 안전한 플라스틱 칼, 쟁반, 아기 숟가락

놀이하기

간식 먹을 시간에 맞춰 놀이하세요.

1 아기가 식빵을 충분히 탐색할 수 있도록 도와주세요.
- 시윤아, 손을 깨끗이 씻고 맛있는 음식을 만들어보자.
- 와아~ 여기 식빵이 있네.
- 식빵을 만져보니 부드럽다.
- 손가락으로 누르니 쑥~ 들어가네.
- 이건 뭘까? 빨간 딸기잼이구나.
- 맛이 어떤지 먹어볼까? 와~ 달콤하다!

2 모양 찍기 틀로 식빵을 찍어 여러 가지 모양을 만들어보세요.
- 시윤아, 엄마랑 네모 모양으로 빵을 찍어볼까?
- 어떤 모양의 식빵이 나올까?
- 짠! 네모 모양이 나왔네~
- 시윤이는 어떤 모양을 찍어볼까? 별 모양을 골랐네.
- 짜잔~! 반짝반짝 별이다.
- 이것은 네모 모양, 이것은 별 모양! 모양이 다르네!

3 작게 자른 빵에 숟가락으로 잼을 발라주세요.
- 빵에 발라볼까?
- 잼을 바르니 빵이 빨간색이 되었네.
- 냄새도 맡아볼까?
- 고소한 빵에 잼을 바르니 달콤한 냄새도 나네~
- 시윤이는 잼을 발라서 먹는 게 싫구나. 그럼 빵을 잼에 찍어서 먹어볼까? 이렇게~ 콕! 콕!

요리 과정에서 자연스럽게 색과 맛, 모양, 냄새를 탐색하는 활동이 이루어집니다.

응용해요!
모양을 찍고 남은 식빵을 아기가 케이크 칼(날카롭지 않은 플라스틱 칼)로 잘게 잘라보게 하세요. 단, 엄마가 반드시 옆에서 지켜보세요.

뇌 발달 Point

요리놀이를 통해 음식의 모양이 변하는 것을 보거나 맛을 느끼는 경험은 뇌에 좋은 자극을 줍니다. '이것을 만져보면 어떻게 될까?' 등의 생각을 하면서 뇌는 새로운 것을 학습하는 재미를 느낍니다.

4 **식빵과 잼으로 샌드위치를 만들어 먹어요.**
 · 네모 모양 빵이 또 어디 있을까?
 · 찾았다! 그래, 시윤이가 똑같은 모양을 찾았구나.
 · 별 모양과 네모 모양 샌드위치가 완성됐네.
 · 접시에 담아 먹어볼까?
 · 잘 먹겠습니다~ 와! 맛있다!
 · 시윤이 입에 쏙~ 엄마 입에도 쏙~
 · 시윤이랑 함께 만들어서 정말 맛있구나.

엄마를 위한 발달 상식

이 시기에는 아기가 좋아하는 맛이 생기므로 다양한 음식을 고루 접하도록 하는 것이 좋아요. 특히 당분이 많이 들어 있는 식품을 지나치게 섭취하지 않도록 합니다. 아기가 좋아하지 않는 채소를 활용한 요리놀이를 통해 그 채소에 대한 부정적 생각과 맛에 대한 느낌을 변화시킬 수도 있어요.

상호작용할 때

요리놀이를 하는 동안 아기가 딸기잼이나 식빵 등의 재료를 충분히 만져보도록 격려해주세요. 이때 샌드위치를 예쁘게 만드는 것보다 아기가 적극적으로 재료를 탐색하는 것이 더욱 중요합니다.

궁금해요 Q&A

Q 아기가 재료를 칼로 자르게 하는 것은 위험하지 않을까요?

A 아기가 사용하기에 안전한 플라스틱 칼을 이용하세요. 아기가 쉽게 자를 수 있도록 엄마가 미리 재료를 손질해주면 좋아요. 칼은 위험하지만 생활에 필요한 도구이므로 안전하게 사용하는 방법을 알려주세요.

12-18개월
감각인지

똑같아요
주변에서 볼 수 있는 다양한 사물을 모아놓고 모양이 같은 것을 찾는 놀이

● 준비물
짝이 되는 물건(장갑, 양말, 머리핀, 컵 등), 바구니

놀이하기
집 안에서 서로 짝이 되는 물건을 찾아 바구니에 담고 놀이하세요.

1. 외출할 때 현관에서 아기와 함께 똑같은 신발을 찾아보세요.
   - 엄마 신발이 어디 있지?
   - 지호가 엄마 신발을 찾았구나. 또 한쪽은 어디 있을까?
   - 아~ 여기에 있구나.
   - 지호 신발도 찾아보자.

2. 바구니에 양말을 세 켤레쯤 넣어두고 한 짝씩 꺼낸 뒤 각각의 짝을 찾아보세요.
   - 어! 여기 바구니에 지호 양말이 들어 있네.
   - 지호 양말을 꺼내보자.
   - 노란 양말을 꺼냈구나. 또 다른 한쪽은 어디 있을까?
   - 바구니 안에 있나 찾아보자~
   - 바구니에 커다란 아빠 양말도 들어 있네.

똑같이 생긴 물건을 준비해주세요.

3. 물건을 짝지어 늘어놓고 '무엇이 무엇이 똑같을까' 노래를 불러요.
   - 지호가 꺼낸 양말이 이렇게 많구나.
   - 무엇이 무엇이 똑같을까~ 지호 양말이 똑같아요~
   - (아빠 양말을 가리키며)아빠 양말 두 개가 똑같네.
   - 엄마 양말은 똑같은 게 어디 있지?
   - 찾았다! 지호 손에 있네.

4. 집 안에서 짝이 되는 물건을 더 찾아보세요.
   - 지호 컵이랑 엄마 컵이랑 똑같네~
   - 아빠 티셔츠랑 지호 티셔츠 모양이 똑같구나.

Point 뇌 발달

뇌 속의 뉴런은 반복적인 경험을 통해 의미 있게 발달합니다. 일상생활에서 엄마와 아기가 자연스럽게 상호작용하며 같은 모양을 찾아보는 놀이는 좋은 수학적 경험이 되며, 이와 관련한 시냅스를 강화하여 뇌 발달을 도와줍니다.

응용해요!

놀이를 반복하기 위해 짝이 되는 물건을 아기와 함께 찾아보세요. 아기가 장난감 통을 뒤지거나 집 안 곳곳을 살피면서 똑같은 물건을 찾아 바구니에 담아보게 하는 것도 놀이가 됩니다. 모양뿐 아니라 비슷한 소리가 나는 두 가지 물건(분유통 등)을 찾아 소리를 비교해보는 것도 좋아요.

엄마를 위한 발달 상식

이 시기에는 시각적 변별력이 생기기 시작해 똑같은 물건을 찾아낼 수 있어요. 같은 모양이나 형태, 색의 짝을 찾는 경험은 아기의 형태지각력과 논리적 사고력뿐 아니라 일대일로 대응하는 수학적 사고에도 도움이 됩니다.

상호작용할 때

아기와 함께 같은 물건 찾기를 할 때 주의할 점은 아기가 물건을 잘 살펴볼 수 있도록 도와주는 것입니다. 바구니에 물건을 많이 넣지 말고 서너 쌍 정도만 넣고 놀이하세요. 만일 아기가 똑같은 물건을 찾지 못해도 "틀렸어" "그거 아니야"라고 반응하지 않도록 하세요. "이것도 봐봐" "어떤 게 똑같지?"라고 말하며 짝을 보여주는 것이 좋아요.

궁금해요 Q&A

Q 놀이하는 동안 아기가 산만해요. 어떻게 하면 집중력을 높일 수 있을까요?

A 집중력이 낮은 아기에게는 집중력을 높이는 환경을 조성해주어야 합니다. 놀이를 하기 전 집 안을 정리하고 TV나 라디오도 꺼두세요. 한 가지 놀이에 집중할 때는 다른 놀이로 유인하거나 참견하지 않도록 하며, 산책이나 달리기로 운동 에너지를 분출하도록 해주는 것도 도움이 됩니다.

12-18개월 감각인지

반찬통 블록

큼직한 블록이나 뚜껑이 있는 반찬통을 겹쳐 쌓아보고 모양에 맞는 뚜껑을 찾아 여닫는 놀이

● 준비물
큼직한 블록, 뚜껑이 있는 반찬통 3~4개(크기나 모양이 다른 것)

놀이하기
큰 블록이나 뚜껑이 있는 반찬통을 3~4개씩 쌓아놓고 놀이하세요.

1 큰 반찬통에 작은 반찬통을 넣고 흔들어 소리를 내보세요.
- 달그락 달그락~ 소리가 나네.
- 이 안에 뭐가 들어 있네.
- 은성이도 흔들어볼까?

2 뚜껑을 열어 반찬통을 꺼내고 다시 뚜껑을 닫아보세요.
- 여기 동그라미랑 네모 뚜껑이 있구나.
- 이건 네모 뚜껑이네.
- 은성이가 닫아볼래?
- 딸깍! 딸깍! 닫았다!
- 또 열어볼까?

바닥에 얇은 매트를 깔면 시끄럽지 않아요.

3 반찬통(블록) 쌓는 것을 보여주고 무너뜨려요.
- 통을 이렇게 쌓아볼까?
- 그래, 은성이가 높이 쌓았네.
- 이번에는 무너뜨리자. 얍!
- 우르르~ 무너졌네.

응용해요!
반찬통 안에 딸랑이나 인형, 숟가락 등을 넣은 후 소리를 내보세요. 쌓기놀이를 하면서 소리도 탐색할 수 있습니다. 작은 반찬통을 큰 반찬통에 넣어보면서 서열이나 크기를 비교하는 기초적인 개념을 익힐 수도 있어요.

4 아기가 반찬통(블록)을 쌓아보고 무너뜨리게 하세요.
- 통을 쌓아서 손으로 이렇게 쳐보자.
- 우르르~ 반찬통이 무너졌네!
- 이번에는 발로 뻥! 차볼까?
- 통이 우르르~ 무너졌어.
- 엉덩이로 해볼까?
- 쿵! 은성이가 엉덩이로 우르르~ 무너뜨렸네.

뇌 발달

복잡하고 용도가 정해져 있는 장난감도 좋지만 다양한 방식으로 활용할 수 있는 놀잇감이 뇌 발달에는 더욱 좋습니다. 뇌는 똑같은 것보다는 새로운 것에 끌리게 되어 있기 때문입니다. 엄마가 부엌일을 하는 동안 한쪽에 반찬통을 쌓아놓고 아기가 가지고 놀게 합니다. 아기는 새로운 장난감으로 알고 관심을 보입니다.

5 **집 안에서 쌓을 수 있는 것(책, 빈 상자 등)을 찾아 똑같이 해보세요.**
   · 여러 가지 모양의 상자를 쌓아볼까?
   · 이렇게 높이 높이 쌓았네. 은성이가 툭! (상자가) 무너졌네.
   · 다시 한 번 해 볼까?
   · 어? 이번엔 왜 안 되지?
   · 더 세게 툭! 쳐보자. 옳지, 무너졌네.
   · 다시 해볼까?

엄마를 위한 발달 상식

이 시기의 아기는 3~4개의 블록을 쌓을 수 있으며 쌓은 뒤에 무너뜨리는 것을 좋아합니다. 블록을 쌓으며 공간 개념과 모양이나 크기에 대한 개념이 형성되지요. 높이 쌓은 블록을 무너뜨릴 때 느끼는 쾌감은 정서발달에 도움이 됩니다.

상호작용할 때

아기가 반찬통 블록을 쌓을 때마다 "하나, 둘, 셋" 하며 자연스럽게 숫자를 세어주세요. 아기의 숫자 세기 발달은 숫자를 자주 듣는 것에서부터 출발하므로 놀이하면서 숫자 세기를 해주는 것이 좋아요. 아직은 숫자를 말할 수 없지만 놀이하는 동안 자주 들었던 숫자를 기억하고 점차 스스로 말하게 됩니다.

궁금해요 Q&A

Q 아기가 블록을 너무 과격하게 무너뜨려요. 이럴 땐 혼을 내야 할까요?

A 아기는 무언가를 무너뜨릴 때의 쾌감 때문에 점점 더 세게 무너뜨리고 싶을 수도 있어요. 이럴 때는 아기를 혼내기보다는 "너무 시끄럽네" "다치겠다"라고 말해주세요. "살살 이렇게 쳐볼까?"라고 말하며 엄마가 먼저 시범을 보이는 것도 좋습니다.

12-18개월 감각인지

손가락놀이

손가락으로 냉장고 자석을 붙였다 떼어보거나 통 속에 도형 조각을 넣는 놀이

● 준비물
냉장고 자석(입에 넣을 수 없는 크기), 도형 끼우기 장난감, 입구를 자른 페트병(자른 면이 날카로우니 셀로판테이프를 감아두세요)

놀이하기

아기가 구멍에 도형을 끼우는 장난감에 관심을 보일 때 도형 조각이나 냉장고 자석을 가지고 놀이하세요.

1 페트병에 조각들을 넣고 흔들거나 쏟아보세요.
- 통 속에 뭐가 들어 있을까? 흔들어볼까?
- 달그락 달그락~ 어? 무슨 소리지?
- 한번 꺼내보자. 이게 뭐지?
- 민재도 꺼내볼까? 여러 가지 모양의 조각들이 들어 있네.

2 쏟아낸 조각들의 모양을 살펴보면서 냉장고에 붙여보게 하세요.
- 조각들을 냉장고에 붙여볼까? 딸깍!
- 민재가 파란 동그라미를 붙였네.
- 엄마도 여기 붙여볼게.
- 민재가 많이 붙여보고 싶구나~ 여기서 꺼내 붙여보렴.
- (도형 조각이 붙지 않을 때)어? 이건 왜 안 붙지?

3 냉장고에 자석을 붙이며 모양을 만들어보세요.
- 엄마는 길~게 길~게 붙여봐야지.
- 민재도 엄마처럼 길게 붙이고 있네.
- 이번에는 어떤 모양을 만들어볼까?
- 동글, 동글, 동그라미를 만들어보자.

4 도형 조각을 통 속에 넣도록 도와주세요.
- (도형 조각 중 2~3개만 주고)통 속에 넣어볼까?
- (구멍 옆에 조각을 살짝 얹어놓고)민재가 여기 쏙 넣어볼까?
- 민재가 구멍에 쏙~ 넣었구나.
- 다른 것도 넣어볼까?
- 이번엔 민재가 세모를 넣었구나.

아기가 자석을 입에 넣고 삼킬 수 있으므로 조각이 큰 것으로 준비하고 주의 깊게 지켜보세요.

 **뇌 발달**

아기가 손을 사용해보는 것만으로도 뇌는 단련될 수 있습니다. 손을 사용하면서 다양한 촉감과 형태, 공간을 경험할 수 있는 놀이는 감각과 운동에 관여하는 대뇌피질 발달에 도움이 됩니다.

응용해요!

도형 끼우기 장난감이 없을 때는 빈 각티슈 안에 작은 물건들을 넣으면서 놀아보세요. 물건의 모양에 맞게 상자에 구멍을 내고 놀이하세요.

엄마를 위한 발달 상식

아기는 시각·청각·촉각 등의 감각을 통해 뇌에 정보를 전달하고 사물을 이해합니다. 아기가 여러 가지 모양의 자석을 가지고 놀면서 어떤 것은 붙고 또 어떤 것은 붙지 않는다는 것을 자연스럽게 경험할 수 있어요.

상호작용할 때

놀이할 때 아기가 스스로 놀이 방법을 찾을 수 있도록 기다려주세요. 아기는 충분히 탐색하면서 방법을 터득해가면 놀이에 더욱 흥미를 가지게 됩니다.

궁금해요 Q&A

Q 돌 선물로 자석블록을 선물 받았어요. 어떻게 놀이하는 것이 좋을까요?

A 이 시기의 아기에게는 자석블록으로 무언가를 구성하는 것이 어렵습니다. 자석블록 중 일부 조각들만 꺼내 아기가 붙였다 떼기를 반복하도록 하거나 냉장고에 붙여보면서 놀도록 해주세요. 이 시기의 아기에게 너무 작은 자석 조각이나 구슬은 위험하니 주의합니다.

12-18개월 감각인지

재미있는 서랍

서랍을 열었다 닫았다 하면서 그 안의 물건을 빼고 넣으며 탐색하는 놀이

● 준비물
아기 서랍장과 그 안의 물건들, 안전용품(손 끼임 방지용)

놀이하기

아기가 서랍장에 관심을 보일 때 몇 개의 서랍만 안전잠금장치를 풀고 놀이하세요.

1 서랍을 열었다 닫았다 하며 아기의 관심을 끌어보세요.
   · (서랍장 문을 두드리며) 똑똑! 누구 있나요?
   · 까꿍! 여기 양말이 있구나.
   · (다시 문을 닫고 서랍장 문을 두드리며) 똑똑! 누구 있나요?
   · 까꿍! 여기 바지가 있구나.
   · (옷을 만지며) 우와~ 수건처럼 부드럽구나. 부들부들~

2 아기가 서랍을 열고 닫으며 서랍 안의 물건을 탐색하게 하세요.
   · 와! 우리 민재가 서랍을 열었구나! 혼자서도 잘하네.
   · 민재 서랍 속에는 무엇이 있을까?
   · 귀여운 토끼 그림 바지도 꺼냈네?
   · 이건 양말이네.

3 아기가 꺼낸 옷들을 입어보고 다시 집어넣는 놀이를 하세요.
   · 우리 아기가 양말을 꺼냈구나. 신어볼까?
   · 엄마 발에 신겨줄 거야? 민재 발에 신는 거구나~
   · (노래를 부르듯) 양말은 어디 있나~ 여기!
   · 여기~ 우와! 우리 민재가 찾았네~ 양말도 있고, 손수건도 있네.
   · 아~ 모자도 찾았네. 이건 민재 모자구나.

4 서랍장 이외에도 부엌의 서랍, 장난감 서랍장 등을 탐색하세요.
   · 어? 그런데 여기 기차가 울고 있구나. 어디에 넣지?
   · 숟가락은 어디다 두어야 할까?
   · (아기가 장난감을 서랍 안에 넣으면) 옳지! 기차가 쏘옥~ 들어갔네.
   · 이제 서랍을 닫아볼까? 양말 안녕~ 옷도 안녕~

탐색할 서랍을 정할 때는 속에 위험한 것은 없는지 안전에 유의하세요.

Point 뇌 발달

그물망처럼 얽혀 있는 신경회로를 통해 아기의 뇌에서는 수많은 정보의 전달이 이루어집니다. 서랍장 속의 옷을 탐색하는 것은 색깔과 촉감을 기억하는 자극이 될 수 있습니다. 이때 뇌는 엄마의 칭찬과 격려를 함께 기억합니다.

엄마를 위한 발달 상식

이 시기의 기억과 지각 및 주의력은 이후 아기의 인지발달의 기초가 됩니다. 따라서 사물의 특성을 비교하면서 비슷한 점과 다른 점을 찾아볼 수 있는 다양한 경험이 필요하지요. 일상생활에서 사용하는 친숙한 물건들을 같은 것끼리 짝지어보고 비교해보는 것은 사물의 특성을 알도록 도와줍니다.

상호작용할 때

아기가 서랍에 관심을 보일 때 무조건 못하게 하기보다는 안전하게 탐색할 수 있도록 도와주세요. 아기는 반복적으로 서랍장을 여닫으면서 공간을 인식하거나 원인-결과를 생각하게 됩니다.

궁금해요 Q & A

Q 서랍을 열어두면 안전상 위험하지 않을까요?

A 서랍을 열어보는 것은 까꿍놀이와 같은 효과를 볼 수 있어요. 위험한 물건(약, 가위 등)이 있는 서랍만 잠그고 아기가 열어서 탐색할 수 있도록 몇 개는 열어놓으세요. 서랍에 말굽 모양의 안전장치(스토퍼)를 끼워 아기가 손을 다치지 않도록 합니다.

12-18개월 사회정서

내 몸을 지켜라!

아기 몸에 포스트잇이나 스티커를 붙였다 떼면서 아기가 스스로 몸을 탐색하게 하는 놀이

● **준비물**
색깔 있는 포스트잇, 작은 스티커

놀이하기

아기가 손가락으로 종이처럼 얇은 것을 능숙하게 잡을 수 있을 때 놀이하세요.

1 **엄마 얼굴에 스티커를 붙이고 아기와 마주보세요.**
   · 엄마 얼굴에 스티커가 붙어 있네. 이게 뭐지?
   · 시윤이가 만져보렴.
   · 이마에도 있고, 코에도 붙어 있네.
   · 시윤이도 붙여볼까?

2 **엄마 얼굴에 있는 스티커를 아기가 떼어보게 하세요.**
   · 시윤이가 스티커를 떼고 싶구나.
   · (스티커를 가리키며) 시윤이가 떼어보렴.
   · 얏! 떨어졌네. 시윤이가 뗐다.

3 **아기의 팔에 스티커를 붙이고 아기가 떼어보게 하세요.**
   · 시윤이 팔에도 스티커가 붙었네.
   · 시윤이가 떼어볼까? 엄마 팔에도 붙여보렴.
   · 시윤이가 잘 안 떼어져서 속상하구나. 엄마가 도와줄게~
   · 짠~! 스티커가 떨어졌네.

4 **아기 물건에도 스티커를 붙여보며 이야기하세요.**
   · 시윤이 공에도 스티커를 붙여보자.
   · 그래~ 컵에도 붙이고 싶었구나.
   · 시윤이가 붙여보렴.
   · 이번에는 떼볼까?

아기에게 스티커 붙이는 곳을 정해주세요.

 **뇌 발달 Point**

몸에 붙은 스티커를 떼어내는 놀이는 기초적인 문제해결을 경험하게 하는 활동입니다. 아기의 뇌는 문제를 해결할 때 새로운 시냅스를 열어 신경세포의 결합에 도움을 줍니다. 손으로 스티커를 붙이고 떼는 활동으로 뇌가 활성화됩니다.

응용해요!

포스트잇에 엄마가 간단한 그림(동그라미, 자동차, 나비, 사과 등)을 그린 뒤 아기가 붙여보게 하세요. 이 놀이를 통해 사물을 익힐 수 있어요.

엄마를 위한 발달 상식

돌이 지나면 아기는 자신의 신체에 대한 인식이 발달합니다. 몸에 붙은 스티커를 떼어내려면 어떤 손을 어떻게 움직여야 하는지 운동적 측면에서 생각하여 문제를 해결합니다. 스티커를 손으로 붙이고 떼는 활동은 눈과 손의 협응력도 길러줍니다.

상호작용할 때

이 시기의 아기는 버튼을 누르거나 스티커를 떼는 데 집중하기를 좋아합니다. 아기가 좋아하는 책의 그림에 포스트잇을 붙여놓고 떼면서 까꿍놀이를 하는 것도 좋아요.

궁금해요 Q&A

Q 아기에게 스티커를 붙였더니 울어요. 어떻게 할까요?

A 아기가 스티커를 보고 울었다면 자신의 몸에 무언가가 붙어 있는 것이 불안하고 싫었던 모양입니다. 이런 경우엔 스티커를 아기 몸에 붙이지 말고 엄마의 몸이나 집 안의 사물(인형, TV, 식탁 등)에 붙였다가 떼는 놀이부터 시작해보세요.

> 12-18개월
> 사회정서

신체 부위 가리키기

노래를 부르며 손가락으로 신체 부위를 짚어보면서 엄마와 정서적 유대감을 형성하는 놀이

● 준비물
눈, 코, 입이 있는 인형

놀이하기

아기가 눈, 코, 입과 같은 단어를 듣고 손가락으로 그 부위를 가리킬 수 있을 때 놀이하세요.

1 **아기와 마주보며 리듬을 붙여서 '시윤이 눈은 어디 있나?' 노래를 부르세요.**
  - (아기 손을 잡고 신체 부위를 가리키며) 지호 눈은 어디 있나? 여~기!
  - 아빠 눈은 어디 있나? 여~기!
  - (눈 대신 귀, 코, 입, 손, 발로 노래하며) 지호 귀는 어디 있나? 여기!

2 **아기와 함께 인형의 신체 부위를 찾아보세요.**
  - 곰돌이 눈은 어디 있나? 여~기!
  - 강아지 코는 어디 있나? 여~기!
  - 오리 입은 어디 있나? 여~기!

3 **여러 신체 부위를 가리키며 노래를 불러보세요.**
  - (어깨를 가리키며) 지호 팔은 어디 있나? 여~기!
  - (엉덩이를 가리키며) 지호 엉덩이는 어디 있을까? 여기!

아기가 눈, 코, 입을 가리키지 못하면 아기 손을 잡고 거울을 보며 말해주세요.

응용해요!
- 눈, 코, 입, 귀, 손, 발이라는 단어가 친숙해지면 팔, 다리, 목, 배, 엉덩이, 배꼽 등의 단어를 소개해주세요.
- 눈 감아보기, 눈 가려보기, 코로 냄새 맡기, 귓속말 해보기, 맛보기 등의 놀이를 하면서 신체 부위의 명칭을 언어로 표현해주세요.

 **뇌 발달 Point**

아기가 알고 있는 단어와 그것의 실제 모습을 연결하는 놀이는 고도의 지적 활동입니다. 놀이할 때 서두르지 말고 아기의 반응을 기다려주면서 관찰할 수 있는 시간을 주는 것이 매우 중요합니다.

엄마를 위한 발달 상식

15개월 아기는 옷이나 사람, 장난감, 동물 등의 이름을 말하면 그것을 가리킬 수 있어요. 18개월경이 되면 발음은 정확하지 않지만 신체 일부를 말하면서 가리킵니다. 또 궁금한 것이 있을 때 "뭐야?"라고 묻기도 합니다. 따라서 18개월 이전의 아기에게 신체 부위의 명칭, 좋아하는 동물이나 익숙한 사물 이름을 자주 들려주고 가리키는 것은 언어발달에 도움이 됩니다.

상호작용할 때

신체 각 부위의 역할을 간단히 이야기하면서 놀이하세요(예: 킁킁킁! 냄새를 맡는 코. 지호 코는 어디 있나?). 이 놀이에서는 신체 부위의 이름을 아는 것뿐 아니라 엄마와 아기의 따뜻한 교감이 무엇보다 중요합니다. 엄마가 리듬 있게 말하거나 노래를 부르면 아기는 사랑을 느끼고 엄마와 정서적으로 교감할 수 있어요.

궁금해요 Q&A

Q 왜 우리 아기는 손가락으로 눈, 코, 입을 가리키지 못할까요?

A 아기가 눈, 코, 입을 가리키지 못한다고 인지적으로 문제가 있는 것은 아니에요. 엄마가 신체 부위를 가리키며 자주 이야기해주면 아기도 자연스럽게 터득하게 됩니다.

12-18개월
사회정서

조물조물~ 밀가루

밀가루 반죽을 손가락으로 누르고 만지면서 모양 찍기를 하는 놀이

● 준비물
밀가루 반죽(당근, 비트 등의 채소즙이나 녹차가루로 색깔을 낸 것), 작은 물건(컵, 딸랑이, 조각 장난감 등)

놀이하기

음식을 만들고 남은 밀가루가 있을 때 채소즙을 섞어 놀이하세요.

1 **밀가루 반죽하는 모습을 아기에게 보여주세요.**
   · 밀가루에 물을 넣고 조물조물~
   · 은성이도 만져볼래?
   · 점점 달라지네?

2 **엄마가 반죽을 눌러보며 만지는 모습을 보여주세요.**
   · 손가락으로 꾸욱~ 눌러볼까?
   · 말랑~ 말랑!
   · 손가락으로 꾸욱~ 누르니까 구멍이 생겼네!
   · 여기도 뿅~ 저기도 뿅~ 뿅뿅뿅뿅뿅!
   · 손으로 주물러볼까? 조물조물~ 주물주물~
   · 엄마 손을 잡고 콩! 콩! 손으로도 통! 통! 통!

집 안의 물건 중에서 모양 찍기 할 것을 찾아보세요.

3 **아기가 반죽을 만져보고 탐색하게 하세요.**
   · 엄마 손바닥으로 눌러볼까? 꾸~욱! 커다란 손바닥 도장이 찍혔네?
   · 은성이가 잡아당기니까 반죽이 쭉~ 늘어났네!
   · 쭉쭉쭉~ 와! 뱀처럼 길다! 엄마랑 같이 해볼까?
   · 엄마 팔에 걸어볼까? 엄마 팔찌! 은성이도 해볼래?
   · 이번에는 은성이 응가 같네? 아이, 냄새~! 응가 냄새.

4 **밀가루 반죽에 여러 가지 물건들을 꽂아보세요.**
   · 길쭉한 빨대를 반죽에 꽂아볼까?
   · 빨대를 반죽에 꾸욱~
   · 은성이가 빨대를 잔뜩 꽂아보고 싶구나.
   · 생일 케이크 모양이 되었네. 생일 축하합니다~
   · 이번에는 세모 조각을 꾸욱~ 찍어보자.

Point 뇌 발달

케이크에 초를 꽂고 불어보는 반복적 놀이를 통해 순서에 따라 다음 행동을 예측하는 것은 전두엽을 자극하는 활동입니다. 또한 반죽의 변형 과정을 직접 눈으로 확인하며 놀이하는 것도 뇌 발달을 자극하는 경험이 됩니다.

응용해요!

밀가루(500g)와 물을 섞어 수제비를 만들 때보다 되직하게 반죽하세요. 소금 1/2작은술과 식용유 1큰술을 함께 넣고 반죽하면 쫀득하고 찰진 점토를 만들 수 있어요. 색깔이 있는 반죽을 만들고 싶다면 자연 색소(채소즙)를 첨가해 반죽합니다. 반죽이 너무 질면 아기의 손에 반죽이 묻어 놀이하기 어려우니 물의 양에 유의하세요.

엄마를 위한 발달 상식

밀가루 반죽놀이는 아기가 자유로운 촉감을 경험하고 소근육을 조절할 수 있게 합니다. 원하는 대로 마음껏 주무르고 찔러보는 경험에서, 어떤 물체를 탐색할 때 찔러보고 싶은 아기의 욕구를 만족시키는 데 도움을 주지요.

상호작용할 때

밀가루 점토를 누르거나 주무르는 동작을 할 때 간단한 리듬과 운율을 넣어 노래하듯 놀이하면 더 좋아요. 아기의 움직임에 따라 적절한 의태어(쑥쑥쑥, 조물조물, 말랑말랑 등)를 들려주면 아기가 자연스럽게 다양한 단어를 경험할 수 있어요.

궁금해요 Q & A

Q 놀이 중간에 아기가 밀가루 반죽을 먹으려고 할 때는 어떻게 하나요?

A 아기에게 이것은 먹는 것이 아니라 놀이하는 거라고 반복해서 이야기해줍니다. 밀가루 점토는 아기 입에 들어가도 크게 해가 되지는 않지만 아기가 입에 넣으려고 할 때마다 "이것은 먹는 게 아니야"라고 주의를 주는 것이 좋아요.

12-18개월
사회정서

치카푸카! 싹싹

인형에게 양치질을 시키며 양치질 습관을 익히는 놀이

● 준비물
아기가 쓰던 칫솔(놀이 후 버려도 되는 것), 아기용 새 칫솔, 양치용 컵, 입이 벌어지는 인형

놀이하기

아기가 양치질을 시작했을 때나 양치질하기 싫어할 때 놀이하세요.

1 아기에게 칫솔과 컵을 보여주고 탐색하게 하세요.
- 치카치카 푸푸~ 이게 뭘까?
- 우리 시윤이가 치카치카 양치질할 때 쓰는 칫솔이네.
- (아기 손에 살짝 문지르며) 어떤 느낌인지 만져볼까?
- 쓱~ 쓱~ 부드럽기도 하고, 싹~ 싹~ 까칠까칠하기도 하네~
- 여기 오글오글 푸~ 하는 컵도 있구나.

2 아기가 칫솔을 가지고 양치질을 하게 하세요.
- (엄마가 칫솔을 이용하여 이 닦는 모습을 보여주며) 엄마랑 양치질 놀이 해볼까? 치카치카 푸푸~
- 시윤이가 칫솔로 치카치카 하는 거예요?
- 우와~ 시윤이가 혼자서 잘하네! 엄마도 시윤이처럼 치카푸카~
- 치카푸카! 싹싹~ 치카푸카! 싹싹~
- 위, 아래, 옆에~ 쓱싹 쓱싹~
- (빈 컵을 들고) 우르르르~ 퇴! 오글오글 푸~

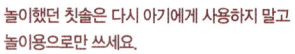
놀이했던 칫솔은 다시 아기에게 사용하지 말고 놀이용으로만 쓰세요.

3 인형으로도 양치질 놀이를 해보세요.
- 이번에는 인형이랑 같이 치카치카 해볼까?
- 치카치카 푸푸~ 와! 이가 깨끗하니까 기분이 좋아졌어.
- 우리 시윤이가 인형한테 양치질을 잘해주네.
- 시윤이도 밥 먹고 엄마랑 같이 깨끗하게 양치질하자.

4 아기에게 새 칫솔을 주고 실제로 양치질을 하게 하세요.
- 여기, 시윤이 새 칫솔이야.
- 물로만 양치할까?
- (스스로 해보려 할 때) 혼자서도 잘하네~

칫솔질은 뇌의 다양한 부분을 자극할 수 있습니다. 아기는 칫솔이 닿는 부위의 촉각과 미각을 경험할 수 있고 손목과 같은 소근육 조작능력도 기를 수 있습니다. 또 칫솔질을 할 때 아기는 어른의 행동이나 놀이 경험을 떠올리며 따라합니다.

· 치카푸카! 싹싹~ 치카푸카! 싹싹~
· 우리 시윤이 이가 반짝반짝 깨끗해졌네.

엄마를 위한 발달 상식
충치 예방을 위해 자기 전에는 반드시 이를 닦는 습관을 기르는 것이 좋습니다. 처음에는 아기가 혼자 양치질을 하게 하다가 마지막에는 부모가 구석구석 이를 닦아주는 것이 좋아요.

상호작용할 때
엄마 아빠가 평소에도 칫솔질하는 것을 보여주거나 인형을 준비해 아기가 직접 칫솔질을 해보며 놀이하는 것은 좋은 양치 습관을 기르는 데 도움이 됩니다.

궁금해요 Q&A

Q 아기가 자꾸 치약을 먹어요. 어떻게 해야 할까요?

A 아기에게 양치질 놀이를 할 때 치카치카 한 뒤 '퉤!' 하면서 뱉는 모습을 보여주세요. 처음 양치를 할 때는 물로만 하다가 이후 치약을 사용할 때도 양치질을 하고 나서 뱉어야 하는 것을 분명하게 일러줍니다. 처음 양치질을 할 때 치약을 쭉쭉 빨아먹으려고 하면 엄마가 "안 돼, 먹지 말고 퉤!"라고 분명히 알려주세요.

12–18개월 신체운동

이불 놀이터

이불이나 커다란 천 위에 올라가 걷거나 그 아래로 지나다니며 공간을 탐색하는 놀이

● 준비물
얇은 이불, 큰 곰인형, 즐거운 음악, 가구(식탁, 의자 등)

놀이하기

아기가 걷기 시작할 때 놀이하세요. 이불이 더러워질 수 있으니 갓 세탁한 이불이라면 주의하세요.

1. **이불을 바닥에 펼쳐놓고 그 위에서 까꿍놀이를 하거나 뒹굴어보세요.**
   - 엄마가 이불을 펄럭여볼게~
   - 시원하지? 바람이 나오네.
   - 여기 곰인형 있네. (이불로 곰인형을 가리고) 어? 곰인형이 없어졌다.
   - 곰돌이 없~다. 찾아봐라. 까꿍~
   - (아기 다리를 이불로 덮고) 지호 다리 없네, 까꿍!

2. **이불 위에 곰인형을 놓고 끌어보세요.**
   - 엄마가 곰인형을 찾아올게. 기다려봐~
   - 지호도 곰인형을 찾아볼까?
   - (곰인형을 이불에 태우고) 이것 봐~ 곰돌이가 이불 자동차 탔네.
   - (집 안을 돌아다니며) 칙칙칙~ 곰돌이가 화장실 앞을 지나요.
   - (멈췄다가 출발하며) 멈췄어요. 다시 출발!

3. **음악을 들으며 아기를 이불에 엎드리게 하여 끌어주세요.**
   - 지호도 이불 자동차 타볼래?
   - 지호가 이불 위에 엎드려보자.
   - 지호가 출발해요. 빵빵!
   - (아기가 탄 이불을 끌며) 빵빵! 지호가 지나가요.
   - (이불을 빙그르르 돌리며) 지호가 빙글빙글 돌아요.

4. **가구(의자, 식탁 등)를 이용해 이불 터널을 만든 뒤 통과해보세요.**
   - (이불 터널을 가리키며) 여기 지나가볼까?
   - (이불 터널 끝에서 아기를 부르며) 이쪽으로 와봐.
   - 곰인형을 잘 찾아왔네.
   - (기어가듯 엎드리고) 엄마 몸으로 만든 터널도 지나가볼까?
   - 한 번 더 지나가볼까?

 **Point 뇌 발달**

이 놀이를 통해 공간에 대한 인식과 운동능력이 함께 발달할 수 있습니다. 이불로 만든 터널을 통과하면서 얻은 운동적 지식은 뇌의 운동영역과 전두엽에 전달되어 뇌 발달을 도와줍니다.

엄마를 위한 발달 상식

이 시기의 아기는 대상영속성(어떤 물체가 눈앞에서 사라진다 해도 그 물체가 없어지는 것이 아니라는 속성) 개념이 발달합니다. 엄마가 손수건으로 장난감을 가리면 아기가 손수건을 치우고 물건을 찾아내기 시작하는 시기이므로 이불놀이를 하면서 까꿍놀이도 하면 좋아요.

상호작용할 때

너무 두껍거나 무거운 이불은 덮었을 때 깜깜하거나 무거워 아기가 겁을 먹고 울 수 있어요. 되도록 빛이 비치는 가볍고 얇은 이불을 선택하는 게 좋습니다. 아기 혼자 이불을 젖히며 기어 나오기 힘들 수 있으므로 이불 한쪽 끝을 엄마가 들어주고 반대쪽에서는 아빠가 이불 안쪽을 들여다보며 아기 이름을 불러주세요.

궁금해요 Q&A

Q 잘 때 불을 끄면 울어요. 불을 켜고 자면 깊은 잠을 못 잘 것 같은데 어떻게 하면 좋을까요?

A 아기가 하는 모든 행동에는 이유가 있어요. 아주 어릴 때부터 습관이 되었거나 자고 싶지 않아서일 수도 있습니다. 아기와 함께 누워 동화나 노래를 불러주거나 작은 스탠드를 켜두었다가 잠들면 끄는 것도 도움이 됩니다.

12-18개월
신체운동

언덕을 넘어서

베개나 쿠션을 이용하여 장애물을 만들고 아기가 기어가거나 걸으며 넘는 놀이

● 준비물
베개, 쿠션, 이불, 곰인형

놀이하기

아기가 자고 일어난 뒤 이부자리를 정리하기 전에 놀이하세요.

1 **아기가 베개나 쿠션, 이불의 촉감과 푹신함을 즐기도록 해주세요.**
   - 이것은 누구 베개지?
   - 은성이가 베개 베고 코~ 잤지?
   - 이불은 누구 거야?

2 **베개(또는 쿠션, 이불)로 만든 장애물을 곰인형이 넘어보게 하세요.**
   - 곰돌이가 베개를 넘어간대. 이렇게~ 콩콩콩!
   - 은성이도 해볼까?
   - (이불이나 커다란 쿠션을 높이 쌓아 언덕처럼 만들고) 곰돌이가 이불 언덕도 넘어가네. 영차! 영차!
   - 은성이도 곰돌이처럼 언덕을 넘어볼까?
   - 엉금, 엉금, 잘도 넘어가네. 옳지!

3 **아기가 곰인형과 함께 베개로 만든 장애물을 넘어보도록 하세요.**
   - 은성이도 언덕을 넘어가보자. 폴짝! 폴짝!
   - (훌라후프를 잡고 높낮이를 조절하면서) 이렇게 기어서 넘어볼까?
   - (아기 손을 잡고) 엄마 손을 잡고 뛰어넘을까?

움직임이 많은 놀이를 할 때 아기가 힘들어하지 않는지 세심하게 살펴보세요.

POINT 뇌 발달

이 놀이를 하면서 균형감각과 공간감각을 함께 경험할 수 있습니다. 아기의 균형감각은 귀의 세반고리관, 전정낭, 소뇌의 발달과 관련이 있습니다. 특히 아기의 균형감각을 향상시키는 운동은 소뇌에서의 신경 연결을 강화하는 데 도움이 됩니다.

엄마를 위한 발달 상식

아기는 이 시기에 경험과 반복을 통해 많은 것을 배웁니다. 한 발 뛰기나 걷기 등 스스로 이룬 신체발달의 수준을 파악해보도록 하세요. 아기가 할 수 있는 수준에서 반복하여 시도해보도록 충분한 기회와 탐색할 시간을 주세요.

상호작용할 때

아기가 놀이 중에 이불이나 쿠션 언덕을 넘다가 균형을 잡지 못해 넘어질 때를 대비하여 바닥에 카펫이나 놀이용 매트를 깔아두면 좋아요. 훌라후프로 장애물을 만들 때는 아기가 넘을 수 있는 적당한 높이로 조절하여 성취감을 느낄 수 있도록 도와주세요. 움직임이 많은 놀이를 하는 중에 아기가 힘들어하면 앉아서 잠깐 쉬거나 물을 마시게 해주세요.

궁금해요 Q&A

Q 이 놀이를 하고 난 후에는 휴식 시간을 가져야 하겠지요?

A 뇌는 주어진 시간 동안 일정량의 정보에만 집중할 수 있어요. 신체기능에 집중적으로 에너지를 소모하고 나면 에너지를 충전하는 휴식이 필요합니다. 하루 일과를 모두 새로운 자극으로 채우려 하기보다는 활동 사이에 수면, 물 마시기 빈둥거리기 등과 같이 충분한 휴식을 취하도록 해주세요.

12-18개월 신체운동

발등에서 댄스

아기를 발등에 올려놓거나 손을 잡아주면서 음악에 맞춰 춤추는 놀이

● **준비물** 왈츠풍의 음악

놀이하기
아이와 함께 움직일 수 있는 공간을 확보한 다음 놀이하세요.

1 엄마 발등에 아기가 올라서도록 해서 걸어보세요.
  · 엄마를 꼬옥 안아볼까?
  · 민재가 엄마 발등에 올라와볼까?
  · 엄마랑 함께 걸어보자. 하나, 둘! 하나, 둘!

2 아기의 두 손을 잡고 빙빙 돌아보거나 폴짝폴짝 뛰어보세요.
  · 엄마와 두 손을 잡아보자.
  · 빙글빙글 돌아볼까?
  · 엄마와 두 손을 잡고 깡충깡충 뛰어볼까?

3 아기를 발등에 올려놓고 음악을 들으며 함께 춤을 추세요.
  · '나비야' 노래를 부르며 엄마와 춤 춰볼까?
  · 춤을 추면서 둥글게 돌아볼까?

음악에 맞춰 춤을 추면서 하나, 둘, 셋, 넷 수 경험도 할 수 있어요.

4 아기의 두 손을 잡고 음악에 맞춰 뛰거나 돌면서 춤을 추세요.
  · 음악에 맞춰서 춤을 춰볼까?
  · 딴딴따, 딴딴따!
  · 쿵짝짝, 쿵짝짝! (리듬을 맞추어) 하나 둘, 하나 둘!

응용해요!
빠른 곡으로 점프하며 춤을 추거나 느린 곡으로 기어가는 동물(거북이, 뱀, 나무늘보 등) 흉내를 내보는 것도 재미있어요.

뇌 발달 Point

이 놀이를 통해 아기는 새로운 음악적 리듬을 뇌의 여러 부위에 쌓아두고 새롭고 유용한 정보를 학습하게 됩니다. 음악을 들으며 걷기, 춤추기 등이 통합적으로 이루어질 때 뇌의 신경세포는 더욱 활발하게 반응합니다.

엄마를 위한 발달 상식

아기가 기분 좋고 즐거울 때 뇌에서는 긍정적 정서를 갖게 하는 신경효소인 오피오이드가 분비됩니다. 즐거운 음악을 듣거나 걷기, 산책하기 등도 긍정적 정서에 도움이 되지요.

상호작용할 때

발등 위에서 걸음을 걷듯이 춤을 추는 동안 엄마의 움직임을 통해 리듬감을 익힐 수 있어요. 음악은 걸음걸이의 박자에 자연스러운 4박자의 음악(예: 작은 별)이 좋습니다. 빠른 곡보다 조금 느린 곡을 골라 움직임에 맞춰 리듬을 느낄 수 있도록 합니다. 발을 옮길 때마다 하나, 둘, 셋, 넷을 리듬감 있게 말해주세요. 자연스럽게 수 경험도 하게 됩니다.

궁금해요 Q&A

Q 발등에 올라서서 함께 춤을 추자고 해도 혼자서 폴짝폴짝 뛰기만 하네요.

A 아기가 엄마의 의도대로 따라주지 않고 혼자 폴짝폴짝 뛰려고 할 때는 마음껏 뛸 수 있도록 시간을 주고 기다려주세요. 아기가 하고 싶은 동작을 충분히 한 뒤에 엄마와 춤을 추면 더 즐겁지요. 또한 빠른 동작에는 빠른 곡의 음악을, 걷거나 기어가는 동작에는 느린 음악을 활용하세요.

12-18개월
신체운동

아장아장 걸음마

밀고 끌 수 있는 장난감이나 공을 가지고 움직이는 놀이

● 준비물
줄이 있거나 손잡이가 있는 장난감, 식탁 의자, 천으로 된 공

놀이하기

아기가 걸음마를 막 시작했을 때 밀거나 끌 수 있는 장난감을 준비해 놀이하세요.

1 아기가 물건이나 엄마 손을 잡고 일어서서 아장아장 걷도록 도와주세요.
   · 엄마 손을 잡고 걸어볼까?
   · 시윤이가 정말 잘 걷는구나.
   · (혼자 몇 발짝 걸으면)시윤아, 엄마 여기 있네.
   · (박수를 치며) 엄마한테 올래?

2 아기가 끌거나 밀 수 있는 장난감을 가지고 걸어보게 하세요.
   · 오리랑 같이 걸어볼까?
   · 영차! 영차! 인형 유모차를 밀어보세요~

3 아기가 식탁 의자의 등받이 쪽을 잡고 밀면서 다니도록 하세요.
   · 시윤이가 의자를 엄마처럼 잡아볼까?
   · 의자 다리를 잡고 밀면서 가볼까? 영차! 영차!
   · 빵빵~ 시윤이 자동차 지나가요.
   · 이쪽으로 와볼까?

4 아기와 함께 굴러가는 공을 쫓아가 보세요.
   · 시윤아 공을 따라가볼까?
   · 데굴데굴~ 공이 저쪽으로 가네. 우리도 가보자.
   · 또 굴려볼까?

아기가 걸음마를 할 때 칭찬과 격려를 많이 해주세요.

걸음마를 할 때 아기에게 목적지가 어디인지 이야기해주면 아기의 운동능력과 함께 공간감각도 발달할 수 있습니다.

응용해요!
- 걸음마를 할 때 천으로 된 매트나 현관용 비닐 매트, 뽁뽁이 비닐 등 다양한 질감을 바닥에 깔아 아기가 걸으며 느낄 수 있도록 하세요.
- 실외놀이터의 모래밭, 낙엽 길 등을 맨발로 걸으며 다양한 질감과 소리를 느끼도록 해주세요.

엄마를 위한 발달 상식

갓 걸음마를 시작한 아기는 걷는 놀이에서 균형감과 보행 방법을 익힙니다. 아기가 의지할 수 있는 물건을 밀면서 걷거나 줄이 달린 장난감을 끄는 행동은 신체운동발달에 도움이 됩니다.

상호작용할 때

엄마가 아기를 부르며 엄마 쪽으로 오라고 할 때는 아기의 걸음마 보행 수준을 고려하여 거리를 조절하세요. 또한 아기가 엄마 가까이 와서 마지막으로 발을 내딛는 순간 아기의 무게 중심이 엄마에게 안기려고 기울어지므로 아기의 안전을 위해 그 자리에서 벗어나지 않도록 하세요.

궁금해요 Q & A

Q 걸을 때 불빛이 들어오는 신발을 좋아해요. 신겨도 괜찮을까요?

A 아기 신발은 신고 벗기 편한 것이 가장 좋아요. 불빛이 들어오는 신발은 아기의 시선을 분산시켜 자칫 위험할 수 있으니 걸음마 초기보다는 안정적으로 걸음마를 할 수 있을 때 신기도록 하세요.

12-18개월 신체운동

나도 할 수 있어요!

집 안에서 점프 동작을 하거나 바깥에서 다양한 지형지물(보도블록, 계단, 경사로 등)을 경험하는 놀이

● 준비물
별도의 준비물이 필요 없어요.

놀이하기

집 안에서 아기가 점프할 수 있는 공간을 찾아보고, 바깥에서는 다양한 걷기를 할 수 있는 장소(계단, 경사로 등)를 살펴본 뒤 놀이하세요.

1 **딱딱한 바닥에서 아기의 두 손을 잡아주고 점프하게 하세요.**
   - 지호야, 점프해볼까?
   - 토끼처럼 깡충깡충 점프해볼까?
   - 캥거루처럼 폴짝폴짝 뛰어보자.
   - 하나, 둘, 셋! 점프!

이 놀이에는 아기와 호흡을 맞추는 것이 중요해요.

2 **쿠션이 있는 곳(침대, 소파, 베개 등)에서 점프해보세요.**
   - 아빠 손을 잡고 점프해볼까?
   - 슝~ 높이 뛰어볼까? 지호가 높이 잘 뛰네.
   - (방석이나 이불을 겹쳐놓고) 방석 위에서 점프해볼까?
   - 아빠 손을 잡고 점프해서 베개 위로 넘어볼까?
   - 더 높이 뛰어볼까?

3 **신나는 노래를 부르며 박자에 맞춰 점프하세요.**
   - 하나, 둘, 셋, 점프!
   - (아기의 두 손을 잡고) 점프! 점프! 점프!
   - '산토끼' 노래를 부르면서 뛰어볼까?
   - 또 점프해볼까?
   - 이번에는 살살 뛰어볼까?

4 **집 밖의 계단이나 경사로에서 걷기를 해보세요.**
   - 계단을 오를(내릴) 수 있니?
   - 아빠 손을 잡고 하나, 둘! 하나, 둘! 계단을 올라가보자.
   - 지호가 계단을 잘 올라(내려)가네.

뇌 발달 Point

아기가 점프하면서 느끼는 자신감과 성취감은 뇌에 좋은 자극이 됩니다. 뇌는 이런 좋은 경험을 기억으로 저장하여 다음번에 다시 점프를 시도할 때 긍정적인 영향을 미칩니다.

응용해요!
계단 오르내리기를 잘하게 되면 계단 마지막 단에서 엄마 손을 잡고 뛰어내리는 연습을 해보세요.

엄마를 위한 발달 상식

점프하기 동작은 수준 높은 운동능력이 필요해요. 점프 동작은 아기가 뛰어오르면서 무릎을 접고 펴는 순간의 순발력을 이용하여 바닥을 차고 오르는 활동으로, 착지할 때 바닥에 두 발로 몸의 중심을 잡아 균형감각을 기르게 됩니다. 점프하기, 계단 오르내리기, 경사로 걷기 등은 아기에게 운동적 성취감과 자신감을 심어주어 긍정적 자존감을 형성하는 데 도움이 되지요. 아기는 다양한 형태의 바닥(계단, 경사로, 자갈길)을 걸으면서 힘을 조절하는 능력을 기릅니다. 따라서 점프하기나 다양한 형태의 길을 걸어보는 경험은 아기의 운동능력뿐만 아니라 인지능력 형성에도 도움이 됩니다.

상호작용할 때

점프하기 동작은 어려운 활동인 만큼 아기가 무서워할 수 있어요. "잘한다~" "정말 높이 뛰었네" 등의 말로 격려해주세요. 아기가 뛰어오를 때 잘 뛸 수 있도록 호흡을 맞춰주는 것도 중요합니다. 아기가 '내가 했어!'라는 자신감과 성취감을 한껏 느낄 수 있도록 격려하고 박수와 환호성으로 칭찬해주세요.

궁금해요 Q&A

Q 겁이 많아 조금이라도 무서움을 느끼면 하지 않으려 해요.

A 조심성이 많고 활동에 참여하는 속도가 더딘 아기의 경우에는 겁을 낼 수 있습니다. 이런 반응은 존중해주는 것이 좋아요. 아기는 말로 의사를 표현하기보다 울음이나 불편한 표정, 뿌리침, 무관심 등으로 두려움을 표현합니다. 아기의 반응을 수용하면서 용기를 낼 수 있도록 도와주세요. 낮은 계단에서 엄마 손을 잡고 뛰어내리거나 작은 점프 동작을 할 때 크게 칭찬해주면서 조금씩 자신감을 갖도록 도와주세요.

12-18개월 신체운동

꾹꾹! 수수깡

수수깡을 부러뜨리며 소근육을 발달시키고 수수깡 조각으로 점토를 꾸미는 놀이

● 준비물
수수깡, 색깔 점토, 작은 상자

놀이하기
아기가 누군가의 생일파티를 경험한 다음날 놀이하세요.

1 아기에게 수수깡을 주고 살펴보게 한 뒤 손으로 부러뜨려보세요.
- 이 기다란 막대는 수수깡이야. 한번 만져볼까?
- 이렇게 하면 똑똑 부러지네. 은성이도 부러뜨려볼래?
- 수수깡이 부러지면 '똑' 하고 소리가 난다. 잘 들어봐.
- 무슨 소리가 났지? 그래, 똑! 소리가 났지.
- 수수깡을 짧게(길게) 부러뜨려볼까?

2 부러뜨린 수수깡을 상자에 담고 쏟기놀이를 해요.
- (작게 자른 수수깡을 머리에 뿌리며) 수수깡 눈이 은성이 머리에 내려요.
- 수수깡을 상자에 담아볼까?
- 흔들어볼까? 찰찰찰~ 소리가 나네.
- 상자를 쏟아볼까?

아기가 마음껏 놀이를 즐기도록 격려해주세요.

3 점토를 보여주면서 케이크의 촛불을 불었던 이야기를 하세요.
- 여기 점토가 있네. 손으로 만져보자.
- 말랑말랑하네.
- 은성이가 잡아당겨볼까?
- 어제 삼촌 생일이었지?
- 삼촌이 생일 케이크 촛불을 어떻게 껐지?
- 후~ 하고 껐지.

응용해요!
수수깡 대신 마른 국수나 스파게티 국수를 이용해도 좋아요.

4 부러뜨린 수수깡을 점토에 꽂고 생일 축하 노래를 불러주세요.
- 은성이가 수수깡을 점토에 꽂아보자.
- 와! 예쁜 케이크가 되었네.
- 생일 축하합니다~ 생일 축하합니다~
- 은성이가 촛불 후~ 불어주세요.
- 와! 생일 축하해!

아기가 수수깡을 부러뜨리거나 점토를 누르는 동안 아기의 뇌에서는 긍정적 감정 상태를 유도하는 기쁨 호르몬인 오피오이드가 분비됩니다. 아기가 마음껏 수수깡을 부러뜨리고 점토를 주물러 기쁨 호르몬이 활발하게 분비될 수 있도록 해주세요.

엄마를 위한 발달 상식

아기의 행동을 언어로 표현해주면 아기의 언어가 발달합니다. 최근 많은 연구에서는 아기가 얼마나 많은 문장을 듣는가에 따라 언어발달에 차이가 나므로 많은 말을 들려주는 것이 좋다고 합니다. 이 시기의 아기에게는 긴 문장보다는 두세 단어의 짧은 문장을 사용하는 것이 좋아요.

상호작용할 때

수수깡을 가지고 반복적인 탐색을 마음껏 할 수 있도록 해주세요. 부러뜨린 수수깡을 집 안에 어지르는 것이 싫어 아기의 활동을 제한하는 것은 좋지 않아요. 색깔 점토에 수수깡을 꽂을 때 예쁘게 꽂기보다는 마음대로 꽂게 해주세요. 또, 생일 케이크처럼 생긴 점토로 상상력을 발휘해 이야기를 들려주고 격려합니다. 아기가 수수깡을 입에 넣지 않도록 주의하여 살펴보세요.

궁금해요 Q&A

Q 안전한 장난감의 크기는 어느 정도인가요?

A 대체로 휴지 속심의 지름보다 작은 크기의 물건은 아직 위험해요. 예를 들어 작은 수수깡 조각, 단추, 콩 등은 아기가 삼킬 수 있으므로 아기 주변에 이런 물건이 없는지 항상 살피도록 하세요. 작은 크기의 재료를 이용할 때는 아기에게 "입에 넣으면 안 돼!"라고 단호하게 말해 안전사고를 예방하세요.

12-18개월
의사소통

우리 가족

사진을 보며 가족과 관련된 이야기를 하는 놀이

● 준비물
가족 사진(얼굴이 크게 나온 사진), 셀로판테이프

놀이하기
가족 사진을 냉장고나 벽, 선반 등에 셀로판테이프로 붙여놓고 놀이하세요.

1. **아기가 벽에 붙은 가족 사진에 관심을 갖도록 하세요.**
   - 민재야, 여기 사진 보자.
   - 누가 있나? 우리 예쁜 민재가 있네.
   - 여기 엄마도 있네. 아빠도 있네.

2. **가족 사진을 손가락으로 가리키며 이름을 알려주세요.**
   - 엄마, 엄마네. 뽀뽀~
   - 또 누가 있을까? 아빠도 있네.
   - (아기가 말소리를 내면) 그래, 민재가 아빠라고 하는 거야?

3. **아기가 사진을 가리키며 내는 소리를 듣고 이야기하세요.**
   - (아기가 '마마마' 하며 엄마 사진을 가리키면) 그래, 여기 엄마가 있네.
   - (아가가 아빠를 가리키면) 아빠, 아빠네. 아빠는 회사에 가셨지?
   - (아기 말소리를 듣고) 오빠가 있네. 오빠가 민재를 보고 있지?
   - (엄마가 손으로 아기를 짚으며) 민재가 웃고 있네. 엄마한테 안겨 있네.

4. **사진 속 사물이나 배경에 대해 이야기해주세요.**
   - 여기 봐봐. 노란 자전거가 있네.
   - 그때 아기 곰돌이 인형이 있었는데. 기억나?
   - 민재야, 여기 우리 가족이 있네.
   - 오빠는 자동차를 타고 있네.

5. **사진을 더 보고 싶어하면 앨범을 꺼내 보여주세요.**
   - 여기 사진이 또 있네.
   - 사진이 보고 싶으면 가지고 와서 봐도 돼.
   - 이 앨범 더 볼까?

아기가 손짓으로 의사표현을 하면 엄마는 적절한 말로 반응해주세요.

 **뇌 발달 Point**

사물의 모양을 구별하거나 사람의 특성을 인식하는 것은 뇌를 활용하는 활동입니다. 가족 사진을 보며 누군지 찾는 놀이는 바로 이런 구별능력의 기초를 다지는 데 도움이 됩니다.

응용해요!

멀리 있어서 가끔 만나는 가족의 사진도 보여주세요. "할아버지랑 할머니랑 놀이공원 갔었지?" "이모도 하나를 보고 있네." 아기가 쉽게 들고 다닐 수 있는 크기의 앨범에 사진을 넣어주세요. 그 어떤 책보다도 좋아하는 책이 됩니다.

엄마를 위한 발달 상식

돌 전후의 아기는 언어표현 능력이 미숙해 한 단어만 사용하거나, 손가락으로 가리키는 것으로 자신의 의사를 표현합니다. 아기가 엄마에게 손짓으로 의사를 표현할 때 엄마가 적절한 말로 반응해주면 아기의 언어발달에 긍정적인 영향을 줍니다.

상호작용할 때

아기가 책이나 사진, 물건을 보고 손가락으로 가리키며 엄마를 쳐다보는 행동은 엄마에게 말 걸기를 하는 거예요. 더 나아가 흥미를 느끼고 있다는 증거이지요. 아기가 관심을 보일 때 적절하게 상호작용해주면 교육적으로 매우 효과적입니다. 이것이 바로 흥미 중심 교육입니다.

궁금해요 Q&A

Q 가족 사진이 있는 앨범이 왜 아기에게 좋을까요?

A 우선 친숙한 사람들과 친숙한 환경을 볼 수 있어 아기가 편안해합니다. 아기에게 친숙한 사람들이라 더 쉽게 흥미를 가질 수 있고 자신의 경험을 떠올리는 기회가 되어 기억력 발달에도 좋습니다. 사진을 보면서 사진에 나오는 사람과 사물, 사람들의 행동 등을 엄마가 말로 표현해주면 아기의 기억력 발달뿐 아니라 언어발달에도 많은 도움이 됩니다.

12-18개월 의사소통

촉감책 보기

주변 사물을 만져보면서 촉감과 관련된 단어를 경험하는 놀이

● **준비물**
촉감을 느낄 수 있는 물건, 촉감책

놀이하기
다양한 촉감을 느낄 수 있는 물건을 모아놓고 놀이하세요.

1 아기의 몸을 이용하여 촉감 탐색놀이를 하세요.
- (아기 볼을 만지며) 시윤이 볼은 말랑말랑~하네.
- (아기 손을 엄마 볼에 대며) 엄마 볼도 보들보들~
- (아기 옷을 만지며) 시윤이 티셔츠는 부드럽네.
- (아기 손을 엄마 티셔츠에 대며) 엄마 티셔츠는 매끌매끌 매끄럽지?

2 장난감을 만져보게 하고 느낌을 이야기해주세요.
- 곰인형도 부들부들~ 부드럽구나.
- 블록은 딱딱하고 차갑구나.
- 시윤이도 만져보렴.

3 촉감을 느낄 수 있는 책을 보며 느낌을 이야기해보세요.
- 시윤아, 병아리 몸 좀 만져봐. 병아리는 보들보들~하네.
- 여기 양은 어떨까? 만져볼까?
- (만져보고 생각할 시간을 잠시 준 뒤) 아, 부드러워~

다양한 촉감이 있는 물건들을 가지고 놀아보세요.

응용해요!
주변에서 아기가 만질 수 있는 물건들의 느낌을 언어로 표현해주세요.
- (잠잘 때) 이불은 푹신푹신해요.
- (목욕할 때) 비누는 미끌미끌하네.
- (젖은 수건을 만지며) 수건이 젖었네. 축축해요.
- (과자 봉지를 만지며) 과자 봉지는 부스럭 부스럭 소리가 나네.

뇌 발달 Point

엄마와의 다정한 대화는 아기의 언어능력뿐 아니라 감성능력을 기르는 데에도 많은 도움이 됩니다. 뇌는 거울뉴런 시스템을 통해 엄마의 다정한 표정과 대화를 함께 기억합니다.

엄마를 위한 발달 상식

이 시기의 아기는 두 단어나 세 단어를 연결하여 이야기할 수 있습니다. 예를 들면, "엄마 물" "엄마 나가(밖에 나가자는 의미)" "엄마 우유" 등과 같이 두 단어를 연결하게 되지요. 따라서 놀이를 할 때 엄마가 "양말 부드러워" "공 딱딱해"와 같이 두세 단어를 연결해 말을 해주는 것이 좋아요.

상호작용할 때

아기가 단어를 연결해 이야기하기 시작했다면 엄마는 그보다 조금 높은 수준, 즉 서너 단어로 연결된 문장으로 이야기해주세요. 아기가 "엄마 물"이라고 이야기하면 "시윤이가 물 먹고 싶구나"처럼 아기가 한 말의 의미가 더 잘 드러나도록 확장해서 문장으로 들려주세요.

궁금해요 Q&A

Q 아기랑 책을 볼 때 글을 다 읽어줘야 하나요?

A 어떤 책은 글이 많고 어떤 책들은 글이 적습니다. 처음부터 모든 글을 읽어주려고 욕심 내면 책읽기가 지루하다고 느낄 수 있어요. 처음 책을 보여줄 때는 글을 모두 읽어주려고 하기보다는 책 표지의 그림을 설명하고 책장을 넘기면서 누가 나오는지, 무엇을 하고 있는지 살펴보며 '그림 읽기'를 해보세요. "이게 누구지?" "이게 뭐지?" "이 친구는 뭐하고 있을까?" 하는 식으로 대화를 하거나 책을 읽어주는 것이 좋습니다.

12-18개월
의사소통

주세요! 주세요!

물건을 주고받으며 사물의 이름을 알아가고 '주세요'의 의미도 알아가는 놀이

● 준비물
바구니, 작은 장난감(인형, 공, 동물 모형, 우유병, 엄마 양말 등)

놀이하기

아기에게 친숙한 물건이나 작은 장난감들을 바구니에 모아놓고 놀이하세요.

1 바구니에 담긴 장난감의 이름을 이야기해보세요.
- 지호야, 바구니에 강아지 인형이 있네.
- 엄마 양말도 있고, 아빠 옷도 있네.
- 지호 우유병도 들어 있구나.
- 이건 뭐지?

2 엄마가 '○○ 주세요' 하면서 아기에게 달라고 말해보세요.
- 지호야, 바구니에서 엄마 양말 꺼내주세요.
- 그래, 지호가 엄마 양말을 잘 꺼내줬구나~
- 이번에는 강아지 인형 주세요.
- 지호가 강아지 인형을 꺼내줬구나.
- (아기가 주는 물건을 받으며) 고맙습니다.

3 아기에게 물건을 설명하고 찾도록 도와주세요.
- 지호야, 엄마 머리핀 찾아주세요~
- 지호가 엄마 머리핀을 잘 찾았구나.
- 지호가 좋아하는 부릉부릉 어디 있지?
- 지호가 "주세요" 해볼래?
- (아이 손에 놓아주며) 여기 자동차가 있어요.

아기에게 친숙한 물건을 모아서 놀이하세요.

응용해요!
바구니 대신 속이 보이지 않는 주머니나 비닐 주머니 등을 이용하는 것도 좋아요.

표현언어와 수용언어의 발달 시기는 다르지만 발달 과정은 같습니다. 엄마의 질문에 대답하기 위해서는 엄마의 말을 이해해야 하며 표현능력도 필요합니다. 이 놀이를 통해 언어를 담당하는 뇌를 자극할 수 있습니다.

엄마를 위한 발달 상식

이 시기의 아기들은 장난감을 담았다 쏟았다 하는 놀이를 좋아합니다. 바구니나 주머니에 담아보고, 들고 돌아다니는 놀이를 즐기지요. 아기가 다양한 물건을 탐색할 수 있도록 환경을 마련해주고 물건의 이름도 말하게 하세요. 또 18개월 정도가 되면 "내 거" "뭐야" "또" "줘!" 등의 단어를 말할 수 있습니다. 주고받는 놀이를 하면서 이런 단어를 사용해보세요.

상호작용할 때

표현언어는 수용언어보다 늦게 발달합니다. 엄마가 물건을 주고 아기가 이를 언어로 표현하는 것이 아직은 어려운 단계입니다. 아기는 "주세요"라고만 하거나 손가락으로 원하는 물건을 가리키며 자신의 의사를 표현할 수도 있습니다. 이럴 때 엄마는 "사과. 사과 여기 있어요"와 같이 이야기해주세요. '두껍아, 두껍아' 전래동요의 리듬에 맞춰 아기와 놀이할 수 있어요. '지호야, 지호야, 공을 주세요'라는 가사로 리듬에 맞춰 노래 부르면 아기가 놀이에 훨씬 더 흥미를 보입니다.

궁금해요 Q&A

Q 아기가 '뭐야'라는 질문을 끝없이 해서 대답하기가 힘들어요.

A 사물에 이름이 있다는 것을 안 아기는 '뭐야?'라고 묻기 시작합니다. 이럴 때 엄마나 아빠가 적절히 대답해주면 어휘력과 사고력 발달에 도움이 됩니다. 대답해준 것을 또다시 묻는 것은 반복을 좋아하는 아기의 특징입니다. 이럴 때 귀찮다고 대답을 해주지 않거나 면박을 주면 아기는 질문하기를 꺼려합니다. 아기가 물어볼 땐 언제나 친절하게 짧고 쉬운 말로 대답해주세요.

소리 숨바꼭질 감각인지
냄새 주머니 감각인지
미끌미끌, 폭신폭신 감각인지
끼리끼리 블록 감각인지
뚜껑을 찾아라 감각인지
주르륵 물놀이 감각인지

굴려볼까요? 감각인지
장난감 도장 감각인지
내가 만든 소리 사회정서
아기인형 돌보기 사회정서
인사해요 사회정서
신나는 모래놀이 사회정서
달려라, 수레야! 신체운동

날아라, 비행기! 신체운동
풍선 제트기 신체운동
스타킹 줄다리기 신체운동
그대로 멈춰라! 신체운동
지그재그 걷기 신체운동
풍선그네 신체운동
응가하자, 끙끙! 의사소통
사진앨범 놀이 의사소통
빨래 친구들 의사소통

STEP 4
18 – 24개월

움직이면서 소리를 내는 것처럼 두 가지 이상의 활동을 동시에 진행하면 뇌는 더욱 활성화됩니다. 탐색활동을 할 때 뇌에서 도파민이 분비되면서 새로운 생각을 해내고 성취욕이 생깁니다. 아기가 탐색활동을 하면 할수록 호기심이 왕성해지고 창의적이 됩니다. 이 시기는 오감활동을 통해 지속적으로 뇌를 자극해야 할 때입니다. 오감활동은 뇌의 신경회로가 튼튼하고 치밀하게 자리 잡도록 도와줍니다.

18-24개월 / 감각인지

소리 숨바꼭질

집 안에서 나는 소리에 관심을 갖고 그 물건을 찾는 놀이

● **준비물**
소리가 나는 작은 물건들(알람시계, 소리 내는 자동차, 전동 칫솔 등)

놀이하기

집 안에서 소리가 나는 물건들을 찾아 놀이하세요.

1 집 안에서 나는 소리를 찾아보고 무슨 소리인지 이야기해보세요.
- 무슨 소리가 들리는데~?
- (냉장고를 보며)이게 무슨 소리지? 윙~ 윙~ 윙~
- 우리 시윤이도 소리가 들리니? 냉장고에서 소리가 나네.
- (손을 귀에 대고)냉장고에서 소리가 들린다!

2 소리 나는 다른 물건들도 찾아보고 가까이 가서 만져보세요.
- 소리가 어디에서 나지? 한번 찾아볼까?
- 이쪽인가? 아니네. (손으로 방향을 가리키며)그럼 저쪽인가?
- 그래, 시윤이가 찾았네. 여기서 소리가 나지?
- 라디오에서 소리가 나고 있었구나.
- (라디오 볼륨을 가리키며)여기를 돌려볼까? 소리가 커지네.

3 소리 나는 물건(알람시계, 전동 칫솔, 장난감 등)에 관심을 보이세요.
- 여기도 소리가 들리네.
- (엄마 귀에 갖다 대며)한번 들어볼까?
- 우리 시윤이도 이 소리 한번 들어볼래?
- 째깍째깍, 시계에서 이런 소리가 나는구나~

4 아기가 보지 않을 때 소리가 나는 물건을 숨기고 찾아보세요.
- 이 단추를 누르니 윙~ 소리가 나네.
- 꼭꼭 숨어라! 시계 소리 숨어라!
- 어디서 나는 소리일까?
- 째깍째깍, 시계에서 소리가 나는구나.
- 엄마가 시계 소리를 숨겨볼게. 우리 시윤이가 찾아보자.

아기가 집 안의 작은 소리를 찾도록 도와주세요.

뇌 발달 Point

움직이면서 소리를 내는 것처럼 두 가지 이상의 활동을 동시에 진행하면 뇌는 더욱 활성화됩니다. 탐색활동을 할 때 뇌에서 도파민이 분비되면서 새로운 생각을 해내고 성취욕이 생깁니다. 아기가 탐색활동을 하면 할수록 호기심이 왕성해지고 창의적이 됩니다.

응용해요!

집 안에서 소리를 찾는 놀이는 산책할 때도 응용할 수 있어요. 공원 벤치에 앉아 주위의 소리에 귀 기울여보세요. 여러 가지 소리(바람 소리, 나뭇잎 소리, 개 짖는 소리, 자동차 소리 등)에 대해 아기와 이야기 나눠보고, 사진을 찍어 소리를 기억하게 할 수도 있어요.

엄마를 위한 발달 상식

배변훈련을 시작하는 시기에, 아기가 화장실의 물소리(변기 물 내리는 소리, 수도꼭지에서 물 나오는 소리)에 관심을 갖게 하는 것은 훈련 효과를 높이는 데 도움이 됩니다. 그밖에 집 안 곳곳의 작은 소리를 들어보려고 집중하는 것은 아기에게 중요한 경험입니다.

상호작용할 때

집 안에서 나는 소리는 생각보다 많아요. 수돗물 소리, 문이나 서랍을 여닫는 소리, 물소리, 그릇 소리, 냉장고 소리, 청소기 소리, 드라이기 소리 등 다양한 소리에 아기가 관심을 보이도록 도와주세요. 소리 나는 물건 중 아기에게 안전한 물건을 골라 준비합니다. 엄마는 목소리의 크기나 높낮이를 다양하게 표현해주세요. 아기가 소리를 흉내 낼 때는 격려해주며 충분한 시간을 주고 탐색하도록 해주세요.

궁금해요 Q&A

Q 아기에게 좋지 않은 기계음(냉장고 소리 등)을 들려줘도 괜찮을까요?

A 생활 속에는 많은 기계음들이 있어요. 인간은 소리를 선택적으로 지각하기 때문에 수많은 기계음 속에서도 잘 지낼 수 있습니다. 아기도 이런 선택적 지각의 특성을 지니고 있어 스트레스가 될 만큼의 큰 자극이 아니라면 생활 속 소리 정도는 들려주어도 괜찮습니다.

18-24개월 감각인지

냄새 주머니

생활 속에서 다양한 향기를 경험하는 놀이

● 준비물
패브릭 주머니 3~4개, 향기가 나는 것들(마른 꽃잎, 비누 조각, 캐러멜, 로션 통 등)

놀이하기

향이 나는 물건들을 주머니(또는 손수건으로 싸서 묶은 것)에 넣은 뒤 놀이하세요.

1 향기가 나는 주머니를 보여주고 만져보게 하세요.
- 지호야, 여기 주머니가 있네. 이 안에 뭐가 들어 있을까?
- 이 안에 무엇이 있을까? 같이 만져볼까?
- 와! 냄새도 나네. 무슨 냄새지? 좋은 냄새가 나는구나~

2 주머니 속의 물건을 꺼내서 보여주며 이야기하세요.
- 짠~ 주머니 안에 꽃잎이 있었구나. 흠~ 좋은 냄새!
- 꽃잎 냄새 다시 맡아볼까?
- (꽃잎을 다시 주머니 속에 넣으며) 여기 꽃잎을 넣었어.
- 다시 한 번 냄새를 맡아볼까?

3 아기가 다른 주머니의 향기도 맡아보도록 하세요.
- 여기 다른 주머니도 있네. (코를 갖다 대며) 어떤 냄새가 날까?
- 여기에서 지호 로션 냄새가 나네.
- (주머니 두 개를 들고) 어느 쪽에 캐러멜이 들어 있을까?
- 그래, 지호가 캐러멜 냄새를 찾았구나.
- 비누 냄새 나는 주머니도 찾아볼까?

주머니가 없을 때는 손수건으로 물건을 싸서 냄새 주머니를 만들어보세요.

4 냄새 주머니를 섞어놓고 아기가 냄새를 맡아 물건을 찾아보도록 하세요.
- 어떤 것이 비누가 들어 있는 주머니일까?
- 이 주머니에서 비누 냄새가 나네~
- 다른 주머니에서는 꽃향기가 난다.
- 이번에는 무슨 냄새가 날까?

Point 뇌 발달

인간은 시각 및 후각 자극을 뇌에 저장했다가 필요할 때 꺼내 사용합니다. 따라서 다양한 후각·시각자극 경험은 뇌의 신경회로를 활발하게 하는 데 도움을 줍니다.

응용해요!
놀이를 통해 다양한 후각 경험을 하는 것 외에도 식사 시간이나 산책할 때와 같은 생활 속에서 다양한 냄새를 경험하도록 해주세요. 음식마다 냄새를 맡아보게 하고, 아기가 로션을 바를 때나 엄마가 화장을 한 뒤에도 향기를 맡을 수 있도록 하면 좋아요. 아기에게 엄마가 평소 사용하는 화장품으로 냄새 주머니를 만들어주면 엄마의 좋은 냄새를 기억해 행복하고 편안해집니다.

엄마를 위한 발달 상식
만 2세 전후 아기의 지능은 감각 경험과 함께 발달합니다. 아기가 코로 냄새를 맡고 사물을 유추하여 확인하는 것은 후각과 관련한 여러 가지 정보들을 동시에 처리하는 경험이므로 뇌 발달에 좋은 자극이 되지요.

상호작용할 때
아기가 향기를 맡을 때 엄마가 '좋은 향기가 나네'와 같은 말 외에도 다양하게 표현해주세요. "꽃향기 같다" "엄마 냄새 같다" "사탕 냄새 같다" 등과 같이 구체적으로 말하는 것이 좋습니다.

궁금해요 Q&A

Q 냄새 주머니 같은 놀이보다는 스스로 찾아 시작한 놀이에만 관심을 보여요.

A 아기가 엄마와의 놀이보다 스스로 하는 놀이에 집중하는 것은 그만큼 자극 욕구가 강하기 때문입니다. 아기가 받아들일 준비가 되지 않은 상태에서 무리하게 놀이를 시도하면 매우 힘들어하므로 개인차에 따라 반응하며 놀이하세요.

18－24개월
감각인지

미끌미끌, 폭신폭신

마른 식재료(다시마, 버섯 등)를 물에 넣고 불리면서 촉감의 변화를 느끼는 놀이

● **준비물**
마른 다시마, 마른 버섯, 쟁반, 큰 그릇 2개, 물

놀이하기
마른 다시마와 버섯을 재료로 요리하는 날에 놀이하세요.

1 **마른 다시마와 버섯을 쟁반 위에 놓고 만져보세요.**
  · 이것은 다시마야. 이것은 버섯이고.
  · 우리 은성이가 만져볼까? 냄새도 맡아봐.
  · 만져보니 어떤 느낌이 드니? 가루가 있네~
  · 만져보니 딱딱하네. 따갑다!
  · (부러뜨리거나 찢으며) 모양이 변했네?
  · 잘라보자. 톡! 부러지네. 버섯이 잘 부서지네.

2 **마른 다시마와 버섯을 물에 잠기도록 담가 변화를 지켜보세요.**
  · 마른 다시마랑 버섯을 물에 넣어보자.
  · 은성이가 한번 넣어볼까?
  · 물 냄새를 한번 맡아볼까? 음~ 버섯 냄새.
  · 물에 넣은 다시마를 만져보니 어떤 느낌이 들어?

3 **물에 불린 다시마와 버섯을 손가락으로 만지며 놀아보세요.**
  · 다시마를 손으로 만져보자.
  · 찢어볼까?
  · 다시마가 미끌미끌해졌어.
  · 엄마는 다시마를 손가락에 붙였네? 반지 같다.
  · 은성이의 팔에도 붙여볼까? 와~ 시계 같다.

4 **마른 것과 물에 불린 것을 놓고 함께 비교해보세요.**
  · 마른 다시마도 만져보고 물에 불린 다시마도 만져봐.
  · 마른 다시마는 어떤 느낌일까?
  · (물에 불린 다시마와 버섯을 만지며) 미끌미끌하다~
  · 이것도 다시마고 저것도 다시마야.
  · 이건 딱딱하고 저건 미끌미끌하네?

마른 다시마는 딱딱하고 날카로워 찔릴 수 있으니 주의하세요.

 **뇌 발달**

손을 사용하는 것은 뇌 발달에서 매우 중요한 활동입니다. 손은 필요한 정보를 얻기 위해 움직이기도 하고 이미 얻은 정보를 통해 탐색하기도 합니다. 촉감을 느껴보기 전에 어떤 느낌일지 생각하게 하는 질문은 뇌에서 미리 정보를 구성하고 상상하도록 하므로 매우 유익한 놀이입니다.

응용해요!

마른 다시마와 버섯을 불리고 탐색하는 놀이가 끝나면 그 재료를 가지고 요리하는 과정을 아기에게 보여주세요. 탐색하고 만지며 놀던 재료가 음식이 되는 과정을 보면 아기는 그 음식에 특별한 의미를 가집니다. 음식을 먹는 동안 음식에서 다시마와 버섯 조각을 찾아보도록 하는 것도 좋아요.

엄마를 위한 발달 상식

다시마가 물을 만나 촉감이나 모양이 변하는 것을 관찰하는 놀이는 아기가 사물의 특성에 대한 개념을 형성하는 데 유익한 경험이 됩니다. 마른 다시마나 버섯 이외에도 마른 국수와 익힌 국수, 마른 마카로니와 익힌 마카로니 등을 비교하는 놀이도 해보세요.

상호작용할 때

놀이를 하면서 재료마다 촉감이 어떤지, 형태가 어떻게 변해가는지를 관찰하면서 이야기를 나눠보세요. 버섯과 다시마의 상태에 따라 '가벼운' '가라앉는' '물 위에 동동' '물속에'와 같은 단어도 사용해보세요.

궁금해요 Q & A

Q 음식을 이용한 놀이가 아기의 식습관에 혹시 잘못된 영향을 미치지는 않을까요?

A 다시마, 국수, 두부, 묵 등의 음식은 아기가 촉감을 느껴보는 놀이 재료로 적합합니다. 음식을 이용해 놀고 나면 아기는 식사 시간에도 음식을 손으로 만지며 놀 수도 있어요. 밥상 위에 숟가락과 젓가락, 음식이 놓여 있는 경우에는 식사 시간임을 알려주고 아기가 놀이와 구분할 수 있도록 해주세요.

18-24개월 감각인지

끼리끼리 블록

다양한 블록을 쌓거나 늘어놓으며 블록의 크기와 색깔, 모양을 비교하고 분류하는 놀이

● 준비물
색깔이나 모양이 다른 블록, 상자나 바구니

놀이하기

아기가 블록을 가지고 놀고 난 뒤 정리할 때 놀이하세요.

1 블록을 쌓았다가 무너뜨리는 놀이를 해보세요.
- 민재야, 여기 네모 블록이 있네.
- 같은 모양끼리 쌓아볼까?
- 높아지니까 흔들흔들~ 움직이네.
- 흔들흔들~ 우르르 쾅쾅! 무너져 버렸네.
- 우리 다시 쌓아볼까? 하나씩! 하나씩

2 아기와 번갈아 쌓고 무너뜨리며 놀아보세요.
- 이번에는 민재랑 엄마가 함께 쌓아볼까?
- 엄마가 한 개, 민재가 한 개.
- 엄마가 또 하나, 이렇게 올리고.
- 민재도 조심조심 위에 올려보자.
- 블록이 점점 높아지고 있네.

블록놀이를 통해 자연스럽게 크기와 색깔 개념을 이해하게 됩니다.

3 같은 색깔이나 모양의 블록을 찾아 바닥에 길게 늘어놓으세요.
- 바닥에 블록을 길~게 길~게 길처럼 만들어보자.
- 빨간색만 찾아서 이렇게!
- 또 빨간색 조각을 찾아볼까?
- 이번에는 어떤 색깔로 길을 만들까?
- 네모 모양의 블록만 찾아서 길을 만들어보자.

4 같은 종류의 블록끼리 상자나 바구니에 담아보세요.
- 여기에 같은 블록끼리 모아볼까?
- 네모는 여기에 담고, 올록볼록 블록은 저기에 모아보자.
- 민재는 올록볼록 블록을 여기에 넣었구나. 여기 올록볼록 블록이 많네.
- 그래, 그럼 네모 블록은 어디에 넣을까?
- 네모 블록 친구들은 어디에 있나~?

 **뇌 발달**

블록놀이는 손끝을 움직여 소근육과 관련된 뇌의 영역을 자극합니다. 손을 사용하면 뇌가 많이 활성화됩니다. 따라서 손을 사용하는 놀이는 뇌의 많은 부위가 자극받고 있다는 증거입니다.

엄마를 위한 발달 상식

이 시기의 아기는 블록을 이용해 높게 또는 옆으로 길게 쌓을 수 있어요. 그 다음에는 블록으로 집을 지을 수 있으며 울타리처럼 갇힌 공간을 만들기도 하고 스스로 만든 것에 이름을 붙이기 시작합니다. 같은 모양의 블록을 찾기보다는 같은 색깔 블록을 찾는 것이 더 쉽습니다. 처음에는 같은 색깔을 찾아보는 놀이로 시작하세요.

상호작용할 때

블록은 손의 소근육을 자극하는 간단한 조작놀이지만 색, 모양, 형태, 공간 등 다양한 개념을 함께 학습할 수 있는 좋은 놀이입니다. 블록놀이를 하면서 블록의 특성과 관련된 단어(크다, 작다, 높이, 넓게 등)를 함께 사용하면 놀이의 효과가 큽니다.

궁금해요 Q&A

Q 이 또래의 아기에게는 어떤 블록이 좋을까요?

A 자석블록이나 너무 작은 조각의 블록보다 자유롭게 끼웠다 뺐다 하기에 적당한 크기의 블록이 좋습니다. 나무 블록도 좋지만 무너지기 쉬우니 처음에는 올록볼록한 모양으로 쉽게 끼울 수 있는 플라스틱 블록을 사용하세요.

18-24개월 감각인지

뚜껑을 찾아라

여러 가지 뚜껑을 열었다가 닫으면서 짝이 되는 뚜껑을 찾아 하나씩 맞추는 놀이

● **준비물**
크기나 모양이 다른 뚜껑 있는 그릇 8~10개(돌리는 뚜껑, 여는 뚜껑, 미는 뚜껑 등), 바구니, 마카로니, 콩

놀이하기

크기와 모양이 다른 뚜껑이 있는 물건들을 찾아 바구니에 담은 다음 놀이하세요.

1 여러 종류의 뚜껑이 있는 그릇을 탐색해보세요.
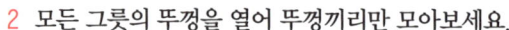
- 여기 그릇들이 있네. 속이 보이는 그릇도 있네.
- 뚜껑을 열어볼까? 어? 어떻게 열지?
- 뚜껑을 잡고 돌려볼까?
- 엄마랑 같이 이렇게~ 뚜껑이 열렸네.
- 이건 옆을 잡아당겨보자. 딸깍! 열렸다!
- 시윤이도 엄마처럼 이렇게 해봐.

2 모든 그릇의 뚜껑을 열어 뚜껑끼리만 모아보세요.
- 엄마 손처럼 커다란 뚜껑도 있고, 시윤이 손처럼 작은 뚜껑도 있네.
- 여기 네모 뚜껑도 있네.
- 시윤이가 동그란 뚜껑도 들고 있구나.
- 시윤이가 뚜껑을 다 열었네.

3 뚜껑을 살펴보고 짝이 되는 그릇을 찾아 닫아보세요.

- 이 그릇의 뚜껑은 어떤 것일까?
- 우리 다시 뚜껑을 닫아볼까? 이 그릇의 뚜껑을 찾아보자.
- (뚜껑을 그릇에 대보고)이걸까? 아니네. 뚜껑이 너무 작다.
- 그럼 이걸까? 그래, 이 뚜껑이 짝이구나.
- 시윤이가 꾹 눌러서 닫아볼래?

4 그릇 안에 마카로니나 콩을 넣어 흔들어보세요.
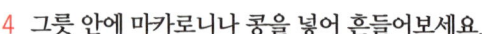
- 엄마가 그릇 속에 마카로니를 넣었더니 소리가 나네!
- 흔들흔들~ 찰찰찰!
- 시윤이도 넣어보고 싶니? 이번에는 쏟아보자.
- 그래, 시윤이가 뚜껑을 열고 넣어보렴.
- 이 그릇에는 콩을 넣어볼까?

뚜껑이 있는 플라스틱 반찬통, 화장품통, 생수병 등을 활용해보세요.

Point 뇌 발달

이 시기의 아기는 뚜껑을 열어보는 활동을 즐깁니다. 뚜껑을 여는 단순한 손 움직임을 즐기다가 뚜껑을 여는 손동작과 열린 뚜껑 사이의 인과관계를 인식하기 시작합니다. 집에서 자주 사용하는 뚜껑이 있는 물건(예: 엄마의 화장품 용기)은 아기의 거울뉴런 시스템에 저장된 정보(예: 화장하는 엄마의 모습)를 활용해 역할놀이(예: 엄마 흉내 내기)를 하는 데 도움을 줍니다.

응용해요!
주방에서 사용하는 여러 종류의 그릇은 좋은 장난감이지요. 크기가 다른 그릇들을 활용해 쌓기놀이를 해보세요. 블록을 쌓을 때보다 균형을 잡기 위해 더 집중하며 흥미로워합니다. 통 안에 마카로니를 넣고 뚜껑을 닫아 흔들어보는 놀이도 재미있습니다. 통마다 마카로니 양을 다르게 넣고 흔들면 소리가 다르다는 것도 알 수 있어요. 노래를 부르면서 마카로니가 든 통으로 박자를 맞춰보세요. 재미있는 음율놀이가 됩니다.

엄마를 위한 발달 상식
아기는 뚜껑의 모양과 크기를 비교하면서 인지적 사고를 하게 됩니다. 뚜껑을 찾는 놀이는 일대일로 대응하는 수학적 사고와 형태지각력 발달과 관련있어요.

상호작용할 때
통과 뚜껑을 맞추게 하려고 억지로 유도하거나 강요하지 마세요. 뚜껑을 맞추는 것보다 그 과정에서 주고받는 상호작용이 아기의 인지발달에 더 중요합니다. 아기의 행동을 잘 지켜보다가 모양, 색깔, 질감, 크기 등을 비교하면서 아기와 이야기를 나눠보세요. 예를 들어 뚜껑이 작아서 통 안에 들어갔다면 "뚜껑이 통보다 작네"라고 이야기하세요.

궁금해요 Q&A

Q 아기가 왼손잡이여서 뚜껑을 열 때도 왼손을 사용해요. 오른손을 사용하도록 고쳐주지 않아도 괜찮을까요?

A 손에 대한 선호는 유전적 경향이 강하다고 알려져 있으며 주위 환경에 영향을 받기도 합니다. 아기는 만 1세 정도부터 양손에 대한 선호가 나타납니다. 아기의 한쪽 손 성향이 확실해지기 전에는 양손을 충분히 사용할 수 있는 놀이를 하는 것이 좋습니다. 어른이 된 후에도 두 손을 사용하는 것이 여러 면에서 더 편리하니까요.

18-24개월
감각인지

주르륵 물놀이

욕실에서 물 위에 물건을 띄우거나 물을 담았다 쏟고, 물에 젖은 물건의 변화를 탐색하는 놀이

● **준비물**
깔대기, 체, 장난감 주전자, 구멍 뚫린 통, 우레탄 조각, 박스 조각, 스펀지, 손수건, 목욕 놀잇감

놀이하기

아기가 목욕을 할 때나 물속에서 놀 때 시작하세요.

1 아기와 함께 손으로 물을 탐색해보세요.
- 지호야, 손을 물에 담가 휘휘 저어보자.
- 척! 척! 척! 물을 치니까 소리가 나네.
- 물을 담아볼까? 엄마가 손으로 담아볼게.
- 물이 손가락 사이로 다 빠져나갔네.

2 여러 종류의 그릇에 물을 담았다 쏟기를 반복해보세요.
- 이 통에 물을 담아보자.
- 우와~ 지호가 통에 있던 물을 다 쏟았구나.
- 이번에는 구멍 뚫린 통에 물을 담아볼까?
- 통을 들었더니 물이 졸졸 나오네. 꼭 비가 오는 것 같다.
- (체를 들어 보이며) 이것으로도 물을 퍼볼까?

물을 만나 변하는 물체(스펀지, 솜 등)를 탐색할 수 있는 기회를 제공해주세요.

3 스펀지를 짜서 흐르는 물을 그릇에 받아보세요.
- 이것은 스펀지야. 한번 만져봐. 폭신폭신하지?
- 스펀지를 물에 띄워볼까? 스펀지가 물에 둥둥 떠 있네.
- 스펀지가 물을 빨아들이네. 와~ 스펀지가 무거워졌다.
- 스펀지를 짜볼까? 물이 떨어지네.
- 꾹꾹! 짜보자. 물이 많이 나오네.

4 우레탄이나 비닐 조각, 손수건에 물을 묻혀 벽에 붙여보세요.
- 이 모양 조각을 벽에 붙여볼까?
- 동그라미 모양이 벽에 꼭 붙었다.
- 벽에 동그라미 모양이 붙었네!
- 손수건에 물을 묻혔더니 색깔이 변했네.
- 이건 어디에 붙여볼까?

 **뇌 발달**

아기는 여러 가지 촉감을 기억할 수 있으며 엄마의 언어적 자극에 반응합니다. 경험하지 못한 새로운 촉감에 대해 두려워할 수도 있습니다. 같은 자극을 반복적으로 경험하면 익숙해지고, 사물에 대한 촉각을 인지할 수 있습니다.

5 스펀지나 손수건의 물을 짜서 조각을 떼어보세요.
- 이제 벽에 붙어 있는 조각들을 떼어볼까?
- 스펀지에서 물이 나온다. 종이가 떨어졌네.
- 비닐이 잘 안 떨어지는구나.
- 그럼 비닐을 스펀지로 떼어볼까?
- 떨어졌네. 다시 붙여볼까?

응용해요!
헝겊, 나무, 플라스틱, 쇠를 손으로 만지거나 볼에 대보면서 온도 차를 느끼는 활동을 해도 좋습니다. 날씨가 더운 여름에는 물에 얼음을 서너 조각 넣고 더 차가워진 물 온도를 느껴보게 하세요.

엄마를 위한 발달 상식
아기는 손으로 물건을 탐색합니다. 손가락 사이로 흐르는 물의 감촉이나 도구를 이용해 높은 곳에서 낮은 곳으로 흐르는 물의 흐름을 관찰하고 물방울을 튕겨볼 기회를 주세요. 손가락과 도구를 사용하면 사물에 대한 인식과 물리적 지식을 얻습니다.

상호작용할 때
욕실은 소리의 울림이 있어 아기에게 말할 때는 천천히 또박또박 하는 것이 좋아요. 아기가 움직일 때마다 엄마가 표현해주면 아기는 자신의 움직임과 말을 연결할 수 있습니다.

궁금해요 Q & A

Q 놀이할 때 물의 온도는 어느 정도가 적당한가요?

A 엄마가 먼저 물에 손을 담가 약간 따뜻하다고 느끼는 정도가 적당합니다. 놀이 전에 항상 물의 온도를 확인하세요. 물 온도뿐 아니라 놀이 공간의 온도도 체크하여 놀이하는 동안 아기가 춥지 않도록 합니다.

18-24개월 / 감각인지

굴려볼까요?

공과 원통을 평지와 경사로에서 번갈아 굴리며 사물의 특성을 탐색하는 놀이

● **준비물**
작은 공(탁구공, 골프공, 볼풀공, 고무공 등), 원통(휴지나 알루미늄포일 속심, 페트병, 분유통 등), 종이판자(과일상자 자른 것)

놀이하기

아기가 공이나 둥근 물건을 굴리는 것에 흥미를 보일 때 놀이하세요.

1 여러 종류의 구르는 물건을 굴려보세요.
- 공이 많이 있네. 은성이는 어떤 공을 굴려볼까?
- 이번에는 다른 것도 굴려보자. 분유통이 데구르르~
- 그래, 은성이가 휴지 속심도 굴려보고 싶구나.
- 바닥에 놓고 데구르르~

2 속이 뚫린 원통에 공을 넣고 굴려보세요.
- 여기에 공이 들어갈까? 공이 쏘옥~!
- 어? 공이 없어졌네.
- (통을 비스듬히 들며) 은성이 쪽으로 데굴데굴~
- 원통을 기울여볼까? 공이 이쪽으로 나왔다!
- (원통을 많이 기울이며) 와! 공이 더 빨리 나왔네.

3 원통에 작은 공을 넣고 불어서 굴려보세요.
- (원통을 평평하게 놓고) 공을 넣고 후~ 불어보자.
- 후~ 불었더니 공이 저쪽으로 나왔네.
- 은성이도 후~ 불어볼래? 어? 공이 움직이네.

4 종이판자를 비스듬히 놓고 공을 굴려보세요.
- 여기에서 공을 굴려볼까?
- 공이 미끄럼틀을 타네. 야호~
- (아기에게 공을 주면서) 은성이가 공을 위쪽에 놓아볼래?
- 공이 데구르르~ 아래로 구르네.

사물 중에서 구르는 특성을 가진 물건을 찾아보세요.

 **뇌 발달 Point**

이 시기는 오감활동을 통해 지속적으로 뇌를 자극해야 할 때입니다. 오감활동은 뇌의 신경회로가 튼튼하고 치밀하게 자리 잡도록 도와줍니다. 아기가 서로 다른 원통과 공의 특성을 잘 이해하지 못하더라도 흥미를 보이는 놀이를 통해 반복 경험을 할 수 있도록 격려해주세요. 굴려보기 놀이는 아기의 오감을 자극합니다.

응용해요!
경사의 각도를 다양하게 바꿔보거나 종이판자의 질감을 다르게 하여 공이 구르는 속도에 변화를 줄 수 있어요.

엄마를 위한 발달 상식

아기는 한 가지 특성에 집중해서 사물을 인식합니다. 하지만 다른 특성을 경험하면 새롭게 인식한 특성을 반복적인 경험을 통해 이해하고, 그 특성을 이미 가지고 있는 사물의 개념에 덧붙여서 개념을 변화시키지요. 이런 과정이 바로 인지발달입니다.

상호작용할 때

휴지의 속심, 분유통 등과 같은 원통형 물체는 옆으로 눕히면 구르고, 똑바로 세우면 구르지 않고 서 있는 특성이 있어요. 아기가 놀이할 때 자연스럽게 이런 사물의 특성을 인지하도록 상호작용해주세요. 또한 아기가 주도적으로 원통 물체를 이리저리 굴려보며 탐색하게 도와주세요.

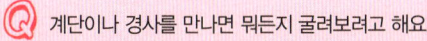 **궁금해요 Q&A**

Q 계단이나 경사를 만나면 뭐든지 굴려보려고 해요.

A 아기가 자신이 깨달은 기초적인 물리적 개념(예: 높은 곳에서 낮은 곳으로 구르는 움직임)을 확인하고 명확하게 인식하기 위해 반복해서 놀이를 시도하려는 거예요. 깨지지 않는 물건으로 다른 사람의 통행에 방해가 되지 않는 범위 안에서 아기가 자유롭게 놀 수 있도록 격려해주세요.

18-24개월 감각인지

장난감 도장

장난감에 물감을 묻혀 종이에 찍으면서 색깔과 점, 선, 면을 탐색하는 놀이

● **준비물**
물감 찍기가 가능한 장난감(바퀴 달린 장난감, 모양 조각, 모양 도장, 각종 뚜껑, 요구르트 통 등), 4절 크기의 종이(달력 뒷면, 신문지나 다 쓴 포장지의 뒷면), 셀로판테이프, 물감 패드, 깔개, 물수건

놀이하기

바닥에 깔개를 깔고 아기에게 물감이 묻어도 좋은 앞치마나 헌 옷을 입힌 다음 놀이하세요.

1 물감 패드를 손가락으로 찍어보며 탐색하세요.
- 어! 이게 뭐지? 손가락으로 찍어볼까?
- 엄마 손에 뭐가 묻었네. 종이에 문질러볼까?
- 종이에 빨간색이 묻었다.
- 이번에는 다른 색도 콕 찍어볼까?

2 장난감에 물감을 묻혀 종이에 자유롭게 찍어보세요.
- 장난감에도 톡톡! 물감을 묻혀볼까?
- 톡톡! 물감을 묻혀 종이에 찍으면~
- 와~ 모양이 찍혔네. 어떤 모양일까?
- 다른 색으로도 해볼까?
- 민재는 다른 장난감으로 해보고 싶구나.
- 민재가 고른 장난감으로 찍었더니 동그란 모양이 찍혔네.

3 신문지를 바닥에 깔고 물감을 묻힌 장난감 자동차를 굴려보세요.
- 민재 손 위에 바퀴를 굴려볼까? 간질간질! 간지럽지?
- 이번에는 자동차 바퀴에도 물감을 톡톡! 묻혀보자.
- 종이 길 위에 자동차가 지나가요~
- 부릉부릉! 바퀴가 데굴데굴~ 자동차가 달려갑니다.
- 이것 봐, 자동차가 지나가니 선이 생겼네.

4 아기와 함께 집 안에서 물감 찍을 물건을 찾아보세요.
- 또 이번에는 어떤 물건을 찍어볼까?
- 와~ 사인펜 뚜껑으로 찍어볼까?
- 동글동글 동그라미 무늬가 찍혔네.
- 이번에는 요구르트 통으로 찍어볼까?
- 어떤 무늬가 찍혔나 볼까?

도장찍기 놀이를 통해 장난감의 표면을 탐색해보세요.

 **Point 뇌 발달**

아기의 뇌는 즐거운 것을 더 잘 기억합니다. 아기가 장난감 도장찍기를 즐거운 활동으로 인식하도록 엄마는 도장 찍기 놀이를 하는 동안 아기의 손과 옷이 더러워지는 것을 걱정하지 말고 마음껏 놀이에 참여하도록 지켜봐주세요. 엄마와 함께 신나고 즐거운 시간을 보내는 동안 아기 뇌의 놀이체계가 활성화됩니다.

응용해요!

모양 찍기를 할 수 있는 물건에 여러 가지 색을 찍어보는 놀이를 해보세요. 점토를 활용해 점토에 찍기 놀이를 하면 모양이나 크기를 지각하는 데 더욱 좋습니다.

엄마를 위한 발달 상식

색깔이나 모양에 대해 관심이 많은 시기이지만 아기가 그 이름을 정확히 알고 말하기는 어려워요. 놀이를 통해 색깔이나 모양의 이름을 반복해서 들으면 자연스럽게 이름을 익힙니다. 아기에게 애써 가르치려고 하기보다는 색깔을 탐색하며 구분할 수 있도록 놀이를 반복적으로 하는 것이 더 바람직합니다. 이 시기의 아기는 신체조절능력이나 눈과 손의 협응력이 충분히 발달하지 않았으므로 큰 종이를 주고 마음대로 활동할 수 있게 하세요.

상호작용할 때

도장찍기를 할 때 쿡쿡 찍혀 나오는 모양을 관찰하는 것뿐 아니라 여러 개의 모양을 연결하거나 겹쳐서 찍을 수도 있다는 것을 알려주세요. 도장찍기를 하는 동안 선과 모양, 색깔 이름에 대한 언어적 상호작용을 반복해주세요. 도장찍기에 사용하는 물감 패드는 물감에 물을 아주 조금만 섞어야 도장을 찍었을 때 모양이 선명하게 나타나 놀이에 흥미를 가질 수 있습니다.

궁금해요 Q&A

Q 잉크 패드도 도장찍기에 사용할 수 있나요?

A 사무용 잉크 스탬프는 잘 지워지지 않습니다. 장난감 도장찍기 놀이에는 영유아용 무독성 잉크 패드를 사용하면 좋아요. 꼭 이것이 아니더라도 손수건이나 물티슈에 수성물감을 묻혀 사용해도 됩니다.

18-24개월 사회정서

내가 만든 소리

음악을 들으며 골판지에 자유롭게 선을 그리면서 소리와 선을 탐색하는 놀이

● **준비물**
올록볼록 에어비닐, 골판지(또는 종이박스), 아기용 크레파스, 동요 CD(아기가 평소 즐겨 듣는 빠른 템포의 음악)

놀이하기

과일상자 속에 든 골판지나 물건 포장용 에어비닐을 모아두었다가 놀이하세요.

1 **에어비닐이 터지는 것을 보여주고 아기가 터뜨리게 하세요.**
  · 톡! 톡! 이게 무슨 소리지?
  · 바닥에 붙어 있는 게 무엇일까?
  · 시윤이도 엄마처럼 눌렀더니 톡! 톡! 소리가 나네.
  · 비닐 위로 걸어볼까?

2 **아기가 골판지를 만지며 탐색하게 해주세요.**
  · 올록볼록 골판지가 있네.
  · 어떤 느낌이 날까? 울퉁불퉁, 올록볼록하다.
  · 시윤이가 손을 움직이니까 소리도 나네.
  · 손가락으로 따라가볼까? 드르륵~ 드르륵~

3 **골판지에 크레파스로 선을 그릴 때 나는 소리에 관심을 갖도록 하세요.**
  · 크레파스로 그리니 소리가 나네~
  · 드르륵, 드르륵, 쓱쓱쓱~ 시윤이도 해볼까?
  · 시윤이가 손을 빨리 움직이니 소리가 더 커졌어.
  · 이번에는 줄을 따라 주욱~ 길게 그렸구나.

4 **음악을 들으며 바닥에 붙인 에어비닐과 골판지를 밟아보세요.**
  · (제자리걷기를 하며) 시윤아, 맨발로 비닐과 골판지를 밟아보자.
  · 엄마랑 손잡고 왔다갔다 해볼까?
  · (소리를 말로 표현해주며) 올록볼록, 토도독!
  · 이번에는 느리게 움직일까?, 빨리 움직여볼까?
  · 앉아서 손으로 눌러볼까?
  · 그래~ 손가락으로 꾹꾹 누르니 톡! 톡! 소리가 나네.
  · 시윤이는 소리 나는 게 재미있구나.

바닥에 붙인 비닐이 아기 발에 걸려 아기가 넘어지지 않게 테두리를 모두 붙이세요.

 **뇌 발달 Point**

아기는 주변 사물을 끊임없이 탐구하는 능력을 가지고 태어납니다. '잘했어' '옳지' 등과 같은 부모의 긍정적인 피드백은 아기에게 자신감을 주고 두뇌발달의 원동력이 됩니다.

응용해요!

놀이에 사용하는 골판지는 별도로 구입할 필요 없이 과일 상자를 이용하세요. 주변에서 쉽게 구할 수 있는 과일상자의 종이를 한 겹 벗겨내면 골판지가 있습니다.

엄마를 위한 발달 상식

촉감은 다양한 재질의 사물을 접할수록 더욱 세밀하게 발달합니다. 아기는 여러 가지 사물을 자유롭게 만지고 느끼면서 사물과 그 특성을 연결해볼 수 있어요.

상호작용할 때

모양이나 소리를 나타내는 의태어, 의성어를 이야기할 때 목소리의 크기에 변화를 주면서 표현해주세요. 올록볼록(작게), 울퉁불퉁(크게), 또는 톡톡(작게), 툭툭(크게) 등 소리의 크기만으로도 느낌에 차이가 납니다. 이런 차이를 잘 활용해서 놀아주세요.

궁금해요 Q&A

Q 이 놀이는 정서발달에 어떤 영향을 끼치나요?

A 종이에 선을 자유롭게 그리며 재료를 충분히 탐색하는 동안 아기는 자기가 그린 선을 보며 만족감을 느낍니다. 마음껏 그려보고 움직이는 경험은 자신감 형성에 큰 도움이 될 뿐 아니라 부정적 정서를 해소하는 놀이가 됩니다.

18-24개월	# 아기인형 돌보기
사회정서	신생아 때의 옷과 물건들로 인형을 돌보면서 아기가 했던 경험을 표현하는 가상놀이

● **준비물**
아기인형, 아기가 입었던 옷, 담요, 젖병, 숟가락, 포대기 또는 보자기

놀이하기

아기가 신생아 때 입었던 옷과 용품들을 정리하면서 놀이하세요.

1 아기에게 인형과 아기 용품을 보여주세요.
- 우리 지호가 좋아하는 아기인형이네~
- 지호가 아기인형을 꼬옥 안아주는구나.
- 우와~ 지호가 꼭 안아주니까 아기인형 기분이 좋은가 봐.
- 여기 지호가 아기 때 입던 옷이랑 담요가 있네. 아이 귀여워~

2 인형에게 아기 옷을 입히고 젖병 물리는 모습을 보여주세요.
- 인형에게 지호가 입었던 옷을 입혀줄까?
- 이쪽에 오른팔을 쑥~ 끼우고, 또 왼팔을 쑥~
- 지호가 인형에게 옷을 잘 입히는구나.
- 어? 아기가 우네~ 배가 고픈가 봐.
- 아기에게 우유 주자.
- 지호가 먹여줄래?

3 아기가 자유롭게 인형을 가지고 놀도록 격려해주세요.
- 인형이 졸린가 봐.
- 인형을 코~ 재워주자.
- 지호가 인형을 포대기로 업어주고 싶구나.
- 엄마가 도와줄게.
- 지호가 인형을 안아주고 싶구나.

4 인형을 눕혀놓고 자장가를 부르며 재워주세요.
- 아기가 너무 많이 놀았더니 피곤한가 봐.
- 아기인형을 어디에 눕힐까?
- 그래, 지호가 아기인형을 이불 위에 눕히고 싶구나.
- (인형을 토닥이며) 우리 지호가 토닥여주니 아기가 코~ 잠을 자네.

엄마가 아기인형을 안거나 다룰 때 바르게 안고 소중히 다루는 것을 보여주세요.

뇌 발달 Point

아기가 정서적인 보살핌을 충분히 받으면 부정적 감정을 표현할 때 떼쓰기와 같은 원시적인 방법이 아닌 적절한 언어로 표현하는 능력을 갖게 됩니다. 이는 좌뇌와 우뇌 사이에서 정보를 전달하는 뇌량의 회로가 발달하기 때문입니다. 인형 돌보기 놀이를 하면 부정적 감정을 해소하게 되고 뇌량의 발달에 도움이 됩니다.

응용해요!
실제로 아기를 돌보는 모든 행동을 놀이로 연결해보세요. 기저귀 갈기, 목욕 시키기, 밥 먹이기, 유모차 태우기 등 아기가 직접 경험했던 일들을 엄마 아빠처럼 해보도록 하세요.

엄마를 위한 발달 상식

가상놀이는 18개월경부터 시작해 두 돌 무렵에는 주제가 있는 가상놀이로 발전합니다. 가상놀이는 아기가 '상징'을 사용할 수 있게 되었다는 인지발달의 신호이지요. 아기는 인형을 안고 뽀뽀하는 등의 놀이를 하다가 점차 블록을 가지고 전화를 하는 등 좀 더 높은 수준의 놀이를 하게 되지요. 이 시기의 아기는 인형놀이를 통해 자신의 경험을 떠올려 자연스럽게 다른 사람의 감정과 느낌에 공감하는 것을 배우게 됩니다.

상호작용할 때

이 놀이는 아기가 전에 쓰던 물건을 그대로 사용하는 것이 포인트입니다. 또한 이유식을 주거나 재우기 놀이를 할 때에도 실제로 아기에게 했던 것을 그대로 재현하는 것이 중요해요. 즉, 매일매일 아기의 다리를 주무르고 자장가를 불러주었다면 놀이에서도 인형의 다리를 주무르고 자장가를 불러주면서 놀이합니다. 아기가 경험한 일을 인형놀이로 표현하면 추상적·개념적 사고가 발달합니다.

궁금해요 Q&A

Q 아들이 인형놀이를 좋아해 할머니 할아버지께서 좋아하지 않으시네요. 어떻게 할까요?

A 인형놀이를 남자놀이, 여자놀이로 구분하는 것은 무의미합니다. 아기의 놀이는 그냥 놀이일 뿐이에요. 오히려 인형놀이를 하면서 속상한 일, 기쁜 일 등의 감정 표현을 할 수 있는 기회를 갖게 되어 도움이 됩니다.

18-24개월 사회정서

인사해요

놀이터에서 아이들과 인사하거나, 다른 여러 가지 상황에서 다양한 인사나 대화를 해보는 놀이

● **준비물**
별도의 준비물이 필요 없어요.

놀이하기
아기와 함께 놀이터에 나가 아이들을 만날 때 놀이하세요.

1. **아기가 놀이터 주변에 있는 사람들에게 관심을 갖도록 하세요.**
   · 놀이터에 나오니 친구들이 많이 있구나.
   · 지난번에 만났던 시윤이도 있네.
   · 시윤아 안녕? 시윤이 어머니도 안녕하세요?

2. **주변에서 놀이하는 아이들 옆으로 다가가 관찰하세요.**
   · 지호가 시소를 타고 있구나. 쿵덕! 쿵덕!
   · (엄마가 먼저 인사를 하며) 안녕?
   · (동네 아이가 인사를 하면) 은성이도 안녕! 해보자.
   · (다른 아이에게 다가가며) 오빠가 모래놀이를 하고 있구나.
   · (엄마가 먼저 인사를 하며) 오빠 안녕?

3. **다른 아이와 부딪히거나 양보를 받았을 때 적절한 인사를 하세요.**
   · (다른 아이와 부딪혔을 때) 은성아 '미안해' 하는 거야.
   · 그래, 은성이가 '미안해'라고 잘 말했어.
   · (다른 아이가 양보를 해주었을 때) 언니가 은성이에게 양보해주었네.
   · 언니야 고마워~
   · 은성이도 언니한테 '고마워'라고 이야기해보렴.

4. **아기가 인사하기를 어려워하면 인사하는 모습만 보여주세요.**
   · 은성이가 인사하는 게 부끄러웠구나.
   · 괜찮아, 다음에는 인사해보자.
   · ('고마워'라고 말하고) 은성이도 다음에는 엄마처럼 말해보자~

만나는 사람들에게 손을 흔들며 반갑게 인사하세요.

뇌 발달 Point

아기는 다른 사람과의 경험을 통해 대인관계를 배우게 됩니다. 뇌의 전두엽은 대인관계와 연관이 있는데 스스로 감정을 조절하고 상대방을 이해하는 역할을 담당하기도 합니다. 하지만 어른과 비슷한 수준으로 타인을 배려하고 양보하는 것은 3세 이후에야 가능하니 아직 어린 아기를 꾸중하지는 마세요. 대신 아기는 다른 사람의 행동을 기억해두었다 따라하므로 엄마가 다른 사람들과 긍정적인 사회적 관계를 형성하는 것을 자주 보여주는 것만으로도 사회성 발달에 도움이 될 수 있습니다.

응용해요!
엄마가 손가락 인형을 활용해 아기와 인사나누기를 해보도록 하세요. 손가락 인형과 엄마가 인사를 나누고 아기와도 인사를 나누면서 놀이합니다.

엄마를 위한 발달 상식

아기는 어른의 행동을 모방하면서 사회생활에 필요한 행동을 익힙니다. 부모와 언어적 상호작용을 하면서 아기의 생각이 자라나게 됩니다. 이때 아기가 스스로 행동하게 하고 도움이 필요한 순간에 도와주어 아기가 자신감을 가질 수 있도록 하세요.

상호작용할 때

처음 보는 친구에게 말을 걸거나 인사하는 것을 어려워하는 아기도 있습니다. 이럴 때는 강요하지 말고 엄마가 먼저 인사하는 모습을 보여주세요. 곧바로 인사를 따라하거나 친구와 이야기하지 않더라도 다음 번엔 기억해내고 시도하기를 기다리세요.

궁금해요 Q&A

Q 아기가 놀이터에서 낯선 사람에게 다가가는 것을 싫어해요. 어떻게 해야 할까요?

A 이 시기의 아기는 아직 타인과 관계를 적극적으로 맺을 수 있는 나이가 아닙니다. 조금씩 또래 아이들에게 관심을 가지고 함께 있는 것을 좋아하기 시작하지요. 아기가 모르는 아이들 곁에 다가가는 것을 꺼려한다면 무언가 불안하고 낯선 것이 싫기 때문일 거예요. 아기가 싫어할 때 억지로 다가가기보다는 먼저 아이들이 노는 모습을 거리를 두고 관찰하게 하여 낯선 느낌을 서서히 줄일 수 있게 충분한 시간을 주세요.

18-24개월 / 사회정서

신나는 모래놀이

여러 가지 도구와 물을 사용하여 모래의 성질을 탐색하는 놀이

● **준비물**
모래, 물, 모래놀이 도구(플라스틱 삽, 통, 체 등), 짧은 나뭇가지, 자연물(돌, 솔방울, 나뭇잎 등)

놀이하기

놀이터 모래 속에 날카로운 조각이나 유해한 오물이 있는지 살펴본 다음 놀이하세요.

1 **손으로 모래를 만지며 모래에 관심을 갖게 하세요.**
   · 엄마가 만져보니 까끌까끌~ 따뜻하네.
   · 모래 속에 손을 쑤욱~ 넣어보자.
   · 모래를 토닥토닥~. 두껍아, 두껍아, 헌 집 줄게, 새 집 다오.
   · 민재는 모래에 손을 넣는 것이 싫구나. 모래를 주르륵 흘려볼까?

2 **모래놀이 도구를 사용하여 놀아보세요.**
   · 여기 엄마가 장난감도 가지고 왔어.
   · 커다란 통도 있고, 조그만 삽도 있네.
   · 삽으로 모래를 떠서 통에 주르륵~
   · 이번에는 모양 틀로 찍어보자.
   · 모래를 꾹꾹! 모양 틀로 누르니 꽃게 모양이 나왔네.
   · 민재가 손가락으로 꽃게 모양을 꾹~ 눌렀더니 구멍도 생겼네.

3 **물과 모래를 이용해 모래를 탐색하세요.**
   · 모래에 물을 부어볼까? 쪼르르~ 쪼르륵~
   · 우와~ 모래 색깔이 변했네. 만져볼까?
   · 주물럭~ 주물럭~ 이번에는 모래가 시원해졌어.
   · 민재는 손으로 만지는 게 싫구나. 그럼 삽으로 해보렴.

4 **짧은 나뭇가지로 모래 위에 그림을 그리거나 자연물을 꽂아보세요.**
   · 여기 나뭇가지와 나뭇잎도 있으니 민재가 마음껏 꽂아봐.
   · 민재가 나뭇가지를 많이 꽂았구나.
   · 멋진 생일 케이크 같아.
   · 아~ 이번에는 나뭇잎도 꽂고 싶구나.
   · 민재가 나뭇가지로 그림을 그렸네.
   · 커다란 동그라미를 그렸구나.

모래놀이를 할 때는 편한 옷을 입고 놀게 하세요.

뇌 발달 Point

모래는 쉽게 부서지고 물과 함께 섞어 다양한 모양으로 변형할 수 있기 때문에 아기가 좋아하는 놀잇감입니다. 손에 모래가 닿으면 감각신경이 흥분되고 전기 신호로 변환되어 뇌에서 그 감각에 대한 정보를 확인하므로 모래놀이는 뇌를 자극하게 됩니다.

응용해요!

요즘에는 놀이터에 우레탄을 깔아놓아 모래놀이를 할 수 없는 곳도 있어요. 그럴 경우에는 주변 화단의 잔디밭에서 간단하게 돌을 모아보거나 나무젓가락을 흙에 꽂아보는 등의 활동으로 모래놀이를 대신할 수 있어요.

엄마를 위한 발달 상식

모래라는 비정형적인 물체를 이용하여 아기가 자신의 정서나 인지 상태를 표현하는 놀이입니다. 자아가 발달하는 만 2세경의 아기에게 도움을 주지요. 아기가 손으로 모래를 자유롭게 탐색하도록 하세요. 모래놀이를 할 때 물이 있으면 더 효과적입니다. 모래가 물에 젖으면 촉감과 느낌이 달라지기 때문이에요. 아기가 무의식 또는 의식적인 생각이나 감정을 표출하여 정서가 순화되도록 돕는 놀이입니다.

상호작용할 때

모래를 만지기 싫어하는 아기에게는 자꾸 모래 만지기를 강요하지 말고 자연스럽게 놀이를 제시해주어 모래를 만져보게 하세요. 예를 들어 모래 흘려보기, 삽으로 모래 떠보기, 모래에 나뭇가지 꽂기 등을 할 수 있습니다.

궁금해요 Q&A

Q 모래를 통해 병균에 감염되지는 않을지 걱정이 돼요.

A 모래를 주기적으로 바꿔주는 놀이터를 이용하는 것이 가장 좋겠지만 모래를 정기적으로 관리하는 일반 놀이터는 흔치 않아요. 모래에 이물질(쓰레기, 유리조각, 벌레 등)이 없는지 눈으로 확인하고, 놀이 후에는 반드시 비누로 손을 깨끗하게 씻도록 하세요. 옷과 머리에 묻은 모래도 잘 털어냅니다.

18-24개월 신체운동

달려라, 수레야!

보자기에 장난감이나 인형을 올려놓고 목표지점까지 아기가 직접 끌게 하는 놀이

● **준비물**
보자기, 인형들 또는 작은 장난감

놀이하기
아기가 걸어다닐 수 있는 공간에서 놀이하세요.

아기가 쉽게 보자기를 끌고 다닐 수 있게 주위를 정돈해주세요.

1 보자기를 살펴보고 인형을 태우는 것을 보여주세요.
- (아기가 보자기를 만져보도록 한 다음) 보들보들 보자기가 시윤이 얼굴에 스르륵~
- 인형 얼굴도 스르륵~
- 이번에는 인형을 보자기에 태워볼까?

2 아기가 직접 보자기를 끌 수 있도록 도와주세요.
- 시윤이가 엄마처럼 보자기를 영차! 영차! 해볼까?
- 시윤이가 인형을 태워주자. 자~ 출발!
- 인형이 재미있나 봐.
- 시윤이가 인형을 또 태워주세요.

3 아기에게 인형이나 장난감을 옮겨달라고 부탁해보세요.
- 이번에는 장난감을 마루에서 방으로 옮겨줄래?
- 보자기에 장난감을 놓고 영차! 영차!
- 와~ 하나, 둘, 셋! 장난감들이 방에 왔네.
- (엄마가 멀리 앉아서) 시윤아, 장난감 가지고 이쪽으로 와.
- (가까이 온 아기를 껴안으며) 이야~ 도착했네.

4 아기와 마주앉아 보자기 위에 장난감을 올려놓고 흔들어보세요.
- (보자기를 아이와 마주잡고) 왔다갔다, 흔들흔들, 장난감들이 흔들거리네.
- (보자기에서 장난감이 떨어지면) 어이쿠, 인형이 떨어졌다.
- 시윤이가 주워줄래?

응용해요!
상자에 끈을 달아 끌기 놀이를 할 수도 있어요. 여러 가지 블록을 상자에 담아 끌고다닐 수 있도록 해주세요.

신체활동은 뇌세포의 성장을 촉진시키고 소뇌, 감각피질, 해마를 자극합니다. 또한 스트레스를 감소시키고 신체 운동능력을 길러줍니다. 따라서 뇌의 활동을 활발하게 하는 가장 좋은 방법은 신체활동이라고 할 수 있습니다.

엄마를 위한 발달 상식

24개월 전후의 아기는 끈이 달린 장난감을 조정해서 움직일 수 있습니다. 이 시기의 아기는 신체 움직임이 유연해지고 달리기를 좋아해 활동량이 늘어나지요. 보자기를 끌면서 장난감이 떨어지지 않도록 힘을 조절하는 경험은 인지발달이나 신체조절능력 발달에도 도움이 됩니다.

상호작용할 때

보자기는 사물의 이동수단이 되고 묶으면 가방도 되는 등 쓰임새가 다양합니다. 아기가 원하는 방향으로 보자기를 잡아당길 수 있도록 크기가 넉넉한 보자기를 준비하세요.

Q 장난감을 이 방 저 방으로 가져다놓고 정리를 하지 않아요.

A 놀이를 하고 나서 정리하는 것까지를 놀이로 생각하도록 습관을 들이는 것이 좋습니다. 장난감을 정리할 때 '집을 찾아주자~' '곰돌이의 집은 어디일까?' '시윤아, 여기!' 등 아기에게 친숙하고 간단한 동요에 가사를 붙여 노래를 부르면 아기가 정리에 흥미를 가지고 참여할 거예요.

18-24개월 신체운동

날아라, 비행기!

아기가 엄마의 다리를 잡고 앉은 상태에서 엄마가 누워 다리를 올려 아기 몸을 공중으로 드는 놀이

● 준비물
별도의 준비물이 필요 없어요.

놀이하기
바닥에 푹신한 이불, 매트를 깔거나 침대 위에서 놀이하세요.

1 아기를 발목에 앉혀놓고 좌우로 흔들어보세요.
- (다리를 모아 쭉 뻗은 상태에서) 지호야, 여기 앉아볼까?
- 손을 꽉 잡고~ 자, 출발합니다!
- 흔들흔들~ 흔들흔들~

2 아기와 마주보고 무릎에 앉혀 상하로 움직이세요.
- (아기의 양 겨드랑이를 잡고) 자, 출발해요.
- (아기를 무릎 위에 앉히고 발목을 올렸다 내리며) 슝~ 올라갑니다. 슝~ 내려옵니다.
- 또 어디에 앉아볼까?

엄마와 놀아도 좋지만 힘이 센 아빠가 해주기에 좋은 놀이예요.

3 누워서 다리 위에 아기를 얹고 비행기처럼 양팔을 뻗도록 도와주세요.
- 발목에 앉아서 비행기를 타볼까?
- 지호는 꼭 잡으세요~
- (아기가 발등에 앉은 상태에서 다리를 구부린 채) 비행기가 올라갑니다~
- (누운 채로 무릎을 움직여 아기 몸이 올라갔다 내려갔다 하도록 조절하며) 슝~ 슝~ 지호가 비행기를 탑니다.

4 다리의 위치나 속도를 바꿔가면서 놀이하세요.
- 지호는 비행기 타고 어디로 갈까?
- 엄마에게 갈까? 슝~ 다 왔습니다. 내리세요.
- 할머니 댁에도 가볼까?
- 이번에는 낮게 갑니다. 슈웅~
- 비행기가 옆으로, 옆으로, 또 반대쪽으로 슈웅~

Point 뇌 발달

아기의 신체활동은 정신건강과 매우 밀접한 관계입니다. 즐거운 신체활동을 하는 동안 뇌에서는 정신건강을 유지해주는 신경전달물질인 오피오이드와 도파민의 배출을 조절하고 혈관의 혈류량을 증가시켜 소화기능이나 산소대사를 수월하게 합니다.

응용해요!

팔로 아기를 안아서 비행기를 태우고 앞뒤 좌우로 움직이거나 빙글빙글 돌면서 보다 많은 공간을 느끼게 해주세요. 단, 아기가 어지럽거나 위험하지 않도록 천천히 안전하게 놀이합니다. 동요 '비행기'를 부르며 놀면 좋아요.

엄마를 위한 발달 상식

아기의 움직임이 유연해지면 음악에 맞춰 몸을 흔들며 박자를 맞출 수 있어요. 엄마 아빠와 함께 놀이하면서 몸을 움직이는 것을 더욱 즐거워하게 됩니다. 특히 아빠와의 친밀한 상호작용은 아기의 발달에 긍정적인 영향을 주지요. 이 시기에는 신체활동을 통해 여러 가지 감각을 익히고 사물을 탐색하여 다른 영역의 발달까지 촉진합니다.

상호작용할 때

아기를 엄마 무릎이나 발등에 앉히고 몸을 움직이거나 기울여서 아기에게 공간감각을 느끼게 하는 놀이입니다. 아기가 안심하고 즐거운 마음으로 놀이할 수 있도록 움직임의 속도를 조절해주세요. 너무 빠른 속도보다는 천천히 움직이면서 아기와 눈도 마주치고 미소를 나누도록 하세요.

궁금해요 Q & A

Q 아빠가 아기랑 너무 거칠게 놀아서 걱정이에요.

A 아빠와 엄마의 놀이는 특성이 다릅니다. 아빠의 거친 신체놀이는 엄마가 해줄 수 없는 좋은 놀이 경험입니다. 아기가 즐거워한다면 놀이를 계속하되 안전에 주의하세요.

18-24개월 신체운동	# 풍선 제트기

수소풍선과 고무풍선을 탐색하고, 공중에서 움직이는 풍선을 따라가는 놀이

● 준비물
수소풍선 2개, 고무풍선 2개

놀이하기

놀이공원이나 행사장에서 공중에 둥둥 뜨는 수소풍선을 받았을 때 놀이하세요.

1 **아기를 안고 떠 있는 수소풍선을 잡아보세요.**
   - 풍선이 높이 떠 있구나.
   - 풍선을 잡았다 놓아주니까, 어? 다시 올라가네?
   - 엄마가 안아줄게. 은성이가 잡아봐.
   - (아기가 풍선 끈을 잡도록 안아주며) 은성이가 풍선 잡았네~
   - 손을 놓았더니 풍선이 다시 슝~ 올라가네.

2 **불지 않는 풍선을 보여주고 팽팽하게 분 풍선도 함께 보여주세요.**
   - (손에 풍선을 감추고) 엄마 손에 들어 있는 것이 무얼까?
   - 빨간 풍선이네. 만져볼래?
   - 풍선을 잡아당겨볼까?
   - (풍선을 천천히 불며) 어? 풍선이 점점 커진다.
   - (풍선들을 보여주며) 풍선이 이렇게 변했네.

3 **팽팽하게 분 풍선을 얼굴에 대고 공기를 빼세요.**
   - 풍선 입을 엄마 얼굴에 대볼게. 슈욱~ 아이 시원해.
   - 은성이 얼굴에도 바람 불어줄까?
   - 느낌이 어떠니? 시원하지?
   - 은성이 손에도 바람 불어줄까?
   - 아이 깜짝이야! 풍선 바람이 나왔네.

4 **팽팽하게 분 풍선의 공기를 빼며 공중으로 날렸다가 주우세요.**
   - 엄마가 분 풍선을 손으로 한번 만져볼래?
   - 잘 봐봐. 풍선이 날아갈 거야. 자~ 하나, 둘, 셋!
   - 슝~ 풍선이 날아가네. 구불구불 날아간다.
   - 풍선을 더 크게 불어서 날려볼까?

다양한 풍선놀이로 아기의 사물인지능력과 신체이동능력을 키워주세요.

Point 뇌 발달

움직이는 풍선을 따라가는 경험은 그 자체만으로도 중요한 의미를 갖습니다. 근육과 신경망이 정교해지면서 이를 바탕으로 새로운 운동기술을 익힐 수 있습니다. 외부에서 뇌로 일방통행하는 감각신경계와는 달리 운동 정보의 흐름은 수많은 회로로 복잡하게 구성되어 있습니다. 바람이 빠진 풍선을 가지고 놀이하는 것도 뇌 발달과 관련 있습니다.

· 날아가는 풍선을 은성이가 잡아볼까?
· 은성아, 풍선 어디 있니? 풍선 찾으러 가자.

응용해요!
3가지 색깔의 풍선을 불어놓고 엄마가 가리키는 풍선을 아기가 가져오는 놀이를 할 수 있어요. 풍선에 끈을 달아 아기가 끈을 잡고 걷거나 달리기를 할 수도 있고, 아기가 끌고 가는 풍선을 엄마가 잡는 흉내를 내며 놀 수도 있지요.

엄마를 위한 발달 상식

이 시기에는 신체이동능력이 향상되면서 혼자 걷다가 달리기로 전환하는 것이 가능해요. 움직이는 물체를 따라 시선을 이동하고 따라가는 놀이는 사물인지능력은 물론, 신체를 의도적으로 움직일 수 있는 능력도 함께 길러줍니다. 풍선에 공기를 넣었다 빼면서 풍선이 변하는 모습을 통해 과학적 사고의 기초가 형성됩니다.

상호작용할 때

풍선은 공기를 넣은 정도에 따라 날아가는 시간이나 모습이 달라집니다. 풍선을 크게 불면 풍선 매듭을 잡은 손을 놓았을 때 더욱 힘차게 오래도록 날아가지요. 풍선의 크기는 어른 얼굴 정도가 가장 적당하며, 아기가 풍선을 잘 관찰할 수 있도록 알맞게 불어주세요.

궁금해요 Q & A

Q 아기가 풍선을 좋아해요. 고무풍선이 아기에게 위험하다는데 걱정이에요.

A 불지 않은 풍선이나 풍선 조각을 가지고 놀다 질식 사고가 일어날 위험이 있으니 주의해야 합니다. 풍선놀이한 뒤 불지 않은 풍선이 남았다면 반드시 아기의 손이 닿지 않는 곳에 보관해주세요. 풍선을 터뜨릴 경우에도 풍선 조각이 주변에 남아 있지 않도록 합니다. 풍선 매듭 부분에 구멍을 내서 공기를 빼는 것이 가장 안전해요.

18-24개월 신체운동

스타킹 줄다리기

스타킹에 신문지를 구겨 넣고 스타킹의 탄성을 이용해 기차놀이, 줄다리기를 하는 놀이

● **준비물**
콩을 넣은 요구르트 병(콩을 넣고 입구를 막은 것), 헌 스타킹, 신문지 여러 장

놀이하기

못 쓰게 된 엄마 스타킹을 모았다가 놀이하세요.

1 스타킹을 당기거나 늘이면서 아기와 함께 탐색해보세요.
- 엄마랑 민재랑 스타킹 줄을 당겨볼까? 영차! 영차!
- 민재가 힘껏 잡아당기고 있구나.
- 스타킹이 점점 길어지고 있어.
- 스타킹이 이만~큼 늘어났네. 정말 길어졌다.

2 스타킹 끝을 묶어 원을 만들어 줄을 잡고 기차놀이를 하세요.
- 엄마가 스타킹 끝을 묶었더니 동그라미 모양이 됐네.
- 엄마가 들어가요. 민재도 들어와보렴.
- 칙칙! 폭폭! 엄마기차가 출발합니다.
- 민재기차도 갑니다. 칙칙! 폭폭!

3 스타킹 속에 신문지를 구겨 넣고 번갈아 당겨보세요.
- 스타킹 속에 신문지를 이렇게 구겨 넣어볼게.
- 민재도 이렇게 구겨서 넣어봐~
- 스타킹을 영차! 영차! 당겨보자.
- 엄마가 당긴다. 영~ 차!
- 이번에는 민재가 당겨보자. 영~ 차!

바닥에 매트를 깔고 놀이하세요.

4 요구르트 병을 스타킹 속에 넣고 당기거나 흔들어보세요.
- (콩을 넣은 요구르트 병을 보여주며) 스타킹 속에 쏘옥 넣어보자.
- 스타킹을 흔드니 소리가 나네.
- 민재가 스타킹 속에 통을 더 넣고 싶구나.
- 그래, 민재가 넣어보렴. 엄마가 여기 끝을 잡아줄게.
- (운율에 맞춰) 흔들흔들~ 스타킹, 마음대로 흔들어~ 이쪽으로, 저쪽으로, 위로 아래로~

Point 뇌 발달

신체발달은 머리에서부터 발끝으로, 신체 중앙에서 말초 방향으로 진행됩니다. 이렇게 예측이 가능한 순서로 비교적 일정하게 운동기술을 습득하는 것은 뇌의 운동신경계가 일정한 법칙에 따라 발달하기 때문입니다.

응용해요!

형이나 누나, 아빠가 가족과 함께 놀이할 수 있어요. 되고 엄마와 아기가 한편이 되어 줄다리기를 해보세요.

엄마를 위한 발달 상식

이 시기의 아기는 눈과 손의 협응력이 급속도로 발달하지만 혼자서 스타킹을 벌려 물건을 넣는 것은 힘들어요. 이때 엄마가 도와주거나 아기에게 충분한 시간을 주도록 하세요.

상호작용할 때

스타킹으로 장난감을 만드는 동안 스타킹의 탄성을 느낄 수 있도록 함께 잡아당기고 손으로 만져보게 합니다. 아기와 줄다리기를 하는 동안 엄마가 갑자기 줄을 놓거나 당기지 않도록 하고 아기가 적절하게 성취감을 느끼도록 힘을 조절하세요.

궁금해요 Q&A

Q 아기의 움직임이 전보다 활발해져 점점 돌보기가 힘들어져요.

A 생후 18~24개월은 신체 움직임이 부쩍 늘어나는 시기입니다. 이때는 집 안에서도 신체활동을 많이 할 수 있도록 해주고 바깥놀이도 자주 함께 하는 것이 좋아요. 신체운동을 통해 다양한 경험을 하는 것은 다른 영역인 지(언어, 사회성, 정서 등)과도 연계되어 발달에 도움을 줍니다.

| 18-24개월 신체운동 |

그대로 멈춰라!

소리가 날 때 움직였다가 소리가 멈추면 동작을 멈추는 놀이

● 준비물
콩이나 쌀을 넣은 작은 페트병 2개(콩이나 쌀을 넣고 입구를 막은 것)

놀이하기

빈 페트병에 곡식을 넣고 뚜껑을 닫아 마라카스를 만들어 놀이하세요.

1 소리가 나는 페트병을 살펴보세요.
 - 어! 통에서 소리가 나네.
 - 이 안에 무엇이 들어 있지? 흔들어볼까?
 - 찰찰찰~ 통통통!
 - 통마다 소리가 다르네.

2 페트병을 규칙적으로 흔들어 그 소리에 맞춰 걸어보세요.
 - 엄마랑 시윤이랑 페트병 소리에 맞춰 걸어보자.
 - (페트병을 규칙적으로 치며) 쿵! 쿵! 쿵! 쿵!
 - 조금 빠르게 쳐볼까?
 - 이번에는 조금 느리게 쿠웅~ 쿠웅~, 느리게 걸어보자.

아기의 운동능력에 맞춰 속도를 조절해주세요.

3 소리가 멈추면 걷기도 멈추는 거라고 알려주세요.
 - (소리를 내다가 멈추는 시범을 보이고) 이렇게 소리가 멈추면 시윤이도 멈춰볼까?
 - 한번 해볼까? 쿵! 쿵! 쿵! 쿵! 멈춰!
 - 소리가 탁! 끝나니까 시윤이가 딱 멈췄네.
 - 시윤이랑 엄마랑 같이 멈췄네.

4 '즐겁게 춤을 추다가 그대로 멈춰라!' 노래를 부르며 놀아보세요.
 - 엄마가 노래 불러줄게. 움직이다 멈춰보자.
 - 즐겁게 춤을 추다가~ 그대로 멈춰라!
 - 시윤이가 멈췄네. 잘했어~
 - 다시~ 즐겁게 춤을 추다가~
 - 시윤이가 재미있구나. 또 해볼까?

신체를 조절하기 위해서는 신체에 관련한 뇌의 영역뿐 아니라 소리를 듣고 구분하여 움직일 수 있도록 뇌 전체가 통합적으로 사용되어야 합니다. 음악을 듣고 신체 움직임으로 표현하는 방법은 뇌 발달에 좋은 놀이입니다.

응용해요!

아기와 함께 움직일 때 엄마가 먼저 다양한 동작을 보여주고 아기가 따라하도록 합니다. 아기와 함께 손을 잡고 폴짝폴짝 뛰거나 빙글빙글 돌기도 하고, 팔만 휘젓는 동작을 할 수도 있습니다.

엄마를 위한 발달 상식

아기는 점차 자신의 신체를 조절하는 방법을 배워나갑니다. 규칙에 따라 동작을 멈추거나 움직이는 것은 인지와 운동능력 모두가 필요한 활동입니다. 아기는 두 발로 점프하려고 하지만 바닥에서 발이 잘 떨어지지 않아요. 달리다가 갑자기 멈추려면 균형을 잡는 능력도 필요합니다. 하지만 이 시기의 아기는 아직 신체를 조절하여 균형 잡는 것에 어려움을 느낄 수 있습니다.

상호작용할 때

동작을 갑자기 멈추는 놀이는 소리를 변별해서 듣는 집중력과 움직이고 싶은 마음을 참아야 하는 의지를 길러줍니다. 아기가 조금이라도 멈췄다면 "참 잘 멈췄어~"라고 칭찬해주세요. 멈춤놀이는 '멈춰'라는 신호에 따라 안전하게 훈련할 수 있습니다. 처음에는 공간을 이동하지 않고 제자리에서 하다가 점차 이동하면서 몸을 움직이다 멈추는 놀이로 발전시키세요.

궁금해요 Q&A

Q 아기가 '그대로 멈춰라!'에 멈추지 않고 계속 장난치며 움직여요. 왜 그럴까요?

A 이 시기의 아기는 신호에 맞춰 움직임을 멈추는 것이 쉽지 않습니다. 아기가 움직이고 싶은 만큼 움직일 수 있도록 놀이해주세요. '멈춰라!'라고 말하기 전에 아기가 좋아하는 움직임을 넣어도 좋습니다. 예를 들어 '즐겁게 춤을 추다가 높이 높이 뛰어요!'라고 해보세요. 아기가 충분히 즐긴 다음 멈추게 해야 제대로 놀이에 응할 거예요.

| 18-24개월 신체운동 |

지그재그 걷기

바닥의 표시를 보고 공간을 탐색하며 여러 가지 이동 동작을 하는 놀이

● 준비물
빠른 음악, 느린 음악, 색 테이프(또는 리본과 셀로판테이프)

놀이하기

바닥에 색깔 테이프를 직선과 지그재그 선으로 붙이고 놀이하세요.

1 아기와 바닥에 붙인 선에 대해 이야기하세요.
 · 이게 무얼까?
 · 어디까지 선이 있나 따라가볼까?
 · 여기는 다른 리본으로 되어 있네.
 · 이 리본은 노란색 리본이다.

2 선을 따라 다양하게 걷는 모습을 보여주세요.
 · 느릿느릿~ 거북이처럼 천천히 걸어보자.
 · 이번에는 지렁이처럼 기어가볼까?
 · 토끼처럼 깡충! 깡충! 해보자.

3 아기를 엄마 발등에 올려놓고 아기와 같이 선을 따라 걸어보세요.
 · 하나, 둘, 셋! 영차! 영차! 선을 따라 걸어요.
 · 미끄러지듯이 걸어볼까?
 · 옆으로 걸어볼까?
 · 뒤로도 걸어볼까?

4 아기가 혼자 선을 따라 걷도록 도와주세요.
 · 선을 밟으면서 앞으로 걸어보자.
 · 이번에는 뒤로, 뒤로 걸어보자. 엄마가 잡아줄게.
 · 꽃게처럼 옆으로도 걸어볼까?

5 음악에 맞춰서 걸어보세요.
 · 음악에 맞춰서 걸어볼까? 빠르게 걸어보자. 빨리! 빨리! 빨리!
 · 이번에는 천천히~ 천천히~

선이 끊기지 않고 잘 이어지도록 붙여주세요.

뇌 발달 Point

처음부터 아기에게 창의적인 동작을 요구하면 뇌는 스트레스로 기억합니다. 창의성으로 가득한 뇌로 단련하는 첫 단계는 신체의 좌우측을 모두 조절하고 익숙한 음악적 리듬감을 기억하며 반응하도록 하는 것입니다. 따라서 일상생활에서 많이 걷고 다양한 음악을 들려주면서 다양한 활동을 서두르지 않고 천천히 시도합니다. 이때 아기에게 긍정적인 반응을 보여주는 것이 중요합니다.

응용해요!

동물의 모습을 흉내 내며 걸어보세요. 엄마가 먼저 동작을 하고 아기가 따라할 수 있도록 합니다. 다양한 동물의 모습을 영상으로 보고 이야기 나눈 뒤 생상의 '동물의 사육제'라는 곡을 들으며 놀이해보세요.

엄마를 위한 발달 상식

18개월 무렵이면 걸을 때 두 다리를 모으고 걸을 수 있어요. 이렇게 걷기 시작하면 가만히 있지 않고 종종걸음으로 걸어다니거나 걷기와 달리기를 자연스럽게 바꿔가며 놉니다. 바닥에 붙인 선들을 따라 아기가 다양하게 걷는 것은 신체운동발달을 돕습니다.

상호작용할 때

걷기놀이는 동작을 통해 방향감과 음악적 리듬감을 연결하는 놀이입니다. 걷는 동작에 방향을 넣어서 앞으로, 뒤로 가라고 이야기해주세요. 놀이를 하면서 방향이라는 개념을 습득하는 새로운 기회가 되지요. 긴 계단에서는 '옆으로 옆으로' 꽃게처럼 걸어보는 것도 도움이 됩니다.

궁금해요 Q&A

Q 계단에서 내려올 때 자꾸 뛰어 내려오려고 해요.

A 아직은 계단을 내려오는 동작이 자유롭지 못한 시기입니다. 계단 한 칸에 두 발을 모두 내려놓은 뒤 다음 칸으로 내려오게 하는 등 안전하게 계단 오르내리기를 연습할 수 있도록 도와주세요. 올라갈 때도 마찬가지예요.

풍선그네

18-24개월 신체운동

긴 끈에 매달린 풍선을 밀거나 치면서 팔을 다양하게 움직이는 놀이

● **준비물**
풍선, 리본 끈, 부채

놀이하기

크기가 다른 풍선 3~4개를 준비하여 어떤 풍선에는 끈을 묶고, 또 다른 풍선에는 끈을 묶지 않은 채로 놀이하세요.

1 **끈 없는 풍선을 보여주고 소리를 내거나 던졌다 받아보세요.**
   - 은성이가 좋아하는 풍선이 있네.
   - 엄마가 만지니 뽀드득 뽀드득 소리도 나네.
   - 풍선을 슝~ 던져볼까? 풍선이 내려오네.
   - 또 해볼까? 슈웅~ 던졌다.
   - 이것 봐, 또 풍선이 내려온다.

2 **끈을 매단 풍선을 아기가 충분히 살펴보게 하세요.**
   - 이 풍선에는 끈이 있네. 풍선을 높이 던져보자.
   - (줄을 잡아당기며) 와~ 줄을 잡으니 풍선이 빨리 내려온다.

3 **끈을 매단 풍선을 아기가 잡고 걷거나 뛰게 하세요.**
   - 은성이가 풍선 끈을 잡고 걸어가고 있구나.
   - 풍선이 통! 통! 통! 따라오네.
   - 이번에는 은성이가 빨리 뛰어가니 풍선도 빨리 따라오는구나.

4 **풍선을 높은 곳에 매달고 다양하게 칠 수 있게 하세요.**
   - 풍선이 매달려 있네.
   - 이쪽에서도 쳐볼까? 풍선이 왔다~ 갔다~
   - 이번에는 손가락으로 통! 통! 통! 이번에는 손바닥으로 탁! 탁! 탁!

5 **부채를 가지고 풍선을 치거나 바람으로 움직이게 하세요.**
   - 이게 뭘까? 이건 부채야. (부채질을 하며) 더울 때 이렇게 하지?
   - 부채로 풍선을 쳐볼까?
   - 이번에는 부채로 바람을 만들어보자.
   - (부채질을 하며) 우와~ 풍선이 움직인다!

아기가 힘들어하지 않게 풍선 줄의 길이를 아기의 키에 맞게 조절해주세요.

Point 뇌 발달

뛰기, 기어오르기 등과 같은 신체 움직임은 아기의 운동 충동이 발산될 뿐 아니라 상위 뇌 발달에도 도움이 됩니다. 풍선을 가지고 놀이하면서 뛰고 달리는 경험은 뇌를 건강하게 합니다. 신체운동을 즐겁게 많이 한 아기는 이후에 감정과 스트레스를 잘 조절할 수 있습니다.

응용해요!

스타킹과 옷걸이로 풍선을 치는 채를 만들어 놀아보세요. 사용하지 않는 옷걸이(세탁소용 흰색 옷걸이)를 풍선 채 모양으로 휜 다음 스타킹을 도톰하게 감아 철사가 삐져나오지 않도록 안전하게 셀로판테이프로 감아줍니다.

엄마를 위한 발달 상식

아기가 걸어 다니는 것보다 달리기를 좋아한다면 풍선 끈을 잡고 달리기를 시켜보세요. 아직 손가락 힘이 세지 않기 때문에 달리다가 풍선이 날아갈 수도 있으니 풍선 끈에 고리를 만들어 잡고 놀이하게 해주세요.

상호작용할 때

아기가 풍선을 치면서 성취감을 느끼도록 풍선 줄의 길이를 아기에 맞게 잘 조절하세요. 풍선의 줄은 천장에서부터 아기의 허리선까지 오도록 하세요. 줄이 너무 길거나 짧으면 아기가 풍선을 손이나 부채로 쳐내기가 어려워요. 투명한 풍선 속에 작게 자른 종이 조각을 넣고 분 뒤 놀이를 하면 아기가 풍선을 칠 때마다 풍선 안의 종이 조각들이 튕기는 것이 보여 재미를 더합니다.

궁금해요 Q&A

Q 아기가 부채로 풍선을 잘 못 치는데 운동능력이 부족한 걸까요?

A 공치기, 공 던져 넣기, 볼링하기 등의 공놀이는 초등학교 저학년 정도에 숙달되는 운동능력입니다. 18~24개월의 아기는 아직 미숙할 수밖에 없으니 아기의 눈높이에서 즐길 수 있도록 많이 연습하게 도와주세요.

18-24개월 의사소통

응가하자, 끙끙!

배변 그림책과 아기의 경험을 연결지어 인형과 아기 변기로 재현해보는 놀이

● 준비물
배변 그림책(변기부분을 포스트잇으로 가려 놓아요), 아기인형, 아기 변기, 신문지

놀이하기

배변훈련을 시작할 시기에 아기가 사용할 변기와 배변훈련 그림책을 준비하고 놀이하세요.

1 그림책 표지를 아기와 함께 보세요.
- 민재야, 친구가 변기에 앉아 있네.
- (책 제목을 손가락으로 하나씩 짚으며) 응, 가, 하, 자, 끙, 끙!
- 응가하자 끙끙, 누가 응가하는 걸까?
- 아하~ 동동이가 응가를 하는구나.

2 포스트잇을 떼어내며 책과 그림을 읽어주세요.
- (포스트잇을 떼면서) 아하, 여기 변기가 있었네.
- (포스트잇을 떼면서) 정말 응가가 풍덩! 했네. 와~ 잘했네.
- 응가하자. 끙! 끙! 하마가 응가를 했을까? 어? 응가다!
- 여기 하마 응가 그림이네.

3 그림책 내용을 떠올리며 아기와 인형 응가놀이를 하세요.
- (인형이 아기에게 말하듯) 엄마, 응가 마려워요. 응가!
- (아기에게) 민재야, 인형이 응가 마렵대. 어떡하지?
- 이 변기에 앉으라고 해볼까?
- (인형 두 손을 잡고) 응가! 해보자. 괜찮아. 응가! 응가!
- 야호~ 인형이 동그란 응가를 했네.
- 휴지로 닦아줄게. 싹싹싹~

4 직접 그림책 내용을 떠올리며 아기가 변기에 앉도록 하세요.
- 민재도 인형처럼 변기에 앉아볼까?
- 곰돌이도 응가하고 싶대. 변기에 앉혀보자.
- (신문지를 구겨 변기통에 넣고) 곰돌이가 응가를 했네.
- 이것 봐, 곰돌이 응가야. 동그란 응가네.

아기에게 변기에 앉으라고 강요하지 마세요.

응용해요!
색깔 점토나 찰흙으로 곰돌이 응가를 만들어보세요. 아기가 매우 즐거워할 거예요.

Point 뇌 발달

인간의 뇌에는 '거울뉴런'이 있어 책을 보면서 경험한 행동이나 다른 사람의 행동을 모방하도록 도와줍니다. 배변 그림책 경험은 즐거운 기분과 연결되어 배변훈련 과정에 도움이 됩니다.

엄마를 위한 발달 상식

24개월 전후의 아기에게 중요한 발달 과업은 배변훈련입니다. 배변훈련도 하나의 놀이로 접근하여 아기가 부담을 갖지 않고 즐겁게 받아들이도록 해주세요. 배변훈련의 성공 시기에는 개인차가 있으며, 이를 무시하고 강요하면 아기의 정서에 좋지 않은 영향을 줍니다.

상호작용할 때

책을 보면서 아기에게 응가를 할 때는 어떻게 힘을 주는지 물어보기도 하고, 엄마가 아기와 함께 얼굴을 찡그리며 변을 보는 흉내를 내는 것도 좋아요.

궁금해요 Q&A

Q 아기가 변기에 앉지 않으려고 해요.

A 아기에게 변기는 낯선 물건이므로 당연한 행동입니다. 먼저 그림책 속 주인공이나 또래, 언니나 형이 변기에 앉는 모습을 보여주세요. 또 자기가 좋아하는 인형을 변기에 앉히고 응가놀이하는 것도 좋아요. 아기가 이런 행동을 할 때 칭찬과 격려를 해주면 편안하게 배변훈련을 할 수 있습니다.

18-24개월 의사소통

사진앨범 놀이

아기 가족 사진이 있는 앨범을 보면서 사람과 사물, 사건에 대해 이야기하는 놀이

● 준비물
사진(10~15장), 미니 앨범(아기가 다루기 좋은 크기)

놀이하기

아기와 가족이 함께 찍은 사진을 작은 앨범에 모아놓고 놀이하세요.

1 앨범의 첫 장을 보면서 아기에게 소개하세요.
- 앨범에 시윤이 사진이 많이 있네.
- (손가락으로 짚어가며) 시윤이, 할머니, 할아버지, 아빠다.
- 시윤이가 엄마 품에 안겨 있구나.
- 할머니랑 놀이터에 갔던 사진도 있네.

2 사진을 보면서 짧은 문장으로 이야기해주세요.
- 할머니랑 놀이터에 갔지.
- 놀이터에서 미끄럼틀도 타고 예쁜 꽃도 봤구나.
- 아빠랑 동물원에도 갔네.
- 여기 시윤이가 변기에 앉아 있는 사진도 있다.

이야깃거리가 있는 사진으로 앨범을 만들어주세요.

3 사진을 보면서 아기가 대답할 수 있게 간단한 질문을 하세요.
- 여기가 어디지?
- (아기가 '할미'라고 답하면) 그래, 할머니 댁이구나.
- 시윤이가 무얼 먹고 있지?
- (아기가 '따가'라고 답하면) 그래, 사과~ 시윤이 사과 좋아하지.
- 이 사람은 누구야?
- (아기가 '빠빠'라고 답하면) 그래, 아빠지? 아빠가 모자를 쓰셨네.

4 사진 속의 사람, 사물을 실제 집 안에서 찾아보도록 해주세요.
- 사진 속에 아빠가 있네. 또 아빠가 어디 있지?
- 그래, 아빠가 시윤이 옆에 앉아 있지.
- (인형을 찾는 척하며) 이 토끼 인형이 어디 있지? 어디 있지?
- 아~ 소파 위에 있구나. 시윤이가 잘 찾았네.

응용해요!
가끔 만나는 가족 사진도 보여주며 놀아보세요.

 **뇌 발달**

언어적 상호작용은 뇌의 언어센터에서 상황을 이해하여 반응하는 것입니다. 수다쟁이 엄마가 되어 아기와 많은 말을 주고받는 것은 아기 뇌의 브로니카 영역을 자극하여 표현언어와 수용언어를 함께 발달시키는 가장 좋은 방법입니다.

엄마를 위한 발달 상식

24개월 무렵의 아기는 사진 속의 자신을 가리키며 자기 이름을 부르거나 '나'라고 말하기 시작해요. 아기는 가족의 얼굴을 구별하고 알아볼 수 있으며 18개월부터 나와 다른 사람을 범주화시키며 이해하기 시작합니다. 가족 사진을 보고 이야기하는 놀이에서 아기의 사회인지능력이 발달됩니다.

상호작용할 때

앨범 놀이에서 대화할 때 먼저 아기의 경험에서 출발하세요. 오래전 사진보다는 최근에 찍은 사진을 이용하는 것이 좋습니다. 긴 문장으로 말하기보다는 사진의 주인공과 사건에 초점을 맞춰 짧은 문장(예: 시윤이 그네 탔네, 시윤이 솜사탕 먹네)으로 대화를 나누는 것이 좋아요.

궁금해요 Q&A

Q 어떤 사진을 얼마나 준비하는 것이 좋을까요?

A 가족 사진, 돌사진이나 놀이공원에서의 사진, 아기가 놀거나 활동하는 사진 등이 좋아요. 이와 같은 사진은 과거의 경험을 떠올리도록 도와주고, 상황을 언어로 표현하게 합니다. 앨범은 아기가 혼자 들기에 무겁지 않은 것으로 준비하고, 사진은 10~15장 정도가 적당해요. 사진을 주기적으로 바꿔주는 것도 좋습니다.

18-24개월
의사소통

빨래 친구들

마른 빨래를 거두며 짝을 맞추고, 크기를 비교·분류하면서 의사소통하는 놀이

● **준비물** 마른 빨래들

놀이하기

건조대에서 빨래를 거두거나 거둔 빨래가 쌓여 있을 때 놀이하세요.

1 빨랫줄에 걸린 빨래들을 바구니에 담아보세요.
- 빨래가 다 말랐네. 빨래를 거둬보자.
- (바구니를 가리키며) 여기에 빨래를 담아보자.
- 이건 엄마 양말, 이건 아빠 티셔츠, 그리고 지호 바지도 있네.

2 여러 가지 옷가지들의 모양, 색깔, 촉감, 냄새를 탐색해보세요.
- (바구니에 담긴 것들을 하나씩 꺼내 보여주며) 이건 빨간색이야.
- 엄마 티셔츠는 빨간색이고 지호 티셔츠는 노란색이네.
- 보들보들~ 보드라운 손수건도 있구나.
- 향기로운 비누 냄새가 난다.

3 양말의 짝을 찾거나 서로 비교해보세요.
- 똑같은 짝도 찾아볼까?
- 파란 양말 한 짝 어디 있지? 또 하나는 어디 있나?
- 그래, 지호가 파란 양말 찾았네.
- 이번에는 아빠 양말 한 짝도 찾아볼까?
- 어디 있나~ 어디 있나? 여기 있다!

4 아기와 함께 가족의 옷을 분류해 옷장에 넣어보세요.
- 아빠 것이 또 있나?
- 엄마 양말을 모아보자. 엄마 양말 어디 있지?
- 지호 옷은 또 어디 있나?
- 우리 옷장에 넣어보자.
- 이건 지호 티셔츠네. 이건 엄마 티셔츠, 이건 아빠 티셔츠.

아기가 혼자서 짝을 찾지 못하면 도와주세요.

Point 뇌 발달

이 시기에는 그림책보다 실물이 강한 인상을 주어 기억도 더 잘합니다. 그림책에 있는 옷보다는 실제 옷을 가리키며 '옷'이라고 말했을 때 뇌는 더욱 잘 기억합니다. 빨래놀이를 하며 옷의 모양과 색깔, 옷의 질감, 크기 등을 경험하는 것은 뇌 발달에 좋은 자극이 됩니다.

응용해요!

세탁한 빨래를 건조대에 널면서 '지호 옷' '지호 양말' '지호보다 크다' '지호보다 작다' 등과 같이 상호작용하세요.
목욕을 하면서 실제 빨래하기 놀이를 해도 좋아요.

엄마를 위한 발달 상식

이 시기에는 물체를 분류하는 능력이 좀 더 구체화됩니다. 빨래놀이를 하면서 물체를 비교하고 분류하는 말들을 들려주세요(예: 이것은 똑같네, 이 양말은 엄마 거). 두 단어를 조합해서 말할 수 있게 되어 의사소통도 더욱 활발해져요.

상호작용할 때

일상생활의 여러 가지 상황에서 아기와 언어적 상호작용을 해보세요. 목욕할 때, 빨래를 널고 갤 때 등의 실제 상황을 아이와의 상호작용 시간으로 활용하는 거예요. 엄마가 일하는 동안에도 아기의 정서를 안정시키며 상황의 맥락에서 언어를 배울 수 있는 기회를 제공할 수 있어요.

궁금해요 Q&A

Q 아기가 모든 걸 혼자 하겠다고 떼를 써요.

A 아기가 스스로 움직이는 시기가 되면 호기심이 늘고 독립심과 자율성이 생깁니다. 누가 대신해주면 혼자 하겠다고 울고 떼쓰는 행동은 독립심과 자율성이 생겼다는 증거이지요. 무조건 못하게 말리기보다는 안전한 환경을 마련해주어 마음껏 하게 하는 것이 필요합니다.

그림자놀이나 리본 흔들기 등의 놀이는 신체조절능력과 감정을 조절하는 힘을 길러줍니다. 놀이를 하는 동안 부모의 따뜻한 말투와 부드러운 스킨십은 아기에게 풍부한 정서적 경험이 됩니다. 편안하고 따뜻한 신체 접촉은 아기의 면역체계를 강화시키고 뇌의 스트레스 조절능력을 키워줍니다.

STEP 5
24-30개월

맨발로 걸어요 감각인지
자석낚시 감각인지
무엇이 무엇이 똑같을까? 감각인지
종이 친구들 감각인지
변신하는 점토 감각인지
나풀나풀, 리본 흔들기 사회정서
여기는 구름나라 사회정서
내가 의사 사회정서
그림자가 춤춰요 사회정서
집 만들기 신체운동
집게놀이 신체운동
이불말이 신체운동
페트병 볼링 신체운동
계단 오르기 신체운동
궁금이 상자 의사소통
무슨 소리일까? 의사소통
동물 흉내 의사소통
나의 첫 그림책 의사소통
내 손, 내 얼굴 의사소통
혼자 입어요 의사소통

24-30개월 감각인지

맨발로 걸어요

엄마와 아기가 맨발로 모래 위를 걸으며 다양한 감촉을 느끼는 놀이

● **준비물**
모래놀이터, 종이로 만든 핸들

놀이하기
공원의 발마사지 길이나 바닷가 모래밭에서 놀이하세요.

1. 아기와 함께 모래를 만져보세요.
- 반짝반짝~ 모래가 많이 있네.
- 모래를 만져보니 부드럽다. 민재도 만져볼까?
- (모래를 손에 담았다가 흘리며) 모래가 손가락 사이로 주르륵 흘러내리네.
- 민재 손에서도 모래가 스르륵~ 빠져나오는구나.

2. 아기를 등에 업고 모래 위를 걸으며 이야기하세요.
- 모래밭을 걸으면 어떤 느낌일까?
- 엄마가 한번 걸어볼게.
- 이쪽에는 까칠까칠한 모래가 있네.
- 발바닥이 간질간질하네.
- 민재도 내려서 모래 위를 걸어볼까?

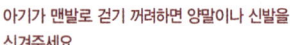
아기가 맨발로 걷기 꺼려하면 양말이나 신발을 신겨주세요.

3. 아기 손을 잡아주고 모래 위를 걸어보도록 하세요.
- 민재야, 느낌이 어때? 폭신폭신하지?
- 발이 모래 속에 쑤욱 들어가는 것 같아. 그렇지?
- 엄마랑 같이 살금살금 걸어볼까?
- 민재 발자국이 생겼네. 엄마 발자국도 생겼다.
- 민재 발자국은 작은 발자국, 엄마 발자국은 큰 발자국.

응용해요!
아기와 모래놀이터를 걸어 다닐 때 커다란 트럭 장난감이나 상자에 끈을 매달아 이리저리 끌고 다니며 놀아도 좋아요.

4. 아기가 종이로 만든 핸들을 들고 모래 위를 걸어 다니게 하세요.
- (발로 모래 위에 선을 만들며) 엄마가 모래 위에 길을 만들었어.
- 민재가 자동차 길을 따라 걸어볼래?
- (종이 핸들을 돌려보며) 이것 봐, 자동차 핸들이야. 부릉부릉~
- (아기가 종이 핸들을 들고 있을 때) 자동차가 부릉부릉~ 지나갑니다.

 **뇌 발달 Point**

뇌는 새로운 경험을 할 때 자극을 받아 활성화되어 기억하는 특성이 있습니다. 아기가 손이나 발로 여러 가지 촉감을 느낀 뒤 느낌을 말로 표현해보는 모래밭 걷기 놀이는 뇌 발달 및 언어·인지·감각 발달에 도움이 됩니다.

- 민재도 핸들을 들고 부릉부릉~
- 민재 자동차가 지나갑니다~ 빵빵!

엄마를 위한 발달 상식

이 시기의 아기는 뛰고 달리는 것에 흥미를 느끼지요. 이때 발을 자극하여 여러 가지 감각을 느끼게 하는 것은 아기에게 새로운 경험이 됩니다.

상호작용할 때

모래밭 걷기에 사용하는 종이 핸들은 신문지를 돌돌 말아 만들거나 플라스틱 접시로 만듭니다. 비가 오는 날에도 아기와 모래밭을 걸으며 다양한 촉감을 느끼게 해보세요. 비가 오는 것을 관찰한 뒤 비에 젖은 모래 위를 장화를 신고 걸어보는 거예요. 젖은 모래를 밟는 것도 또 다른 경험이지요. 보폭을 크게 또는 작게 변화를 주세요.

궁금해요 Q&A

Q 아기에게 감각놀이가 중요하다고 들었어요. 감각놀이에는 어떤 것들이 있을까요?

A 시중에 감각놀이를 할 수 있는 장난감이 많이 있지만 가장 좋은 감각놀이는 자연과 사물을 직접 접해보는 거예요. 모래놀이터나 계곡에서 맨발로 걸으며 발바닥의 촉감을 느끼게 해주세요. 촉감놀이라면 주로 손으로 하는 것이라고 생각하는데 발도 중요한 촉각기관이랍니다. 촉감놀이는 아기의 정서 순화에 도움이 되는 활동이니 자주 함께하도록 하세요.

24-30개월 감각인지

자석낚시

작은 블록에 자석을 붙여 낚시놀이를 하면서 블록의 색깔과 모양, 크기를 비교하는 놀이

● 준비물
다양한 종류의 블록, 자석(냉장고 자석, 막대자석 등), 막대기(구두주걱, 등 긁개 등), 리본(길이 10cm), 셀로판테이프, 작은 바구니

놀이하기

아기가 사물의 색깔, 모양, 크기를 비교하는 데 관심을 가질 때 놀이하세요.

1 여러 종류의 블록을 탐색해보세요.
   · 바구니에 여러 가지 모양의 블록이 있구나.
   · 커다란 블록도 있고, 작은 블록도 있네.
   · 시윤이는 동그란 블록이 마음에 드는구나.

2 낚싯대를 보여주고 낚싯대를 블록에 붙여보세요.
   · 엄마가 낚싯대를 가지고 왔어.
   · 이쪽 끝을 잡고 블록 가까이 이렇게 줄을 대면? 짠~ 블록이 붙었네.
   · 다른 블록으로도 해볼까? 이번엔 어떤 모양을 붙일까?
   · (낚싯대에 붙은 블록을 떼며) 블록을 떼서 바구니에 담아보자.

3 블록의 색깔과 크기, 모양 등을 비교해가며 바구니에 담아주세요.
   · 바구니에 블록이 많아졌네.
   · 어떤 블록들이 있나 살펴보자.
   · 시윤이가 빨간 블록이랑 파란 블록을 많이 담았네.
   · 커다란 블록도 있고, 작은 블록도 있구나~

블록으로 간단하게 숫자 세기도 할 수 있어요.

응용해요!
낚시로 잡은 물고기 블록을 가지고 소꿉놀이를 해보세요. 그릇에 블록을 올려 상을 차리고 음식을 맛있게 먹는 시늉을 합니다.

4 낚싯대와 블록을 정리해주세요.
   · 같은 모양 블록끼리 모아볼까?
   · 이쪽 바구니에는 큰 블록을 담자.
   · 이쪽에는 작은 블록을 담아보자.

뇌 발달 Point

아기의 뇌를 효과적으로 자극하려면 한 가지 놀이에 지루함을 느끼기 전에 다른 놀이로 경험을 확장하거나 주의를 전환하는 것이 필요합니다. 한꺼번에 너무 많은 놀잇감을 접하면 오히려 뇌의 집중력이 떨어지며, 비슷한 장난감도 뇌를 효과적으로 자극하지 못합니다. 낚시놀이를 할 때도 한 번에 너무 많은 양의 블록을 꺼내지 않도록 하고, 모양이 다른 블록을 준비하는 것이 좋습니다.

엄마를 위한 발달 상식

이 시기의 아기는 색깔이나 형태 등 한 가지 차원으로 사물을 분류할 수 있습니다. 또 크기·길이·무게의 기초개념이 발달하기 시작하므로 주변 사물을 한 가지 기준으로 분류하고 짝짓는 놀이는 도움이 되지요.

상호작용할 때

아기가 색깔이나 모양을 기준으로 블록을 분류하는 것에 익숙해지면 블록 이외의 다양한 장난감을 기준에 맞춰 분류하게 합니다. 아기가 기준을 정하지 못할 때는 엄마가 간단한 기준(바퀴 달린 것, 빨간색 물건 등)을 정해 함께 놀아보세요. 예를 들면, "여기에 바퀴 달린 것들만 모아볼까?" "빨간색만 모아보자"라고 이야기해주세요.

궁금해요 Q&A

Q 아기가 한 가지 놀이에 집중하지 못해요. 괜찮을까요?

A 이 시기의 아기가 놀이를 하면서 산만해지는 것은 자연스러운 일입니다. 아기가 놀이에 집중하지 못할 때는 반복적인 의성어·의태어를 말해주거나 성취감을 느끼도록 자극하는 것이 좋아요. 그래도 집중하지 못한다면 아기가 관심을 보이는 놀이로 바꾸는 것도 좋은 방법입니다.

24-30개월 감각인지

무엇이 무엇이 똑같을까?

과자봉지나 마트 전단지의 글자와 그림을 비교해보고 가위로 오려 붙이는 놀이

● 준비물
과자봉지 또는 마트 전단지, 안전가위, 풀, 도화지

놀이하기
아기에게 익숙한 글자가 있는 광고지나 과자봉지를 활용하여 놀이하세요.

1 아기와 함께 과자봉지 또는 마트 전단지를 살펴보세요.
· 마트 전단지에 뭐가 있나 한번 볼까?
· 지호가 좋아하는 우유가 보이네.
· 아, 그래~ 지호가 좋아하는 바나나구나.
· 엄마가 어제 샀던 양말도 있네.

2 과자봉지나 전단지에서 본 사진의 실물을 집 안에서 찾아보세요.
· (전단지를 가리키며) 바나나가 우리 집에도 있네.
· 또 무엇이 똑같을까?
· 그래, 양말도 집에 있지?
· 정말! 우유도 냉장고에 있네.
· 그래, 여기 나온 사과랑 똑같은 사과가 바구니에 있네.

생활 속에서 짝이 있는 물건을 찾아 같은 것과 다른 것을 구분해주세요.

3 과자봉지나 전단지에 있는 그림과 글자를 가위로 오려보세요.
· (전단지의 그림을 가리키며) 지호야, 이것과 같은 그림을 찾아볼까?
· 사과는 어디에 있을까?
· 또 같은 것이 어디 있을까?

4 아기와 함께 오려둔 전단지 그림을 도화지에 붙여보세요.
· 그림(글자)들을 종이에 붙여볼까?
· 종이를 뒤집어 풀을 칠해보자. 종이에 꾹 눌러 쓱쓱쓱~
· 지호가 이쪽에 붙이고 싶구나. 종이에 사과 그림이 붙었네.
· 이번에는 무엇을 붙여볼까?

 **뇌 발달**

가위질은 손을 사용하는 활동으로 이때 눈과 손의 협응력이 필요합니다. 가위질이나 풀칠하기와 같이 손을 사용하는 경험은 아기의 뇌를 자극하는 좋은 활동입니다.

응용해요!

아기가 현관에서 신발을 정리하며 자연스럽게 짝을 맞춰볼 수 있어요. 양말이나 장갑과는 달리 신발에는 왼쪽과 오른쪽 구분이 있다는 이야기도 들려주세요. 물건뿐 아니라 우리 몸에서 똑같은 부분(눈, 귀 등)을 함께 찾아보는 것도 좋습니다. '무엇이 무엇이 똑같을까~ 지호의 두 귀가 똑같아요' 하고 노래를 부르며 놀아보세요.

엄마를 위한 발달 상식

아기의 소근육이 발달하게 되면 서툴지만 가위질을 할 수 있어요. 눈과 손의 협응력도 발달하여 눈으로 보면서 오리고 싶은 방향으로 가위를 조절하는 것에 흥미를 보입니다. 풀칠은 아기에게 아직 어렵지만 관심을 보인다면 오린 그림을 종이에 붙일 수 있도록 도와주세요.

상호작용할 때

새로운 놀이를 한꺼번에 많이 하면 아기가 부담스러워할 수 있어요. 아기가 오리기에 관심을 보이면 처음에는 오리기 놀이만 하다가 풀칠에 흥미를 느낄 때 자연스럽게 유도하는 것이 좋습니다.

궁금해요 Q & A

 아기가 전혀 다른 것을 가지고 똑같다고 해요.

아기는 어른과 다른 관점에서 사물을 볼 수 있어요. 아기가 본 것을 틀렸다고 하지 말고 아기가 똑같다고 한 점을 찾아보세요. "여기도 노란색이 있고 거기도 노란색이 있어서 똑같다고 했구나~"라고 이야기해주면 좋습니다.

24-30개월
감각인지

종이 친구들

재질이 다양한 종이를 탐색하고 질감의 차이를 느껴보며 종이를 찢고 구기고 뭉치는 놀이

● **준비물**
신문지·휴지·전단지·키친타월 등
여러 가지 질감의 종이, 바구니

놀이하기

일상생활에서 아기가 자주 접했던 종이들을 모아두었다가 놀이하세요.

1 바구니 속에 여러 가지 질감의 종이를 넣고 탐색하게 하세요.
· 바구니 속에 종이가 많이 들어 있네.
· 어떤 종이가 들어 있지?
· (아기 볼에 문지르며) 보들보들~ 매끄러운 휴지.
· 커다란 신문지랑 알록달록 전단지도 들어 있구나.
· 휴지를 이렇게 날리면? 하늘하늘~ 나풀나풀!
· 휴지가 춤추며 내려오는 것 같네.

2 종이를 다양한 방법으로 탐색하게 해주세요.
· 하나, 둘, 셋! 얍! 휴지가 찢어졌다.
· 은성이도 해볼까? 엄마가 잡아줄게.
· 하나 둘 셋, 얍! 휴지가 이렇게 찢어졌네.
· 신문지도 해볼까? 은성이가 힘껏 쳐보렴.
· 이번에는 길게~ 길게~ 찢어보자.
· 신문지를 돌돌 말아 이렇게 막대기처럼 만들 수도 있어.

종이를 다양한 방법으로 재미있게 찢어보세요.

3 찢어진 종이를 뭉쳐 종이공을 만들어 바구니에 넣어주세요.
· 바닥에 찢어진 종이가 많아졌네.
· 종이를 모아서 휙~ 날려보자.
· 눈이 오는 것 같아~
· 이번에는 종이를 뭉쳐 공을 만들어볼까?
· 종이를 모아서 꾹~ 꾹~
· 와~ 종이공이 됐네!

응용해요!
찢은 종이나 종이를 구겨서 만든 공을 방 문틀 위에 붙여 장식하는 놀이도 할 수 있어요.

뇌 발달 Point

신문지를 손이나 발로 쳐서 찢는 놀이는 시각·청각·운동 발달과 관계된 뇌의 영역을 한꺼번에 자극하는 놀이입니다. 엄마가 아기와 눈을 맞추고 함께 노는 즐거운 경험은 뇌에 긍정적인 신경 호르몬을 분비시켜 건강한 사회성·정서발달에 도움을 줍니다.

4 **신문지 공을 신문지 막대로 톡톡 쳐보며 놀아요.**
- 신문지 막대로 공을 쳐볼까?
- 자, 엄마가 시작할게. 은성이도 막대로 톡톡~
- 공이 엄마 쪽으로 데굴데굴 굴러왔네.
- 이번에는 은성이 쪽으로 슝~

엄마를 위한 발달 상식

소근육이 발달하는 만 2세경의 아기는 종이를 찢는 경험에서 만족감과 성취감을 느껴요. 엄마는 아기가 찢고 구긴 종이들을 소중히 여겨주세요. 아기는 자신이 만든 종이 장난감을 엄마가 소중히 다루는 것을 보며 자존감을 키웁니다.

상호작용할 때

아주 두껍거나 옆면이 날카로워 손을 벨 염려가 있는 종이는 사용하지 마세요. 종이를 예쁘게 잘 찢는 것보다 아기가 마음껏 자유롭게 종이를 찢고 놀게 하는 것이 중요합니다. 놀이가 끝나면 찢은 종이를 정리하여 버리는 것도 아기와 함께 하세요.

궁금해요 Q&A

Q 아기가 종이만 보면 무엇이든 찢으려고 해요.

A 아기가 종이 찢기 놀이를 하고 나면 다른 종이들도 찢고 싶어할 수 있습니다. 이럴 때는 아기에게 마음대로 갖고 놀이할 수 있는 종이와 찢을 수 없는 종이가 있다는 것을 분명하고 단호하게 알려주세요. 놀이용으로 사용할 종이는 상자에 따로 담아놓거나 바구니에 넣어 아기가 사용이 가능한 것들을 쉽게 구분할 수 있도록 도와주세요.

24-30개월 감각인지

변신하는 점토

점토의 다양한 촉감을 경험하고 점토용 도구를 사용하면서 소근육을 발달시키는 놀이

● 준비물
밀가루 점토, 점토놀이 도구(찍기 틀, 구멍 내는 도구, 밀대, 점토칼 등), 소꿉놀이 그릇 등

놀이하기

아기용 점토를 준비하거나 밀가루로 점토를 만들어 놀이하세요.

1 아기가 점토를 이리저리 탐색하도록 도와주세요.
- 말랑말랑 점토가 있구나.
- 민재가 손바닥으로 꾹 누르니 납작한 모양이 됐네.
- 엄마는 길게~ 길게~ 만들어볼게.
- 와! 뱀같이 길게 만들어졌네.
- 민재도 엄마처럼 길~게 만들고 있구나.

2 다양한 도구를 이용해 점토놀이를 하세요.
- 점토를 모양 틀로 꾹~ 눌러볼까?
- (토끼 모양 찍기 틀을 보며) 어떤 모양이 나올까?
- 와! 토끼 모양이 나왔네.
- 또 이번엔 어떤 모양으로 해볼까?
- 민재가 점토를 잘랐구나~ 맛있는 떡 같아.
- 엄마는 밀대로 점토를 납작하게 만들었어.

점토놀이를 점차 소꿉놀이로 확장해주세요.

3 점토를 소꿉놀이 그릇에 담아 음식상을 차려보세요.
- (점토를 손바닥에 놓고 굴리며) 이렇게 동글동글 해볼까?
- 맛있는 사과 같다. 그릇에 담아보자.
- 민재가 칼로 점토를 이렇게 자르니까 국수 같아.
- 국수를 그릇에 담아주세요~
- 맛있는 쿠키도 만들었네. 또 무얼 만들어볼까?

4 점토로 차린 음식을 먹는 시늉을 해보세요.
- 민재랑 엄마가 만든 음식을 먹어보자.
- 국수를 들고 후루룩~ 아! 맛있다.
- 민재가 만든 토끼 모양 쿠키도 정말 달콤해~
- 엄마가 만든 떡도 먹어보렴.

뇌 발달 Point

점토놀이를 하면서 모양이 변하는 것에 대해 이야기를 나누면 아기의 집중력과 기억력 향상에 도움이 됩니다. 점토를 여러 가지 모양으로 만들어보면서 모양의 변화를 단어로 표현하며 아기의 전두엽을 자극합니다.

응용해요!

집 안에서는 모래놀이 세트를 이용해 점토놀이를 하거나 컵과 플라스틱 통 등의 재료를 활용하는 놀이로 바꿔보아도 좋아요. 바닷가에서 모래에 물을 뿌려 놀이를 할 수도 있어요. 모래와 물의 양을 조절하면 점성이 생깁니다.

엄마를 위한 발달 상식

만 2세 후반에는 두 가지 행동을 조합해 상상놀이를 할 수 있어요. 점토로 케이크를 만들고 접시에 나누어 담아볼 수도 있고 컵을 들어 마시는 척하며 놀기도 합니다. 이 시기에는 추상적인 사고가 활발해지기 때문에 '~하는 척하기' 상상을 즐겨하지요. 아기가 경험해본 것들을 가상으로 표현하는 놀이는 사고발달에 도움을 줍니다.

상호작용할 때

점토는 미세한 촉감을 느끼기에 좋은 놀잇감입니다. 작은 것보다는 큰 덩어리를 만지며 치대고 놀게 하세요. 엄마는 아기가 마음껏 점토를 탐색할 수 있도록 하되 먼저 점토를 가지고 노는 모습을 보여주어 모델이 되어주세요.

궁금해요 Q&A

Q 밀가루점토는 어떻게 만드나요?

A 소금물에 밀가루와 식용유를 넣어 반죽하세요. 색을 내고 싶을 때는 식용색소를 이용하거나 시금치즙, 당근즙 등을 넣어요. 소금을 넣으면 밀가루가 상하는 것을 방지할 수 있고, 아기가 먹었을 때 짠맛 때문에 뱉을 수 있어 안전합니다. 반죽할 때 식용유를 함께 넣어야 손에 붙지 않아 놀이하기에 좋아요.

24-30개월 사회정서

나풀나풀, 리본 흔들기

리본이 달린 막대를 자유롭게 흔들면서 음악의 리듬과 빠르기에 따라 움직이는 놀이

● 준비물
리본(끈)이 달려 있는 막대, 빠른 음악과 느린 음악

놀이하기

아기 키보다 조금 짧은 리본을 색연필 대에 붙여 리본 막대를 만들어 놀이하세요.

1 아기에게 리본 막대를 보여주며 흔들어보세요.
- 색깔 리본(끈)이 달려 있는 막대를 가지고 왔어.
- 엄마는 노란색 리본 막대! 흔들흔들~
- (리본 막대를 돌리며) 위로! 아래로~
- 시윤이도 흔들흔들 리본 막대를 움직여볼래?

2 리본 막대를 돌리며 다양하게 움직여보세요.
- 시윤이가 빨리 움직이니까 리본도 빨리 도는 것 같아.
- 빙글빙글 동그라미 모양이 되었네.
- ('나비야' 노래를 부르며) 시윤이도 리본을 흔드니 나비 같네!
- 이번엔 리본 막대를 들고 깡충! 깡충! 뛰어볼까?
- 리본이 토끼처럼 깡충! 깡충! 흔들리네~

자유롭게 움직일 수 있는 넓은 공간에서 놀이하세요.

3 느린 음악에 맞춰 움직여보세요.
- 엄마랑 음악에 맞춰 흔들어볼까?
- (음악을 틀고) 느릿느릿~ 거북이 같네.
- (느린 음악에 맞춰) 바람이 살랑살랑 부는 것 같지?
- (리본 막대를 천천히 움직이며) 천천히~ 천천히~
- (리본 막대를 아기에게 주고) 천천히 흔들어볼까?

4 빠른 음악에 맞춰 움직여보세요.
- 이번 음악은 아까랑 다르네?
- 신나는 음악에 맞춰 흔들어볼까?
- (빠른 음악을 들려주며) 리본 막대를 빨리 흔들어볼까?
- 이번에는 빠르게! 빠르게!
- 시윤이 리본은 정말 빠르게 움직이는구나.

아기는 리본 막대를 흔들면서 정서를 겉으로 표출합니다. 이런 정화작용은 자신의 정서를 이해하고 적절히 조절할 수 있는 능력을 기르는 데 도움이 되며 뇌의 변연계를 자극합니다.

응용해요!

엄마가 직접 노래를 불러주는 것도 좋아요. 빠르게 혹은 느리게 속도를 조절하기도 하고 중간에 노래를 멈추면 아기가 동작을 멈추는 놀이도 할 수 있어요.

엄마를 위한 발달 상식

- 일반적으로 운동발달이 늦은 아이는 정서발달도 늦습니다. 새로운 시도를 두려워해 움직이기를 싫어하고, 넘어질까 불안해서 점점 더 운동을 하지 않으려 하지요. 리본 막대놀이로 아기가 마음껏 움직이고 긍정적인 반응을 경험하는 것은 신체운동발달뿐 아니라 건강한 정서발달에도 도움이 됩니다.
- 음악의 빠르기에 따라 움직임을 조절하는 것은 음악이 주는 정서적 느낌을 몸으로 표현하며 감성을 기르는 데 도움이 됩니다.

상호작용할 때

아기가 리본 흔들기 놀이를 할 때 "우리 시윤이 잘하네"와 같은 추상적인 칭찬보다 "우리 시윤이가 크게 흔들었다가 작게 바꾸었네"와 같이 아기의 행동을 구체적으로 표현해주세요. 아기는 엄마의 이야기를 통해 자신의 행동을 문장으로 듣게 되고, 다른 동작도 시도하게 됩니다.

궁금해요 Q&A

Q 아기가 음악에 맞춰 하는 활동을 어려워해요. 어떻게 해야 할까요?

A 이 시기의 아기는 리듬에 맞춰 성인과 같은 수준의 움직임을 하기보다는 음악 자체를 느끼는 것을 좋아합니다. 지금 당장은 아니더라도 기다려주면 하게 되니 움직임을 강요하지 않도록 하세요. 평소 그림그리기 등의 정적인 놀이를 할 때는 느린 음악을 들려주고, 몸을 활발하게 움직이는 놀이를 할 때는 빠르고 동적인 음악을 들려주면서 자연스럽게 음악을 경험하게 해주세요.

24-30개월 사회정서

여기는 구름나라

종이를 구겨 아기 마음대로 물감 찍기를 하는 놀이

● 준비물
구겨도 되는 종이(신문지, 전단지, 휴지 등), 물감, 접시, 큰 종이, 템포가 다른 음악

놀이하기

아기가 종이를 찢는 탐색놀이를 경험한 뒤에 놀이하세요.

1 **아기와 함께 종이를 탐색하고 구겨보세요.**
 · 이 종이는 신문지야. 흔들어볼까?
 · 휴지는 신문지랑 달라서 부스럭 소리가 나지 않네.
 · (종이를 손으로 구기며) 종이를 이렇게 구길 수 있니?
 · 종이를 구겨서 동그란 공을 만들었네.
 · 지호도 공을 만들 수 있니?

2 **구긴 종이로 물감 찍는 것을 보여주세요.**
 · 구긴 종이에 물감을 찍어볼까?
 · 어떤 모양이 나왔니?
 · 위에도 찍고 아래에도 찍어보자.

3 **템포가 다른 음악을 들으며 마음대로 물감 찍기를 해보세요.**
 · 음악을 들으며 마음대로 물감 찍기를 해보자.
 · 빠른 음악이 나오네. 쿵짝짝! 쿵짝짝! 물감을 찍어볼까?
 · 느린 음악이 나오네~ 쿵— 쿵— 쿵—

4 **물감 찍기로 그린 그림을 보고 아기와 함께 이야기를 만들어보세요.**
 · 구긴 종이로 물감을 찍었더니 구름처럼 보이는구나.
 · 지호가 종이를 많이 찍어서 구름나라에 온 것 같아.
 · 지호가 만든 구름나라에는 누가 살고 있을까?

아기의 키를 고려하여 종이를 붙이세요.

뇌 발달 Point

종이와 물감을 이용한 놀이를 통해 아기의 오감이 발달합니다. 마음대로 찍은 물감 자국에서 아름다움을 느끼는 경험은 뇌에 감성 기억으로 저장되어 정서발달에 도움이 됩니다.

응용해요!

아기와 함께 찍기 놀이를 한 종이는 며칠 동안 벽에 붙여놓고 전시해주세요. 물감 찍기 한 종이가 마르면 크레파스로 그림을 그려보게 해도 좋아요.

엄마를 위한 발달 상식

이 시기의 아기는 진흙이나 종이와 같이 정형화되지 않은 물질을 마음대로 만져보고 형태를 만들어가면서 변화되는 모습을 즐겨요. 정형화된 장난감(자동차, 인형 등)도 좋지만 정형화되지 않은 모래, 물, 점토 등을 탐색하며 노는 것은 인지발달에 도움이 됩니다.

상호작용할 때

물감 찍기 놀이에는 정형화된 놀이법이 없어요. 아기가 마음대로 종이를 구겨서 만든 모양에 관심을 가지고 즐겁게 놀이하면 됩니다. 이 놀이를 할 때는 빠른 템포의 음악과 느린 템포의 음악을 적절히 들려주세요. 물감 찍기로 정해진 형태를 만들거나 어른 눈에 예쁜 모양대로 찍으려 하지 마세요. 아기가 마음껏 찍도록 놔둬야 좋은 놀이가 됩니다.

궁금해요 Q & A

Q 아이가 낯선 사람이 질문하면 대답을 잘 못해요.

A 아기는 기질에 따라 다른 사람 앞에서 이야기하는 것을 쑥스러워하기도 해요. 이때 엄마가 아기에게 핀잔을 주거나 억지로 대답하도록 하지 말고 아기의 생각을 질문을 통해 확인한 뒤 대신 대답해주는 것이 좋습니다. 이런 경험이 반복되다 보면 어느 순간 아기가 자연스럽게 대답하게 될 거예요.

24-30개월 사회정서

내가 의사

병원에서 경험했던 일들을 떠올리며 다양한 정서를 표현하는 놀이

● 준비물
병원놀이 장난감, 가방, 인형

놀이하기

아기와 병원을 다녀온 날이나 병원과 관련된 사건을 경험한 날에 놀이하세요.

1 병원놀이 장난감을 먼저 살펴보세요.
- 가방 속에 뭐가 들어 있을까?
- 청진기랑 주사기랑 또 뭐가 있지?
- 은성이가 약통을 꺼냈네.
- (청진기를 보여주며) 이건 청진기야.

2 아기가 스스로 탐색하고 경험하게 하세요.
- 은성이가 청진기를 귀에 걸었네.
- 쓱~ 쓱~ 문지르고 있구나.
- 주사는 어떻게 놓는 것일까?
- 은성이도 병원 갔었지?

3 환자를 대신해 인형으로 병원놀이를 하세요.
- (인형을 보며) 어디가 아파요?
- 아기가 배가 아픈가 봐. 어떡하지?
- (인형 배를 진찰하듯이) 진찰해볼까? 숨을 크~게 쉬세요.
- 은성아, 의사선생님이 어떻게 했지?

4 아기가 의사가 되어 병원놀이를 하세요.
- (아기를 보며) 배가 아파요.
- (머리를 만지며) 여기 머리도 아파요.
- (주사기를 들어보이며) 주사 맞아야 돼요?

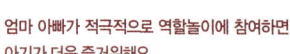
엄마 아빠가 적극적으로 역할놀이에 참여하면 아기가 더욱 즐거워해요.

 **뇌 발달**

이 시기 아기는 상대방을 이해하고 스스로 감정을 조절하는 대인관계 능력이 발달되지 않아 주로 혼자서 놀곤 합니다. 엄마가 재미있어하는 모습을 보이면 아기도 놀이에 흥미를 갖습니다. 뇌는 자신이 흥미를 느낀 것에 반응하기 때문에 아기의 경험을 토대로 하는 역할놀이를 더욱 재미있어합니다.

응용해요!

이 시기의 아기는 사물의 가작화가 가능해요. 시중에 판매하는 병원놀이 장난감이 아니더라도 생활용품을 이용해 놀이를 할 수 있어요. 아기와 함께 생활용품 중에서 병원놀이를 할 만한 것들을 찾아보세요. 컵을 청진기로, 수수깡을 주사기로, 휴지를 붕대로 활용할 수 있어요.

엄마를 위한 발달 상식

24개월경이 되면 주제가 있는 가상놀이를 하게 됩니다. 이 시기의 아기는 대부분 하나의 대체물을 사용하여 상징을 표현하고(예: 막대기를 주사기처럼 표현하는 것) 자기가 경험한 것(예: 병원 방문, 마트에서 장보기 등)을 그대로 놀이에 반영합니다.

상호작용할 때

아기의 행동을 엄마가 따라하면 아기가 좋아합니다. 엄마가 놀이의 리더 역할이 아닌, 아기와 눈높이를 맞춘 놀이의 참여자가 될 때 놀이가 더욱 다양해져요.

궁금해요 Q & A

Q 아이가 또래와 함께 놀 때는 양보하려 하지 않아요. 어떻게 해야 할까요?

A 만 3세 이하의 아기는 '나' 또는 '내 것'에 대한 개념이 생기기 시작하면서 자신의 물건을 다른 사람과 공유하지 않으려 합니다. 특별히 불안 수준이 높은 경우가 아니라면 자라면서 자연스럽게 사라지는 현상이니 걱정하지 마세요. 아기가 또래와 같이 놀이하면서 자연스럽게 갈등을 경험하는 것은 사회성발달에 도움이 됩니다.

24-30개월
사회정서

그림자가 춤춰요

몸으로 그림자를 만들어보고 변하는 그림자를 관찰하며 즐거움을 느끼는 놀이

● 준비물
별도의 준비물이 필요하지 않아요.

놀이하기

햇볕이 좋은 날 아기와 함께 집 앞 공원이나 놀이터 등 가까운 실외로 나가 놀이하세요.

1. **바닥에 있는 그림자를 탐색해보세요.**
   - 땅에 비친 까만 건 뭘까?
   - (아기 어깨를 만지며) 여기가 우리 민재 어깨구나.
   - 민재야, 엄마 팔 만져볼래?
   - (그림자를 가리키며) 어? 저기가 엄마 팔 그림자구나.

2. **엄마와 함께 몸을 움직이며 다양한 그림자를 만들어보세요.**
   - 엄마가 팔을 움직이니 그림자 팔도 움직이네!
   - 민재도 엄마랑 같이 해볼까?
   - 천천히~ 천천히~, 빨리! 빨리! 그림자가 민재를 쫓아가네.
   - (두 손을 아래위로 흔들며) 두 손을 훨~ 훨~ 나비 같다!
   - (두 손으로 아기 머리에 토끼 귀를 만들어주며) 깡충! 깡충! 토끼네.

3. **아기 그림자를 따라 바닥에 선을 그려보세요.**
   - (손으로 아기의 몸 라인을 따라 그리며) 민재 머리는 동그란 모양이네.
   - 우리 민재 손도 그려줄까?
   - (껴안아주며) 우리 민재 그림자 완성!

4. **집 안에서 아기와 함께 그림자를 만들어보세요.**
   - (불빛을 이용해 손 그림자를 만들며) 그림자다!
   - (아기와 손을 맞잡고) 엄마 그림자랑 민재 그림자랑 만났다~
   - (아기를 껴안으며) 엄마랑 꼭 껴안으면 어떤 그림자가 생길까?

집에서도 다양한 그림자를 찾아보세요.

Point 뇌 발달

그림자놀이를 하면서 엄마와 상호작용하는 것은 감정을 조절하는 힘을 길러줍니다. 놀이를 하며 따뜻한 말투와 부드러운 스킨십을 통해 아기가 풍부한 정서적 경험을 하게 합니다. 편안하고 따뜻한 신체 접촉은 아기의 면역체계를 강화시키고 뇌의 스트레스 조절능력을 키워줍니다.

응용해요!

사물 그림자놀이도 해봐요. 아기의 가방, 인형, 모자 등의 그림자를 탐색하는 놀이는 형태만 있는 그림을 보고 사물을 연상하는 데 도움이 됩니다.

엄마를 위한 발달 상식

소근육 및 대근육 발달은 유전적인 영향이나 환경에 따라 개인차가 있습니다. 특히 그림자놀이와 같이 시각과 소근육의 협응이 필요한 활동은 아기에 따라 차이가 나지요. 아기마다 집중하는 시간이 다른데다 어떤 아기는 놀이에 어려움을 보이기도 합니다. 아기가 놀이를 어려워하면 강요하기보다는 자유롭게 놀 수 있도록 격려해주세요.

상호작용할 때

아기는 그림자가 쫓아오는 것을 신기해합니다. 이때 그림자에 이름을 붙이고 친구처럼 대하면서 흥미를 자극해보세요.

궁금해요 Q & A

Q 아기와 밖에 나가 놀 때 무엇을 준비하면 좋을까요?

A 넓은 장소에 나가면 대부분의 아기는 일단 뛰려고 합니다. 공이나 승용완구를 준비하면 대근육운동을 충분히 할 수 있어요. 단, 수분을 충분히 공급해주어 뇌와 혈관의 순환이 잘 이루어지도록 합니다.
좁은 장소(식당과 같은 실내)에 갈 때는 머무르는 시간에 따라 다양한 장난감(책, 점토, 블록 등)을 준비하여 아기가 지루해하지 않도록 하세요. 아기가 스마트폰과 같은 기기에 오랜 시간 집중하는 것처럼 보이나 이런 경우 뇌가 쉽게 피로해집니다.

24-30개월 신체운동

집 만들기

다양한 종이상자나 블록으로 인형의 집과 길을 만들어 공간을 구성하는 놀이

● **준비물**
과자상자 6~7개(또는 티슈상자 5~6개), 블록

놀이하기

블록을 이용하여 구성할 수 있도록 넓은 공간을 확보한 뒤 놀이하세요.

1 아기에게 종이상자나 블록을 보여주세요.
- 시윤아, 엄마가 상자를 이렇게 쌓았네.
- 상자 위에 이렇게 하나 더 올려보자.
- 시윤이가 해볼래?

2 아기가 상자나 블록을 쌓을 때까지 기다려주세요.
- 시윤이가 여기 상자를 쌓았구나.
- 엄마도 또 이 위에 올려볼까?
- 조심조심~ 상자를 이렇게 위에 올렸네.

3 아기와 함께 상자를 더 높이 쌓거나 무너뜨리는 놀이를 해봐요.
- 시윤이가 상자를 더 높이 쌓고 있구나.
- 어! 상자가 무너지네. 상자가 와르르~ 무너졌다.
- 시윤이, 상자가 무너져서 속상했구나. 다시 쌓아보자.
- (무너지는 것을 좋아하는 경우)시윤이는 상자가 무너지는 게 재미있구나! 그럼 다시 쌓았다가 무너뜨려볼까?

응용해요!
집에 있는 블록과 여러 가지 소품을 더해 놀이하면 더 재미있어요. 스티커나 크레파스로 상자를 꾸며보아도 좋아요.

4 블록으로 만든 공간에 인형이나 아기가 직접 들어가서 놀게 하세요.
- 블록을 연결해서 방을 만들까?
- 여기는 인형 집이라고 할까?
- 똑똑똑! 누구 계세요?

뇌 발달 Point

아기는 인내심과 집중력에 필요한 노르에피네프린 체계가 아직은 미숙한 상태입니다. 그래서 주의가 산만하고 충동적인 행동을 많이 합니다. 블록놀이는 집중력을 기르고 조작운동을 익히는 데 도움을 줍니다.

엄마를 위한 발달 상식

연령에 따라 블록쌓기의 수준이 달라집니다. 16개월에는 2개의 블록을 쌓을 수 있고 20개월에는 블록을 나란히 배열하며 울타리를 만들기 시작합니다. 24~36개월이 되면 4~5개 이상의 블록을 자유롭게 이용하여 울타리도 쌓고 집과 같이 형태가 있는 구성물을 만들 수 있어요.

상호작용할 때

아기가 블록을 쌓는 것은 눈과 손의 협응력이 필요한 어려운 활동입니다. 아기가 블록을 쌓으면 "시윤이가 블록을 참 잘 쌓네~"라고 말하며 크게 박수쳐주세요. 또 쌓았던 블록을 밀어 넘어뜨리면서 아기는 스트레스를 해소할 수 있어요. 종이상자의 표면이 구겨졌거나 찢겨 있으면 상자를 쌓을 때 쉽게 쓰러지므로 표면을 셀로판테이프나 풀로 붙여 평평하고 견고하게 만들어주세요.

궁금해요 Q&A

Q 이 시기의 아기에게는 어떤 블록이 적당할까요?

A 블록놀이는 아기가 소근육을 발달시키고 눈과 손의 협응력과 창의적 구성능력을 키우도록 도와줍니다. 월령이 낮을수록 크고 가벼우며 딱딱하지 않은 블록이 좋아요. 우레탄 블록이나 스펀지 블록, 종이벽돌 블록 등이 좋아요. 월령이 높아지면 가벼운 나무블록이나 큼직한 플라스틱 끼우기 블록, 작은 플라스틱 끼우기 블록 등이 적당합니다. 단, 한꺼번에 여러 가지 블록을 주지 말고 번갈아가며 한 가지씩 주어 다양한 블록의 특성을 파악하도록 도와주세요.

24-30개월 신체운동

집게놀이

다양한 크기의 뚜껑이나 구슬, 모양 조각을 집게로 옮기면서 소근육을 발달시키는 놀이

● 준비물
다양한 종류의 물건(작은 블록, 양말, 머리핀, 작은 종이뭉치 등), 집게, 바구니 2개

놀이하기

아기가 손에 힘이 생겨 집게를 움직일 수 있는 시기에 놀이하세요.

1 **아기가 집게를 살펴보도록 하세요.**
 - 이건 어떻게 사용하는 걸까?
 - 이것 봐, 이건 '집게'라고 해.
 - 집게가 입을 벌리네. 집게가 뭔가 먹고 싶은가 봐.
 - 집게 입이 닫혔네! 집게 입이 열렸네!

2 **집게로 물건을 집어 그릇에 옮기는 것을 보여주세요.**
 - (집게로 옷을 집어 보이며) 집게가 엄마 옷을 물었다.
 - (집게로 인형을 집어 보이며) 집게가 인형을 옮기네.

3 **아기가 직접 집게로 물건을 집을 수 있도록 격려해주세요.**
 - 지호가 집게로 양말을 집고 싶구나.
 - 잘 안 되지? 다시 한 번 해볼까?
 - 잘 안 되어서 속상하구나. 이렇게 집어볼까?
 - 여기 다른 물건을 한번 집어볼까?
 - 지호가 집게로 종이뭉치를 집었구나.

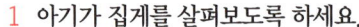

집게놀이를 할 때 아기에게 끊임없이 격려해주세요.

4 **아기가 작은 블록을 집게로 집으며 숫자 세기를 하도록 도와주세요.**
 - 이번에는 집게로 뽕뽕이를 집어볼까?
 - 집게로 블록을 집어 바구니에 담아보자.
 - 하나, 둘, 셋! 블록을 세 개 옮겼네.
 - 하나, 둘! 여기 두 개 남았네. 또 해볼까?

응용해요!
식사시간에 집게를 이용하여 반찬을 그릇에 덜어보도록 하세요.

Point 뇌 발달

집게를 이용하여 물건을 집는 활동은 뇌의 여러 영역을 자극하여 팔과 손의 근육, 손가락의 소근육, 눈과 손의 협응력 등을 돕는 놀이입니다.

엄마를 위한 발달 상식

이 시기에는 숟가락을 잘 사용하고 지퍼를 올렸다 내릴 수 있어요. 독립심이 자라 무엇이든 혼자서 해보려는 시기입니다. 혼자서 무언가를 해보다가 마음대로 되지 않으면 짜증을 내기도 해요. 집게놀이를 할 때 엄마는 아기가 모르게 도와주고 아기 스스로 해낸 것을 격려해주세요.

상호작용할 때

아기가 집게로 집는 것을 어려워하면 손가락을 사용하여 집을 수 있도록 해주세요. 집게로 집는 놀이를 할 때는 잡기 쉬운 모양과 크기의 사물을 준비합니다.

궁금해요 Q&A

Q 혼자서 신발을 신으면 좌우를 꼭 바꿔 신어요. 양쪽을 구분하게 할 방법이 없을까요?

A 아기가 신발의 좌우를 구별하도록 하려면 벨크로(찍찍이)로 여닫는 신발을 준비하세요. 벨크로를 잠그는 방향을 일러주고 신발 신는 법을 반복해서 경험하다 보면 아기가 자연스럽게 방향을 구분하게 됩니다. 한쪽 신발에만 어떤 표시를 해주는 것도 방법이에요.

24-30개월 신체운동

이불말이

아기를 이불에 눕힌 뒤 김밥처럼 돌돌 말아 신체를 자극하면서 구르는 놀이

● **준비물** 이불 또는 담요

놀이하기
아기가 김밥 만드는 것을 본 적이 있거나 먹어본 경험이 있으면 좋아요.

1 이불을 펴놓고 그 위를 굴러보세요.
- 이불을 펼쳐볼까?
- 엄마랑 이불 귀퉁이를 잡고 끌어볼까?
- 이불에 누워서 엄마처럼 옆으로 굴러볼래?
- 은성이 혼자서 굴러볼까?

2 이불에 인형을 올려놓고 이불말이하는 법을 보여주세요.
- 인형을 여기 놓고 돌돌 말아보자. 김밥처럼 돌돌~
- 인형에 김을 돌돌 말아서 김밥을 만들자.
- 은성이도 인형 이불말이를 굴려볼까?
- 은성이가 인형으로 김밥을 말아볼래?
- 돌돌돌~ 잘 말린 김밥 팔아요~!

아기를 너무 세게 굴리지 않도록 하세요.

3 아기를 이불에 올려놓고 김밥말이 놀이를 해봐요.
- 이번엔 은성이가 여기 누워볼까?
- 은성이로 김밥을 만들어볼까? 돌돌돌~ 말아요!
- 김밥에 무엇을 더 넣어볼까?
- (곰인형을 아기 옆에 놓고) 인형이랑 은성이랑 같이 말아보자.
- 어떤 김밥이 더 맛있을까?

4 이불말이 놀이를 하면서 굴리거나 두들기고 간지럼을 태워보세요.
- (이불말이를 꾹꾹 누르며) 김밥을 꼭꼭 싸자.
- (이불말이를 손으로 두드리며) 김밥을 썰어볼까? 톡톡톡!
- 야~ 김밥이 완성됐네. 먹어보자~
- (이불말이한 아기 몸을 간질이며) 얌냠! 맛있네. 얌냠!

뇌 발달 Point

고차원적인 움직임을 처리하는 두뇌 부위는 학습을 처리하는 두뇌 부위와 일치합니다. 껌 씹기와 같은 간단한 움직임은 기초적인 두뇌회로(기저핵이나 소뇌의 피질 아래 부분)의 통제를 받지만, 복잡한 움직임은 전전두피질과 후측 전두엽 등이 처리합니다.

응용해요!

아기와 함께 진짜 김밥 만들기 놀이를 해봐요. 김밥용 김 1장을 1/4 정도 크기로 잘라 당근, 시금치, 우엉 등을 넣고 김밥을 만듭니다. 요리놀이를 하는 동안 아기가 먹기 싫어하는 채소를 김밥에 넣어 먹을 수 있도록 하면 좋아요.

엄마를 위한 발달 상식

뇌에서 시냅스는 마치 전기회로와 같은 역할을 해요. 영아기에서 유아기로 이어지는 동안 시냅스의 밀도가 점차 안정되고, 시냅스가 생성되고 없어지는 것이 균형을 이루게 됩니다. 흔히 인지적 학습을 할 때에만 시냅스가 형성된다고 생각하지만 실제로는 아기가 하는 모든 활동(예: 공놀이, 자전거타기, 모래놀이, 미끄럼타기, 소꿉놀이 등)이 시냅스 형성에 관여해요. 그밖에 또래 친구나 부모와의 경험, 유아교육기관 교사와의 경험 등도 모두 시냅스 형성에 영향을 줍니다.

상호작용할 때

옆으로 구르는 동작은 아기가 따라하기 어려운 동작입니다. 엄마가 몇 번 시범을 보여 아기 스스로 놀이 방법을 터득하게 하세요. 아기는 엄마가 하는 말과 행동, 표정 등을 따라하면서 두뇌의 거울뉴런 시스템을 통해 자연스럽게 배웁니다.
이불말이를 할 때 아기의 얼굴이 보이게 바로 눕혀서 안전하게 놀이하세요.

궁금해요 Q&A

Q 아기가 잠자리에서 잠은 안 자고 계속 이불말이 놀이를 하려고 해요.

A 이불을 이용해서 하는 놀이라 잠자는 시간에도 계속 놀이를 하자고 조를 수 있어요. 놀이 시간과 잠자는 시간을 구분할 수 있도록 일정 횟수만 놀이한 뒤 정리하기로 하거나 시간을 정해서 놀이하는 것이 필요합니다.
놀이하자는 것이 잠을 자지 않으려는 핑계인 경우도 있어요. 어른들이 너무 늦은 시간까지 TV를 시청하면 아기는 일찍 잠자리에 들지 않을 수 있어요. 아기의 올바른 수면 패턴을 위해서는 가족의 배려가 필요합니다.

24-30개월 신체운동

페트병 볼링

콩을 넣은 페트병을 세워놓고 조금 떨어진 거리에서 공을 굴려 페트병을 쓰러뜨리는 놀이

● 준비물
페트병(1.5ℓ) 5개 정도, 탱탱볼(지름 15cm), 콩 주머니

놀이하기

빈 페트병에 물을 조금 담고 뚜껑을 닫은 후 놀이하세요.

1 아기에게 페트병을 보여주세요.
- 여기 페트병이 있네.
- 이 페트병에 콩을 넣어볼까?
- 민재가 페트병을 흔들어볼래?
- 무슨 소리가 나니?

2 아기가 콩 주머니를 던져보게 하세요.
- 민재가 콩 주머니를 던져볼까?
- 엄마처럼 이렇게 던져볼까?
- 벽 쪽으로 던져보자.
- 이번엔 엄마 다리 사이로 들어오도록 굴려보자.

페트병에 물을 너무 많이 넣으면 아기가 힘들어 할 수 있어요.

3 페트병을 세워놓고 탱탱볼을 굴려서 맞춰보세요.
- 민재가 탱탱볼을 굴려서 페트병을 맞춰볼래?
- 이번에는 페트병을 한 줄로 나란히 세워놓고 맞춰보자.
- 엄마랑 같이 던져볼까?
- (페트병이 넘어지면) 와~ 짝짝짝! 넘어졌다.

4 페트병 대신 장난감 블록을 세워놓고 탱탱볼을 굴려 맞춰보세요.
- 장난감 블록을 몇 개 세울까?
- 장난감 블록을 세로로(가로로) 세워놓고 탱탱볼을 굴려볼까?
- 민재가 블록을 굴려 맞춰볼까?
- 블록 대신 자동차나 곰인형을 세워놓고 맞춰볼까?

Point 뇌 발달

운동은 효과적인 인지 전략으로, 학습을 강화하고 기억과 재생을 향상시키며 학습자의 동기와 도덕심을 유발합니다. 움직임을 처리하는 두뇌 부위는 학습을 처리하는 두뇌 부위와 일치합니다. 따라서 아기가 몸을 많이 움직이는 것은 이후 학습능력 향상에 도움이 됩니다.

응용해요!
한 가지 놀이가 끝나면 반드시 정리를 한 뒤 다른 놀이를 시작하도록 하세요. 아기가 장난감을 쉽게 꺼내고 정리할 수 있게 큼직한 바구니를 준비하고 정리를 잘할 수 있게 격려하고 도와주세요. 놀이를 할 때는 그 놀이에 필요한 장난감만 꺼내주도록 합니다.

엄마를 위한 발달 상식
지름 15~20cm 정도의 가벼운 공을 가지고 노는 것은 아기의 신체이동발달에 좋아요. 누르면 소리가 나거나 불빛이 반짝이는 공도 아기의 관심을 끌 수 있어 좋습니다. 25개월 이후에는 발로 차고 잡는 활동을 할 수 있도록 지름이 25~30cm 정도의 공으로 바꿔주세요.

상호작용할 때
정해진 방법으로만 놀지 말고 다양한 놀이로 활용해보세요. 바구니에 공을 넣어 끌고 다니기, 엄마가 두 팔로 원을 만들어 그 안에 아기가 공을 넣는 농구놀이, 공을 바닥에 던지기 등을 할 수 있어요. 특히 페트병 볼링은 소리가 나기 때문에 아기가 집중하기 좋은 놀이랍니다. 공의 종류를 달리하여 페트병을 맞춰 놀아보는 것도 좋아요.

궁금해요 Q&A

Q 페트병 볼링 놀이는 아기에게 어떤 교육적 효과가 있을까요?

A 특별한 준비물 없이 집에서 즐길 수 있는 놀이입니다. 아기의 대소근육발달뿐 아니라 페트병을 맞추는 과정에서 집중력을 기를 수 있어요. 페트병이 몇 개 쓰러졌는지 또는 몇 개 남았는지 세어보면서 수 개념도 익힐 수 있지요. 엄마 아빠와 함께 순서대로 놀이를 하면서 자연스럽게 차례를 기다리는 것도 배우게 됩니다.

24-30개월 신체운동

계단 오르기

집 밖 놀이터나 실내에 있는 계단을 오르내리며 움직임을 발달시키고 도전을 즐기는 놀이

● **준비물**
오르내리기 쉬운 높이의 계단(한 단 높이가 10~15㎝ 정도), 두꺼운 책이나 밟을 수 있는 블록

놀이하기

아기가 계단을 보고 오르내리기를 반복하려고 할 때 놀이하세요.

1 블록이나 두꺼운 책을 쌓아 두세 계단을 만들어주세요.
- 시윤아, 여기 올라가볼까?
- 여기 계단이 몇 개 있나 엄마랑 세어볼까?
- 하나, 둘, 셋! 계단이 세 개 있네.

2 계단을 아기가 혼자 올라가도록 도와주세요.
- 시윤이가 혼자서 올라가볼까?
- 하나, 둘, 셋!
- 시윤이가 계단을 잘 오르네.

3 계단을 아기 혼자 내려오도록 도와주세요.
- 시윤이 혼자서 내려가보자.
- 하나, 둘, 셋!
- 시윤이가 계단을 하나하나 내려오네.

4 계단에서 공을 굴려보세요.
- 계단 위에서 탱탱볼을 굴리면 어떻게 될까?
- 엄마가 위에서 굴려볼게. 시윤이가 아래에서 받아봐.
- 시윤이가 탱탱볼을 굴려볼까?
- 우와 공이 탱! 탱! 탱! 계단 위를 굴러가네.
- 시윤이처럼 공도 계단을 내려가네.

아기가 스스로 할 수 있게 엄마는 옆에서 지켜보며 아기의 안전에 신경써주세요.

뇌 발달 Point

계단을 오르내리기는 균형을 잡고 안정된 자세를 유지하며 두 다리와 발을 자유롭게 움직일 수 있어야 가능한 활동입니다. 이 동작은 균형, 자세, 움직임을 관장하는 소뇌를 자극합니다. 그래서 계단을 오르내리는 경험은 소뇌 활동을 자극하고, 공간지각과 관련되어 있는 뇌의 다른 부분들과의 소통 과정을 돕습니다.

응용해요!
계단 오르내리기는 아기가 한 발로 균형을 잡을 수 있어야 가능해요. 균형감각을 기를 수 있는 한 발 들고 중심 잡기, 공차기 등의 놀이도 함께 해보세요.

엄마를 위한 발달 상식

뉴런이 생성되어 뇌의 활동이 활발해지려면 풍부한 경험이 필요합니다. 새로운 것을 학습하고 도전하는 기회를 갖는 것이 두뇌 성장의 중요한 포인트라고 할 수 있지요. 따라서 아기가 새로운 일에 도전할 수 있도록 동기를 부여하고 격려해주는 엄마의 역할이 중요합니다.

상호작용할 때

운동능력을 갖기까지는 운동신경계와 감각신경계의 발달이 필요하고 이를 위해 많은 운동 경험과 연습이 필요합니다. 아기와 함께 운동을 하면서 아기의 발달을 도와주세요. 이 놀이는 계단의 숫자를 세는 것이 중요한 게 아니라 아기가 한 발, 한 발 균형을 잡고 계단을 오르내리게 하는 것이 중요합니다. 아기는 똑같은 행동을 반복하면서 움직임을 익히고 즐거움을 느낍니다. 아기가 계단 오르기를 계속하고 싶어하면 만족할 때까지 오르내리게 해주세요.

궁금해요 Q&A

Q 손을 잡아주려 해도 아기가 혼자서 계단을 오르려 해요. 위험하지 않을까요?

A 위험한 장소이거나 높은 계단이 아니라면 아기 스스로 할 수 있게 해주는 것이 좋아요. 이 시기에는 자존감이 발달하기 때문에 스스로 해보고 만족감을 느끼기를 원합니다. 엄마가 옆에서 안전하게 지켜보되 되도록 아기의 몸이나 손을 잡아주지 않도록 합니다.

궁금이 상자

24-30개월 의사소통

주머니 속에 숨겨진 물건에 대해 엄마가 이야기하는 것을 듣고 무엇인지 예측하고 꺼내서 확인하는 놀이

● 준비물
궁금이 상자(아기의 양손이 들어갈 수 있도록 구멍을 2개 뚫어놓은 상자), 아기가 좋아하는 여러 가지 물건들

놀이하기

궁금이 상자를 만들어 아기가 충분히 탐색한 뒤에 놀이하세요.

1. 여러 가지 물건을 직접 보면서 아기와 이야기 나눠보세요.
- 지호야, 여기에 뭐가 있는지 보자.
- 기~다란 색연필이 있네.
- 올록볼록 블록도 있네.
- 밥 먹을 때 쓰는 숟가락도 있네.
- 숟가락에는 손잡이도 있고 밥을 뜨는 움푹한 곳도 있다~

2. 물건 두 개를 궁금이 상자에 넣고 아기에게 설명해주세요.
- 지호야, 숟가락이랑 색연필을 여기에 넣어보자.
- 엄마가 만져보니까 긴 막대가 만져지네. 무엇일까?
- 또 어떤 건 끝이 납작하고 동그랗다~
- 이건 밥 먹을 때 사용하는 것 같은데?

아기가 만져보고 말하는 것을 엄마가 다시 한 번 말로 표현해주세요.

3. 아기가 상자에 손을 넣고 엄마에게 이야기하게 하세요.
- (아기가 물건을 꺼내면) 짠~! 연필이 나왔네.
- (아기가 말이 없을 때) 안에 뭐가 있을까?
- 그 물건이 막대기 같아? 끝이 뾰족한가요?
- 말랑말랑하니? 무엇일까?

응용해요!
궁금이 상자 놀이를 하고 나면 그림카드를 보면서 간단한 수수께끼 놀이를 할 수 있어요.

4. 물건 세 개를 궁금이 상자에 넣고 엄마 말에 따라 행동하도록 하세요.
- (상자에 손을 넣고 있는 아기에게) 물건을 흔들어볼래?
- 소리를 들어보니 열쇠 같은데?
- 바퀴가 달려 있나요? 그럼 자동차!
- 가장 부드러운 것을 잡아볼까?

뇌 발달 Point

눈으로 볼 수 없는 상자 속 물건을 손으로 만지면서 무엇인지 맞히는 활동은 아기가 이전에 경험한 것과 현재 손으로 느끼는 감각을 연결하여 무엇인지 유추할 수 있게 합니다. 뇌 과학자들은 '유추'를 뇌 기반교육 요소 중의 하나라고 말합니다.

엄마를 위한 발달 상식
손의 감촉은 뇌의 촉각수용체를 자극하여 사물을 탐색하고 정보를 저장하는 데 도움이 됩니다. 여러 가지 물건을 아기가 본 후 기억했다가 손으로 만져보면서 알아맞히는 경험은 감각인식능력을 길러줍니다.

상호작용할 때
궁금이 상자에 손 넣기를 두려워하는 아기도 있습니다. 이런 경우 억지로 손을 넣으라고 하지 마세요. 상자에 물건을 넣기 전에 충분히 탐색한 뒤 아기와 함께 상자에 물건을 넣고 손으로 탐색하게 해보세요.

궁금해요 Q&A

Q 아기가 질문을 하지 못해요. 왜 그럴까요?

A 다른 사람에게 자신을 생각한 것을 맞히라는 질문은 참 어렵습니다. 이 놀이는 일종의 수수께끼놀이예요. 놀잇감을 탐색하는 단계에서 색깔, 모양, 쓰임새 등을 자세하게 살펴볼수록 아기가 놀이에 더 잘 참여하고 질문도 잘합니다. 놀이에 사용하는 물건의 가지 수를 처음에는 적게 하고 차츰 늘리는 것도 도움이 됩니다.

24-30개월 의사소통

무슨 소리일까?

동물이나 자연의 소리를 듣고 무슨 소리인지 구별하면서, 사진을 보고 유추하는 놀이

● 준비물
동물·사물·자연의 소리를 녹음한 자료(울음소리, 기계 소리, 자연의 소리 등), 소리에 해당하는 그림이나 사진

놀이하기

아기가 동물원에 다녀온 다음날 놀이하세요.

1 동물이나 사물 등의 그림을 보여주며 이야기하세요.
 · 은성아, 혹시 이 동물 본 적 있니?
 · 그래~ 꼬리가 긴 원숭이구나.
 · 엄마랑 동물원에 갔을 때 봤지?

2 그림에 있는 동물이나 자연의 소리를 들려주세요.
 · 은성아, 여기 개구리 사진이 있네.
 · 개구리는 개굴개굴~ 하는 소리를 내.
 · 이 사진은 뭘까? 음메~ 음메~ 송아지네.

3 엄마가 소리를 흉내 내고 해당하는 그림카드를 찾아보게 하세요.
 · 은성아, 무슨 소리가 나는지 잘 들어봐~
 · 음메~ 음메~ 하는 소리가 나네.
  음메 음메 송아지가 어디 있나 찾아보자.
 · 이번에는 무슨 소리가 날까? 개굴개굴~ 소리가 나네.
 · 개굴개굴 개구리는 어디 있지?

4 녹음한 소리를 듣고 해당하는 그림을 찾아보게 하세요.
 · 은성아, 멍! 멍! 멍! 강아지가 배고프대요. 강아지 밥 좀 주세요~
 · 은성이가 강아지를 잘 찾았네.
 · (소리를 들려주고) 이번에는 누가 배고픈지 잘 들어보자.
 · 꽥! 꽥! 오리가 배가 고팠구나. 은성이가 먹이를 주니 잘 먹네.
 · 강아지가 배가 많이 고팠나 봐. 먹이 많~이 주세요.

주변의 소리를 녹음해서 들려줘도 좋아요.

 **뇌 발달**

청각은 아기에게 가장 중요한 감각입니다. 청각을 통해 아기는 지능과 정서를 발달시키는 언어와 음악을 접하게 됩니다.

응용해요!

동물이나 사물, 자연의 소리를 실제 생활에서 들을 수 있도록 해주세요. 소리로 나타내는 의성어를 노래로 불러줘도 좋아요. '동물 흉내' 가사에 맞춰 의성어를 표현해보세요. '개구리는 개굴개굴 / 개구리는 개굴개굴 / 소는 음메 / 소는 음메' '바람은 쌩쌩 / 바람은 쌩쌩 / 시냇물 졸졸 / 시냇물 졸졸.'

엄마를 위한 발달 상식

아기는 자기가 아는 사물에 대한 개념을 가지고 있어요. 새로운 사물을 접하면 처음에는 기존에 알고 있던 개념으로 이해하려 하지만 곧 다른 사물이라는 것을 알고 새로운 개념을 추가합니다. 동물 울음소리의 경우에도 평소에 들었던 단순한 의성어가 아니라 진짜 울음소리를 들으면 처음에는 소리와 동물을 짝짓기 어려워해요. 동물 울음소리가 다양하게 들릴 수도 있다는 것을 알아가면서 아기는 다양한 소리에 귀를 기울이고 열린 사고를 하게 됩니다.

상호작용할 때

아기에게 여러 가지 동물 그림을 한꺼번에 보여주고 울음소리와 연결해보라면 어려워할 수 있어요. 이럴 때는 한 가지씩만 골라 놀아보세요. 실제 동물원에서 찍은 사진을 보여주면 아기가 더욱 좋아할 거예요. 동물 그림 대신 동물 모형을 활용해도 됩니다.

궁금해요 Q&A

Q 아기가 또래에 비해 언어발달이 늦어요. 주변에서는 기다리라고 하는데 괜찮을까요?

A 상호작용에 문제가 없다면 24개월까지는 조금 더 기다려보는 것도 괜찮습니다. 24~30개월 정도가 되어서도 언어발달에 진전이 없다면 전문가와 상의해보세요. 아기가 어린이집이나 유치원 등에서 또래관계 형성에 어려움을 겪을 수도 있고 심리적으로 위축감을 가지는 등 다른 영역의 발달에도 영향을 줄 수 있어요.

24-30개월
의사소통

동물 흉내

동물 흉내를 내면서 동물의 이름을 배우고, 동물의 특징을 그림과 연결시키는 놀이

● 준비물
동물 사진, 동물 소품(동물의 꼬리, 토끼 귀 머리띠 등)

놀이하기

동물의 울음소리나 생김새에 관심을 가질 때 놀이하세요.

1 동물원에 가기 전에 동물원에서 볼 수 있는 동물 사진을 먼저 보여주세요.
- 민재야, 여기 호랑이가 있네. 호랑이 눈은 어디 있나?
- 호랑이 다리는 어디 있나? 호랑이 귀도 찾아보자.
- 호랑이는 어떻게 소리를 낼까? 어흥~

2 아기와 함께 동물원에 가서 동물의 움직임과 생김새를 관찰하세요.
- 호랑이가 걸어가고 있네.
- 호랑이가 잠자고 있다~
- 호랑이 눈! 다리! 꼬리도 있다.

3 아기의 행동을 엄마가 따라해보세요.
- 민재가 아장아장 걸어가네. 엄마도 민재처럼 아장아장 걸어볼게.
- 민재가 엉덩이춤을 추네. 엄마도 엉덩이춤을 춰야지.
- 민재가 이불 위에 누웠네. 엄마도 민재처럼 이불 위에 누워야지.
- 민재가 두 손으로 얼굴을 가렸네. 엄마도 민재처럼 얼굴을 가려야지.

4 동물을 흉내 낼 때 필요한 소품을 제공해주세요.
- (꼬리, 머리띠 등의 소품을 준비하고) 호랑이처럼 걸어볼까?
- 와~, 정말 호랑이 같은데! 아유, 무서워라.
- 호랑이처럼 느릿느릿 걸어가네.

아기에게 '호랑이, 어흥~, 어흥~ 호랑이네' 하며 설명해주세요.

point 뇌 발달

흉내 내기는 상상놀이의 기초가 되며 상상놀이는 상징(기호, 문자) 학습의 기초가 됩니다. 만 2세가 지나면 '~인 척하기 놀이'를 시작합니다. '~가 되어보기' '~처럼 해보기'와 같은 활동을 함께합니다.

응용해요!

이 시기의 아기는 그림책보다 실제 동식물을 관찰하며 생김새를 탐색하는 것을 즐겨요. 동물원에서 찍은 사진을 벽에 붙여두고 '동물농장' 노래를 부르면서 동물 찾기 놀이를 해보세요. '동물원에는 호랑이 (어흥! 어흥!) / 동물원에는 원숭이 (끼익! 끼익!)'

엄마를 위한 발달 상식

24개월이 지나면 '~인 척하기'를 해요. 블록을 들고 전화 받는 흉내를 내기도 하고, 숟가락을 들고 음식을 먹는 척하기도 하지요. 상상놀이가 활발해지고 있다는 증거입니다. 꼬리를 엉덩이에 달고 호랑이가 되었다가, 길에서 본 강아지 흉내도 내봅니다.

상호작용할 때

아기가 경험한 것을 모방하도록 해주세요. 아기와 짧고 단순한 단어로 의사소통하는 것보다 아기의 말을 그대로 반복하거나 확장해서 다시 들려주는 것이 좋습니다. 아기 말을 그대로 반복하는 동안 틀린 발음을 자연스럽게 교정해줄 수 있어요. 어순을 유지하면서 좀 더 성숙한 문장으로 확장해서 다시 들려주는 방법은 아기의 사고를 촉진하고 언어발달을 도와줍니다.

궁금해요 Q&A

Q '○○처럼 되어보기' 놀이를 좀 더 쉽게 하려면 어떻게 해야 하나요?

A 동물 사진에 고무줄을 연결해서 만든 머리띠, 가슴에 붙이도록 만든 그림, 보자기로 만든 날개, 등장인물을 표현하는 소품 등은 아기가 보다 쉽게 '○○'가 되도록 도와줍니다. 예를 들어, 부채를 손에 든 아기는 '바람처럼' 쌩쌩 바람을 일으킬 수 있지요.

24-30개월 의사소통

나의 첫 그림책

광고지나 사물의 사진을 오려서 책에 붙여가며 이름, 특성, 사용 방법에 대해 이야기하는 놀이

● 준비물
사물의 사진, 사인펜, 풀, 가위, A4용지 2장을 반으로 잘라서 만든 8페이지짜리 책

놀이하기
아기가 책 보는 것에 관심이 많을 때 놀이하세요.

1 **광고지 사진을 보면서 아기와 이야기를 나눠보세요.**
  - 여기 맛있는 귤이 있네. 귤은 무슨 맛이지? 새콤 달콤 맛있다.
  - 여기 호박도 있네.
  - 시윤이가 좋아하는 사과도 있다~

2 **광고지 사진을 오려서 A4용지로 만든 책에 붙여보세요.**
  - 길고 노란 바나나가 있네.
  - 시윤이가 좋아하는 자동차도 있네.
  - 여기 동물원에 가서 본 원숭이도 있다.

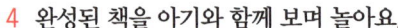

3 **책 표지에 제목과 아기 이름을 써주세요.**
  - (제목을 쓰면서 소리 내어 읽으며) 시윤이가 좋아하는 것들.
  - (아기 이름을 소리 내어 읽으며 써주세요.) 최! 시! 윤!
  - 여기에 시윤이 이름을 썼네.

4 **완성된 책을 아기와 함께 보며 놀아요.**
  - 책 속에 뭐가 있을까?
  - 시윤이가 책을 잘 읽네.
  - 노랗고 길고 달콤~한 바나나가 있네.
  - 빨갛고 바퀴가 네 개나 있는 자동차도 있네.

책을 보면서 읽기를 시도하는 아기에게 격려해주세요.

뇌 발달 Point

이전에 먹어본 것, 만져본 것, 경험한 것 등은 아기의 뇌 속에 저장되어 있습니다. 이렇게 저장된 정보는 이후 비슷한 상황에 접했을 때 새롭게 접하는 경험과 연결망을 형성하여 학습을 촉진합니다.

응용해요!

자기가 만든 책을 보고 싶을 때 언제든지 볼 수 있도록 책을 보관하는 장소를 아기에게 알려주세요. 아기가 좋아하는 장난감 등을 사진 찍어 책으로 만들어줘도 좋아요.

엄마를 위한 발달 상식

이 시기부터 아기는 폭발적인 언어발달 시기에 접어듭니다. 만 3세가 되면 900~1,000단어를 말할 수 있고, 만 4세가 되면 1,500~1,600단어, 만 5세가 되면 2,100~2,200단어를 말하며 문법의 90%를 습득하게 되지요. 이런 언어능력은 태어나서부터 경험한 것들이 바탕이 되므로 책 만들기 놀이에서 어른과 적절한 언어적 상호작용을 할 필요가 있습니다.

상호작용할 때

대상을 표현하는 방법에는 실물, 그림이나 사진, 기호, 문자 등 여러 가지가 있어요. 이 관계를 아는 능력을 문식성(literacy, 읽고 쓰는 능력)이라고 합니다. 예를 들면 실물인 사과와 사과를 상징하는 다른 상징물(그림, 사진, 기호, 문자 등)과의 관계를 아는 것이에요. 이 관계를 알게 하려면 의미 있는 상호작용이 필요합니다. 아기 이름을 쓰고 읽어주기, 좋아하는 그림책 제목을 손가락으로 짚어가며 읽어주기, 그림을 보고 사물의 이름 이야기하기처럼 놀이로 접근하세요.

궁금해요 Q&A

Q 이 시기의 아기에게 책을 어떻게 읽어주어야 할까요?

A 책 제목부터 한 글자씩 손가락으로 짚어가며 소리 내어 또박또박 읽어주기를 반복해보세요. 아기는 글자와 그림이 다르다는 것을 인식하고 소리와 글자의 관계를 알게 됩니다. 짧고 반복적인 문장으로 된 그림책을 읽어주는 것이 좋아요.

24-30개월
의사소통

내 손, 내 얼굴

사진 속의 자기 얼굴을 보며 눈, 코, 입, 귀, 머리 등의 위치를 알고 종이에 자기 얼굴을 꾸며보는 놀이

● **준비물**
아기 얼굴이 크게 나온 사진, 비닐, 셀로판테이프, 색연필, 종이, 거울

놀이하기

아기가 자신의 손과 발에 관심을 가질 때 놀이하세요.

1 **아기와 거울을 보고 눈, 코, 입을 가리키면서 이야기하세요.**
   · 지호야, 여기 거울이 있네.
   · (거울 속에 비친 얼굴을 가리키며) 여기 눈!
   · 여기는 입! 여기 귀도 있네.
   · 여기는 지호의 코, 귀, 볼이고, 머리카락도 있어.
   · 지호 눈은 깜박깜박 하네.
   · 입으로 얌냠냠 먹어요.

2 **사진 위에 비닐을 덮고 눈썹, 눈, 코, 입, 귀를 그려보세요.**
   · 사진 속에 지호 눈이 아주 귀엽고 멋지네!
   · 머리가 어디지? 머리 아래에는 뭐가 있더라?
   · 눈이 있지? 눈 아래에는 오똑한 코가 있어.
   · 코 밑에는 맘마 먹는 입이 있어요.
   · 지호처럼 동그란 얼굴을 그려볼까?

얼굴을 잘 그리게 하기보다는 눈, 코, 입에 관심을 갖게 해주세요.

3 **손바닥을 그리면서 아기와 함께 손 모양을 살펴보세요.**
   · 손바닥을 한번 그려볼게.
   · (종이에 손을 대고) 손바닥을 쫙 펴고 이렇게 그려보자.
   · 하나, 둘, 셋, 넷, 다섯. 손가락이 다섯 개!
   · (종이에 올렸던 손을 들어 올리며) 짠~! 손을 다 그렸네.
   · 지호 손도 그려줄까?

4 **발바닥을 그리면서 아기와 함께 발 모양을 살펴보세요.**
   · 지호 발바닥을 그려볼까?
   · 종이에 발을 올려놓으세요.
   · (발바닥을 따라 선을 그리며) 이렇게 그려보자~
   · 발가락이 하나, 둘, 셋, 넷, 다섯. 발가락 다섯 개!

뇌 발달 Point

전두엽은 2세 이후에 꾸준히 발달하며 어른이 되어서도 계속 정교하게 발달합니다. 언어발달이 폭발적인 시기에는 놀이를 하면서 엄마의 언어 표현이 많을수록 아기의 전두엽 발달에 좋습니다.

응용해요!
종이의 반을 살짝 접은 다음 가위집을 내서 코나 입이 움직일 수 있는 팝업 북을 만들어주세요. 목욕을 하면서 거울에 비친 아기 얼굴의 눈, 코, 입을 비누거품 묻은 손으로 그려도 재미있어요.

엄마를 위한 발달 상식

아기의 끄적거리기는 대소근육의 발달과 눈과 손의 협응력을 돕는 활동이며, 쓰기활동의 기초이지요. 인간의 뇌는 감각기관을 통해서 외부의 정보를 받아들이고 자극을 받습니다. 아기가 손으로 하는 활동을 많이 할수록 뇌가 자극을 많이 받습니다. 따라서 다양한 쓰기 도구를 제공하여 끄적거리는 활동을 도와주면 좋아요.

상호작용할 때

아기의 그림에는 아기가 알고 있는 것들이 실려 있어요. 그림은 인지발달의 증거가 되지요. 초기의 그림을 보면 몸통은 없고 동그란 얼굴과 팔 다리만 있는 만다라 형태의 사람이 대부분입니다. 아기의 제한적인 인지능력 때문에 이와 같은 현상이 나타나지요. '내 손, 내 얼굴' 놀이를 하면서 "이마 아래에 뭐가 있지? 눈썹 아래에 뭐가 있지?"와 같은 질문으로 아기가 위치에 대한 개념을 익히도록 하세요. 보다 정확한 얼굴 생김새를 알게 될 거예요.

궁금해요 Q&A

Q 우리 아기는 항상 같은 그림만 그려요.

A 아기가 끄적거리는 단계를 지나 형태를 그리는 단계가 되면 한 가지만 반복해서 그리는 경우가 많은데, 이는 걱정할 필요가 없어요. 아기는 관심이 있는 대상을 그림으로 표현하는 거예요. 그 관심을 더 확장하여 그림에 다양하게 나타낼 수 있도록 도와주세요. 그렇지 않으면 그림이 늘지 않고 정체될 수 있기 때문입니다. 아기가 관심을 보이는 대상에 대해 더 자세히 알 수 있게 관련 자료를 제공하거나 그 대상에 대해 질문해보세요.

24-30개월 의사소통

혼자 입어요

그림책을 통해 옷 입는 과정을 살펴보고 곰인형에게 직접 옷을 입히는 놀이

● 준비물
옷 입기와 관련된 그림책, 곰인형(아기 옷을 입힐 수 있는 크기), 티셔츠, 바지

놀이하기

아기가 혼자서 옷 입기를 시도하지만 아직 서툰 시기에 놀이하세요.

1 그림책을 보며 옷 입는 것에 대해 이야기를 나눠보세요.
- (책 표지를 보면서) 친구가 무엇을 하고 있지?
- 그래~ 옷을 입고 있지.
- (글자를 손가락으로 짚으며) 제목을 한번 읽어볼까?

2 그림책을 보며 옷 입는 과정을 설명해주세요.
- 옷을 이렇게 들고, 머리를 쑥~
- 친구 얼굴이 보이네!
- 이번에는 팔을 구멍에 맞춰 쏙~
- 팔이 나왔네!

3 곰인형에게 티셔츠를 입혀보세요.
- 우리도 옷 입히기 해볼까?
- 곰인형에게도 옷을 입혀줘보자~
- 그래, 옷을 이렇게 잡고, 머리를 쑥~
- 곰돌이 팔을 이리로 빼보자.

4 아기가 스스로 옷을 입어보게 하세요.
- 그래, 은성이도 혼자 옷을 입어보고 싶구나.
- 옷 입고 산책 다녀올까?
- 팔을 이렇게 끼우고, 이쪽은 엄마가 도와줄게.
- 바지는 이렇게 잡고, 다리를 쑥~
- 은성이가 옷을 혼자서 잘 입었구나.

아기가 어릴 때 입던 옷을 인형에게 입혀주세요.

 **Point 뇌 발달**

책을 읽었다고 모든 것을 아기의 뇌가 기억하고 있지는 않습니다. 뇌는 의미 있는 것에 더욱 집중하여 기억하기 때문입니다. 아기에게 글씨를 가르치려고 서두르지 말고 아기가 집중하는 그림에 대해 이야기를 충분히 나누도록 합니다. 이런 활동은 뇌를 단련시키는 데 큰 도움이 됩니다.

응용해요!

옷 입기가 수월해지면 양말 신기를 해보세요. 인형 옷 갈아입히기, 인형 목욕시키기, 벗은 옷 빨래통에 넣기, 벗은 옷 빨래하기, 마른 빨래 개기 등의 놀이로도 연결할 수 있어요.

엄마를 위한 발달 상식

어휘에 대한 학습은 태어나면서부터 살아가는 동안 지속적으로 이루어집니다. 진정한 의미의 어휘 학습은 단어와 의미의 관계를 아는 거예요. 책 속 주인공의 표정을 보며 '울다, 웃다, 힘들다' 등의 이야기를 하면서 아기의 경험과 연결하면 아기가 단어와 의미의 관계를 배울 수 있어요.

상호작용할 때

책을 처음 접할 때는 아기에게 글을 있는 그대로 읽어주지 마세요. 그림에 대해 이야기하거나 주인공의 표정이나 감정에 대해 이야기하면서 책에 대한 흥미를 높여주세요. 책의 내용과 아기의 경험을 연결하는 것은 사고력을 키웁니다. 엄마가 마치 중계방송을 하듯이 상황을 설명해주면 아기의 어휘력 발달과 상황에 대한 인지능력 향상에 도움이 됩니다.

궁금해요 Q & A

Q 아기가 옷 입기를 싫어해요.

A 옷 입기를 싫어하는 이유(옷이 불편한지, 지금하고 있는 놀이를 더 하고 싶은지 등)가 무엇인지 먼저 파악하세요. 그런 다음 '이 옷이 까칠까칠해서 싫구나! 지금은 옷을 입는 것보다 놀고 싶은 거구나'처럼 옷 입기 싫어하는 이유를 표현해주세요. 아기 스스로 옷을 입었을 때는 격려해주는 것도 잊지 마세요.

춤추는 꽃잎 감각인지
나는야, 요리사 감각인지
구슬그림 감각인지
무엇일까요? 감각인지
작게, 작게 잘라요 감각인지
노래하고 춤추고 사회정서
펄럭펄럭~ 스카프 나비 사회정서
재미있는 벽화 사회정서
얌냠! 상차리기 사회정서
빨래를 해요 사회정서
쑥쑥~ 자라라 사회정서
바느질놀이 신체운동
놀이터에 갔어요 신체운동
비누거품그림 신체운동
하나, 둘, 셋! 일, 이, 삼! 의사소통
아기별 이야기 의사소통
'리'자로 시작하는 말 의사소통
내 그림 소개하기 의사소통
컵 인형 의사소통
나도 읽어요 의사소통

STEP 6
30-36개월

우리 주변의 꽃과 나무는 뇌를 자극하는 최고의 선물입니다. 뇌가 기억한 꽃잎의 다양한 특징을 아기는 몸으로 표현해볼 수도 있습니다. 꽃잎을 입으로 불어 이리저리 움직이게 하는 것은 사물의 인과관계를 아는 데 좋은 놀이입니다. 또 이 시기의 아기는 집안일을 하는 어른들을 관찰하며 흉내 내는 것을 즐겨요. 아기는 엄마와 아빠가 화분에 물을 주는 장면을 뇌에 저장했다가 그대로 따라하면서 기쁨과 만족감을 느낍니다.

30-36개월 감각인지

춤추는 꽃잎

산책하면서 꽃잎, 나뭇잎 등의 자연물의 특성을 알아보고, 물에 띄워 움직임을 탐색하는 놀이

● 준비물
꽃잎 또는 나뭇잎, 종이상자, 대야, 물

놀이하기

벚꽃이 떨어지는 계절에 아기와 산책하면서 놀이하세요.

1 아기와 함께 벚꽃이 떨어지는 모습을 주의 깊게 관찰하세요.
- 민재야, 저기 날리는 게 뭘까? 꼭 눈이 내리는 것 같네.
- 우리 가까이 가볼까? 무엇처럼 보이니?
- 바람이 부니까 어떻게 됐어?
- 벚꽃이 민재 머리 위에 떨어졌네!
- 벚꽃을 만져볼까? 어떤 느낌일까?
- 벚꽃 색깔은 무슨 색이야? 모양은 어때?
- 손에 모아보니 자꾸 떨어지네. 어떻게 하지?

2 떨어지는 벚꽃을 손이나 상자로 받아 뿌려보세요.
- (두 손을 모아서) 떨어지는 꽃잎을 손으로 받아볼까?
- 벚꽃을 하늘로 날려볼까?
- 민재야, 벚꽃이 춤을 추며 내려오고 있어~
- (벚꽃을 손바닥에 올리고) 엄마가 후우~ 불어볼게. 벚꽃이 날아가네!
- 와~ 벚꽃이 춤을 춘다.

3 벚꽃 잎을 물 위에 띄워 입으로 불어서 움직이게 해보세요.
- 물에 띄우면 어떻게 될까?
- 물에 꽃잎이 떠 있네.
- 어떻게 하면 꽃잎이 움직일까?
- 민재가 후우~ 부니까 꽃잎이 춤을 추네.
- 엄마가 세게 부니까 빨리 움직이네.

4 나뭇잎, 나뭇가지, 나무껍질도 물에 띄워보세요.
- 물 위에 나뭇잎도 띄워볼까?
- 후~ 나뭇잎을 불어볼까? 빙그르르~ 돌아가네.
- 나뭇잎 배가 둥둥 떠내려간다. 후~ 불어봐!

자연물은 아기에게 최고의 놀잇감이에요.

Point 뇌 발달

우리 주변의 꽃과 나무는 뇌를 자극하는 최고의 선물입니다. 뇌가 기억한 꽃잎의 다양한 특징을 아기는 몸으로 표현해볼 수도 있습니다. 꽃잎을 입으로 불어 이리저리 움직이게 하는 것은 사물의 인과관계를 아는 데 좋은 놀이입니다.

응용해요!
밖에서 가지고 놀던 벚꽃 잎을 비닐에 담아와 얼음큐브에 2~3개씩 넣어 함께 얼려보세요. 아기가 목욕할 때 꽃잎 얼음큐브를 1개씩 욕조에 넣어주면 재미있는 장난감이 됩니다.

엄마를 위한 발달 상식
자연은 아기가 직접 보고, 만지고, 느끼고, 생각할 수 있는 대상입니다. 자연을 통해 아기는 풍부한 감각 경험을 하게 되지요. '춤추는 꽃잎' 놀이도 아기가 집 안에서 보던 단순한 색깔이 아니라 '자연색'을 접하는 시각 경험이 되지요. 또 꽃잎이 움직이는 것을 보고 '꽃잎 날리기' '꽃잎 받기' '꽃잎으로 구성하기' 등 다양한 놀이로 응용하면서 자기주도능력을 키우게 됩니다.

상호작용할 때
벚꽃 날리는 다양한 방법을 아기 스스로 찾도록 기다려주세요. 아기는 자신이 직접 경험한 것을 가장 인상적으로 기억합니다. 계절에 따라 변화하는 자연을 아기가 직접 경험하는 시간을 꼭 마련해주세요.

궁금해요 Q&A

Q 아기가 꽃잎 불기를 힘들어하면 어떻게 하지요?

A 입으로 바람을 부는 힘이 약하거나 정확하게 불지 못할 때는 빨대를 이용해보세요. 부채질을 해 꽃잎을 날릴 수도 있어요.

30-36개월 감각인지

나는야, 요리사

간단한 요리를 통해 재료의 변화 과정을 탐색하고, 평소 잘 먹지 않는 음식에 관심을 가져보는 놀이

● 준비물
화채 사진(인터넷에서 검색), 제철 과일들, 아기 주스, 플레인 요구르트, 여러 가지 모양 틀, 접시, 숟가락, 아기 앞치마, 머리 수건

놀이하기

손을 깨끗이 씻은 뒤 앞치마와 머리 수건을 두르고 놀이하세요.

1 **맛있게 생긴 요리 사진을 보며 아기와 이야기를 나눠보세요.**
   · 여기 맛있는 과일화채가 있구나.
   · 이렇게 주스에 과일을 동동 띄운 것을 '화채'라고 해.
   · 우리도 맛있는 화채 만들어볼까?
   · (요리 사진을 먹는 척하며)얌냠 맛있다! 시윤이도 먹어볼래?

2 **과일의 모양, 색깔, 냄새, 겉과 속을 탐색해보세요.**
   · 시윤이가 좋아하는 사과랑 수박, 바나나가 있구나.
   · 사과를 한번 잘라볼까? 가운데에 씨가 있네.
   · 초록색 수박도 잘라보자.
   · 수박을 잘라보니 빨간 속살이 보이는구나.
   · 어떤 냄새가 나는지 맡아볼까?
   · 시윤아, 어떤 맛인지 한번 먹어볼래?

아기와 함께 요리 할 때는 안전에 특히 유의하세요.

3 **납작하게 썬 과일을 모양 찍기 틀로 찍어보세요.**
   · 과일들이 납작해졌네.
   · 꽃모양 틀로 과일을 찍어볼게.
   · 짜잔~! 꽃모양 사과가 됐네.
   · 꽃모양 수박이 만들어졌구나.

4 **주스의 맛을 보고 모양낸 과일을 띄워보세요.**
   · (그릇에 주스를 따라놓고)이 주스 먹어볼까?
   · 달콤하다~ 여기에 과일을 띄워볼까?
   · 꽃모양 수박도 넣고, 별모양 바나나도 넣고, 또 무얼 넣을까?
   · 바나나 별이 주스에 동동 떠 있네.

뇌 발달 Point

요리는 아기의 뇌 발달에 매우 좋은 놀이입니다. 요리를 하는 동안 아기는 시각·촉각·후각뿐 아니라 다양한 언어 자극을 자연스럽게 경험하면서 뇌의 기억 저장소(감각기억)에 모든 경험을 담아놓습니다. 또 요리 경험은 즐거움과 성취감을 느끼게 해줍니다.

5 화채를 그릇에 담고 가족과 맛있게 나눠먹어요.
- 맛있는 화채를 누구랑 먹을까?
- 아빠도 드리고, 할머니도 드리자.
- 할머니, 우리 시윤이가 만든 거예요. 한번 드셔보세요.

응용해요!
화채를 만들고 남은 과일 조각들은 플레인 요구르트에 버무려주세요. 또 다른 요리가 됩니다.
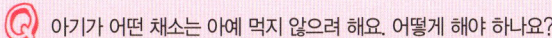

엄마를 위한 발달 상식
엄마와 함께 요리를 하면서 다양한 음식의 맛과 색감, 질감을 경험하는 것은 아기의 오감발달에 도움이 되지요. 요리에 사용하는 재료를 다양한 모양으로 자르거나 모양 틀로 찍어보면서 아기는 자연스럽게 도형이나 분수에 대한 수학적 경험도 합니다.

상호작용할 때
아기가 후각·촉각·미각을 골고루 사용해서 과일을 탐색해보도록 시간을 충분히 주세요. 화채를 예쁘게 완성하는 것이 아니라 요리를 만들어가는 과정에서 아기가 즐거움을 느끼게 하세요.

궁금해요 Q&A

Q 아기가 어떤 채소는 아예 먹지 않으려 해요. 어떻게 해야 하나요?

A 아기가 먹기 싫어하는 채소나 음식을 억지로 먹이면 오히려 역효과가 생깁니다. 아기와 함께 장보기를 하거나 식재료를 다듬고 씻으면서 자연스럽게 채소의 모양·냄새·촉감에 익숙해지도록 하세요. 또 같은 채소라도 조리법(조림, 튀김, 볶음 등)을 바꿔가며 요리를 해주는 것도 편식을 조절하는 좋은 방법입니다.

30-36개월 감각인지

구슬 그림

구슬이 움직일 때 생기는 물감 자국을 보며 자신의 움직임과 구슬 사이의 관계를 경험해보는 미술 놀이

● **준비물**
구슬들, 상자(아기가 자유롭게 움직일 수 있는 크기), 종이(상자 바닥에 꼭 맞는 크기), 물감이 담긴 그릇, 숟가락, 물걸레

놀이하기

아기가 구슬을 입에 넣지 않고 굴러가는 사물에 관심이 많아졌을 때 놀이하세요.

1 **집 안에서 굴러가는 사물을 찾아 굴려보세요.**
 · 데굴데굴 구르는 게 뭐가 있을까? 우리 찾아볼까?
 · 엄마 화장품도 데굴데굴~ 굴러가고, 또 뭐가 있지?
 · 빨대도 데굴데굴~ 굴러가고, 뚜껑도 굴러가네.

2 **상자 안에 종이를 깔고 구슬을 넣어 굴리면서 소리를 들어보세요.**
 · 엄마가 굴러가는 구슬을 준비했어.
 · 이건 구슬인데, 절대 입에 넣으면 안 돼!
 · 구슬을 상자에 넣고 이리저리 움직여봐.
 · 또로록~ 또로록~ 소리가 나네.

3 **구슬 한 개에 물감을 묻혀 굴려서 만들어지는 선을 관찰해보세요.**
 · 구슬에 어떤 색 물감을 묻힐까?
 · 이번에는 빨간색 물감을 묻혀서 굴려보자. 어? 빨간색 선이 나왔네!
 · 상자를 이리저리 움직여보자.
 · 상자 안에 그림이 생기는구나~
 · 구슬이 굴러가면서 선을 그리네!
 · 다른 색깔로도 한번 해보자.

'잘했다' '멋있다'는 칭찬보다는 '선이 빨간색이네' '구불구불 선이 생겼네'라고 말해주세요.

4 **구슬을 꺼내고 상자바닥에 깔아둔 종이를 보며 이야기하세요.**
 · 이제 구슬은 구슬 통에 넣어두자.
 · 어떤 그림이 완성되었나 볼까?
 · 지호야, 여기는 비가 오는 것 같아.
 · 구슬을 여러 개 넣었더니 알록달록하지?
 · 빨간 선, 파란 선, 노란 선. 색깔이 모두 다르네.

응용해요!
구슬뿐 아니라 콩, 털 뭉치, 작은 공 등 다양한 크기와 질감의 사물을 넣고 놀이할 수 있어요.

뇌 발달 Point

자극이 다양할수록 뇌를 더 많이 자극하여 생각이 뚜렷해집니다. 새로운 정보는 둘 이상의 감각이 연계될 때 더욱 강해지는 특성이 있으므로 아기와 오감을 사용하는 놀이를 자주 하는 것이 좋습니다.

엄마를 위한 발달 상식

상자를 움직이는 방향대로 구슬이 움직이는 것을 보면서 아기는 방향을 마음대로 조절하는 법을 배워요. 구슬을 움직이면 눈과 손의 협응력도 기르게 됩니다. 또 움직임을 통해 나타나는 다양한 모양과 색깔은 아기의 미적 감각을 기르는 데 도움을 줍니다.

상호작용할 때

- 상자 바닥에 종이를 깔 때는 바닥에 꼭 맞는 크기로 잘라 종이가 움직이지 않게 하세요.
- 아기가 결과보다는 과정을 즐기도록 도와주세요. 다 그리고 난 뒤에는 종이에 아기 이름을 써주거나 그림을 보면서 아기가 했던 말들을 적어 성취감을 느끼게 하세요.
- 구슬 그림놀이를 할 때 아기가 구슬을 입에 넣어 삼키지 않도록 주의해야 합니다. 구슬을 삼켜 기도로 들어가면 안전사고가 발생할 수 있어요.

궁금해요 Q&A

Q 아기가 만든 미술작품을 보고 어떻게 칭찬해줘야 하나요?

A 아기의 행동을 칭찬하는 것은 중요해요. 하지만 아기가 만든 작품을 보고 무조건 '멋있다' '예쁘다' '최고야'라는 표현은 좋은 칭찬이 아닙니다. 무조건적인 칭찬보다는 있는 그대로, 보이는 대로 말해주는 것이 좋아요. '동그라미를 그렸네' '빨간색을 칠했네'와 같이 말해보세요.

30-36개월 감각인지

무엇일까요?

그림의 일부분을 보고 무엇인지 맞히는 경험을 통해 부분과 전체에 대한 형태지각력을 키우는 놀이

● 준비물
다양한 그림(잡지, 달력, 장난감 상자, 과자 포장지 등), 안전가위

놀이하기

아기에게 친숙한 그림이나 자주 보았던 사진을 가지고 놀이하세요.

1 아기에게 친숙한 그림이나 사진을 보여주면서 이야기하세요.
- 민재가 좋아하는 강아지 사진이구나.
- 갈색 강아지 옆에 복실복실 하얀 강아지가 있네.
- 이 그림 기억나? 달력에 나무가 있네.

2 그림을 접어서 일부분만 보여주고 무엇인지 말하게 하세요.
- 민재야, 이게 무슨 그림일까?
- (접었던 부분을 펴면서) 하나, 둘, 셋! 짜잔~ 무슨 그림이지?
- (다시 종이를 접고) 아까 이렇게 접었던 부분이야.
- (다시 종이를 펼치며) 이렇게 펼쳐보니 나무네. 그렇지?
- 민재는 강아지라고 생각했구나.
- 그림 한번 볼까? 짠! 정말 강아지네.

가위질은 아직 어렵지만 아기가 원한다면 직접 하게 하세요.

3 그림을 3~4조각으로 오린 뒤 조각을 살펴보세요.
- 엄마가 그림을 잘라볼게. 조각을 알아맞힐 수 있을까?
- 이 조각은 어떤 그림의 조각일까?
- 민재야, 이게 뭘까? 까만 줄무늬가 있네.
- 민재는 이 조각이 수박 그림이라고 생각하는구나.

4 오린 그림 조각을 맞춰 그림을 완성해보세요.
- (전체 그림을 맞추며) 와! 정말 수박이었네!
- (조각 하나를 들고) 이 조각에는 나뭇잎이 보이네.
- 또 나뭇잎 그림은 어디 있지?
- 어머! 민재가 나뭇잎 그림을 찾았네~
- 우리 다른 그림도 한번 맞춰볼까?

응용해요!
다 맞춘 그림 조각을 종이에 풀로 붙여서 하나의 그림처럼 만들 수도 있어요.

POINT 뇌 발달

아기의 뇌는 처음 보는 물건이나 형태에 관심을 가집니다. 아기에게 익숙한 그림이나 사진을 접어 일부분만 보여주는 것은 뇌를 자극하는 놀이입니다. 이 놀이를 할 때는 평소 아기가 익숙하게 봐온 그림이나 사진을 이용하면 좋습니다.

엄마를 위한 발달 상식
가위질은 눈과 손의 협응력과 조작능력을 발달시켜요. 가위질을 하려면 손의 힘을 적절히 조절하면서 가위를 조작해야 하므로 아기에겐 생각보다 어려운 과제입니다. 이 시기에는 선을 따라 가위질하는 것은 가능하지만 정교한 가위질은 아직 힘듭니다.

상호작용할 때
아기가 퍼즐에 익숙해지면 종이조각을 더 작게 잘라 놀이하세요. 단, 퍼즐 조각이 많으면 아기가 좌절감을 느낄 수 있으므로 처음에는 3~4조각이 좋아요.

궁금해요 Q&A

Q 아기가 아주 잠시만 퍼즐에 집중했다가 금세 그만둡니다. 어떻게 하면 잘 놀 수 있을까요?

A 아기는 관심이 있고 흥미로운 대상에만 오랜 시간 집중할 수 있어요. 퍼즐 조각이 많으면 5분 이상 집중하기가 어렵습니다. 아직은 어린 아기이니까요.

30-36개월 감각인지

작게, 작게 잘라요

점토와 수수깡, 빨대, 종이 등을 가위로 잘라 꾸며보는 놀이

● 준비물
안전가위, 색종이, 못 쓰는 종이, 점토, 빨대, 수수깡, 접착 시트지

놀이하기

아기가 가위질에 관심을 가지고 종이를 잘라보고 싶어할 때 놀이하세요.

1 **아기와 함께 안전가위를 살펴보고 안전한 사용법에 대해 일러주세요.**
   - 시윤아, 이게 뭐지? 가위를 본 적 있어?
   - 이 가위는 싹둑싹둑 여러 가지를 자를 수 있어.
   - 손을 다칠 수도 있으니 조심해야 해.
   - 가위는 항상 조심조심 사용해야 해. 엄마랑 같이 잘라볼까?

2 **안전가위로 점토, 수수깡, 빨대 등을 작게 잘라보세요.**
   - 엄마가 가위로 수수깡을 잘라볼게.
   - 시윤이도 가위로 빨대를 잘라볼까?
   - 가위로 점토(수수깡)를 자를 수 있니?
   - 시윤이가 빨대를 잘랐네. 긴 빨대가 싹둑 잘려 짧아졌네~
   - 자른 빨대는 바구니에 담아보자.
   - 그 다음엔 어떤 것을 잘라볼까?

3 **안전가위로 색종이나 못 쓰는 종이 등을 잘라보게 하세요.**
   - 이번에는 가위로 무엇을 잘라볼까?
   - 색종이도 잘라볼까? 시윤이가 싹둑싹둑 잘도 자르네.
   - 엄마가 색종이를 반으로 접어 싹둑싹둑 자르니 예쁜 하트가 되었네.
   - 시윤이는 무슨 모양으로 잘랐나?

손으로 찢거나 부러뜨린 것과 가위질한 것이 어떻게 다른지 비교해보세요.

4 **접착 시트지에 가위로 잘랐던 조각들을 뿌려서 꾸며보세요.**
   - 이건 끈적끈적한 시트지야.
   - 시윤이가 자른 조각들을 이 위에 뿌려보자.
   - 시윤아, 멋진 액자가 완성됐네~
   - 수수깡이 있는 부분을 만져볼까? 올록볼록 튀어나왔네.
   - 종이가 있는 부분도 만져볼까? 어떤 느낌이야?

뇌 발달 Point

이 시기의 아기는 손뿐 아니라 손목도 자연스럽게 움직일 수 있을 만큼 뇌의 운동영역이 발달해 있습니다. 종이 오리기를 할 때 모양대로 오리게 하면 자칫 아기에게 스트레스가 될 수 있으니 처음에는 아기가 마음대로 자를 수 있게 합니다. 다양한 질감의 종이를 자르는 활동은 시각·청각·촉각을 동시에 발달시키는 데 도움이 됩니다.

응용해요!

시트지에 장식한 아기 작품 위에 투명한 시트지를 덧씌우고 위쪽에 고리를 걸면 근사한 액자가 완성됩니다. 벽에 걸어 전시해보세요.

엄마를 위한 발달 상식

만 3세 정도가 되면 가위질하는 것을 좋아하고 종이를 다양하게 자를 수 있어요. 아직 원 모양으로 자르는 것은 어렵지만 직선은 제법 잘 자르지요. 아기에 따라서 개인차는 있으나 종이를 잘게 자르는 것도 가능합니다.

상호작용할 때

무엇을 만들지 미리 정하고 놀이하는 것도 좋지만 아기가 마음대로 오려보게 하는 것이 중요합니다. 아기가 만든 작품을 냉장고나 벽에 붙여 전시해주면 아기가 볼 때마다 성취감을 느끼며 기뻐하지요.

궁금해요 Q&A

Q 아기가 아무거나 가위로 자르려고 해요.

A 아기는 호기심이 가득해 가위로 머리카락이나 옷 등 무엇이든 자르려고 합니다. 이런 행동은 매우 정상적입니다. 가위놀이 전후에는 집 안의 물건이나 그림책을 함부로 자르지 않도록 아기에게 주의를 주고 잘 살펴보도록 하세요. 아기에게 가위로 자를 수 있는 것과 없는 것이 있음을 분명히 알려주고, 가위는 안전한 장소에 보관하세요.

30-36개월 사회정서

노래하고 춤추고

노래를 부르면서 다른 사람의 동작을 따라하는 놀이

● **준비물**
별도의 준비물이 필요 없어요.

놀이하기

아기가 자주 듣는 노래에 맞는 손동작을 미리 생각해두고 놀이하세요.

1 아기에게 익숙한 노래를 불러주고 이야기하세요.
- 반짝반짝 작은 별 / 아름답게 비추네.
  서쪽 하늘에서도 / 동쪽 하늘에서도
  반짝반짝 작은 별 / 아름답게 비추네~
- 이 노래 부르면서 춤춰볼까?

2 익숙한 노래를 불러주면서 손동작을 함께 보여주세요.
- (두 손을 얼굴 옆에 올리고 손가락을 접었다 펴며)반짝반짝 작은 별
- (두 팔로 커다란 원을 그리며)아름답게 비추네.
- (손가락으로 왼쪽을 가리키며)서쪽 하늘에서도
- (손가락으로 오른쪽을 가리키며)동쪽 하늘에서도
- (두 손을 얼굴 옆에 올리고 손가락을 접었다 펴며)반짝반짝 작은 별
- (두 팔로 커다란 원을 그리며)아름답게 비추네~

간단하고 쉬운 동작을 보여주세요.

3 아기가 엄마의 손동작을 잘 보고 따라하게 하세요.
- 지호도 엄마랑 같이 춤춰보자.
- 이렇게 손가락을 움직여봐~
- 팔로 큰~ 동그라미를 그리면서 '아름답게 비추네' 해볼까?
- 그렇지, 잘한다~ 우리 같이 해볼까?

4 일어서서 동작을 좀 더 크게 해보세요.
- (제자리걸음을 하면서)반짝반짝 지호 별 / 아름답게 비추네.
- (왼쪽으로 걸어가며)서쪽 하늘에서도
- (오른쪽으로 걸어가며)동쪽 하늘에서도
- (제자리걸음으로 2번 동작을 하면서)반짝반짝 지호 별 / 아름답게 비추네~

응용해요!
같은 노래에 맞춰 새로운 동작을 만들어보세요. 밤에 아기를 재울 때 함께 누워 자장가에 맞춰 손과 손가락만 움직이며 놀아볼 수도 있어요.

Point 뇌 발달

노래에 맞춰 춤을 추면서 즐거움을 느낄 때 뇌의 신경세포 회로가 잘 형성됩니다. 다른 사람의 동작을 따라할 때 아기의 뇌는 활발하게 반응하므로 노래하고 춤추는 놀이는 뇌 발달에 도움이 됩니다.

엄마를 위한 발달 상식

생후 첫 3년은 아기가 엄마와 안정적인 애착을 형성하고 사랑을 듬뿍 받으며 자라는 가장 중요한 시기입니다. 이 시기에 엄마가 아기와 노래하고 춤추며 눈을 맞추며 웃는 경험은 애착 형성에 좋습니다. 특히 이 시기에는 짧은 시간일지라도 아이와 충분히 교감하는 기회를 갖는 것이 중요합니다.

상호작용할 때

아기가 잘 아는 노래를 부르며 놀이하는 게 좋아요. 아기 스스로 동작을 만들어내면 엄마도 함께 따라하고 칭찬해주세요. 자신이 한 행동을 엄마가 인정해주고 따라할 때 아기는 성취감을 느끼고 자신감도 갖게 됩니다.

궁금해요 Q&A

Q 왜 아기가 다른 사람 앞에서는 노래나 율동을 하지 않으려고 할까요?

A 이 시기에는 노래나 율동하는 것을 즐기지만 타인에 대한 인식이 생기면서 다른 사람의 시선이 부담스러워하거나 부끄러움을 느끼기도 합니다. 만약 아기가 다른 사람 앞에서 노래하는 것을 꺼린다면 강요하지 말고 기다려주는 것이 좋아요.

30-36개월 사회정서
펄럭펄럭~ 스카프 나비

가볍고 부드러운 스카프를 마음대로 움직이면서 즐거움을 느끼는 놀이

● 준비물
알록달록한 스카프, 음악(빠른 음악, 느린 음악)

놀이하기

바깥에서 나비를 보고 들어온 날이나 나비와 관련된 그림책을 보고 나서 놀이하세요.

1 스카프를 펼쳐 공중에 떨어뜨려보세요.
- (스카프를 펼쳐서 떨어뜨리며) 스카프가 내려옵니다~
- 스카프가 나비 날개처럼 멋지게 내려오네!
- 은성아, 떨어지는 스카프를 잡아볼래?
- 야~ 잡았다! 은성이가 스카프를 잡았네.

2 스카프를 다양하게 흔들어 보여주세요.
- (스카프 끝을 흔들며) 스카프를 아래위로 흔들어보자.
- 은성이가 팔을 위로 흔드니까 스카프가 나비처럼 움직인다.
- (스카프를 좌우로 흔들며) 스카프가 나비처럼 날아가네.
- (스카프로 원을 그리며) 나비가 동그라미 춤을 추는 것 같아.
- 우리 은성이가 펄럭펄럭 나비 같네.

스카프 대신 보자기나 수건으로도 놀 수 있어요.

3 음악에 맞춰 스카프나 보자기를 흔들어보세요.
- 음악에 맞춰 흔들어볼까? 이렇게~ 이렇게~
- 은성이가 스카프를 빠르게 잘 흔드네~
- 스카프가 머리 위로 나비처럼 날아간다.
- (빠른 음악에 맞춰) 나비가 빠르게 움직이네.
- 천천히~ 천천히~ 나비가 느리게 움직여요.
- 스카프 두 개를 같이 들고 흔들어볼까?

4 아기가 스카프를 흔들면 움직임을 말로 표현해주세요.
- 위로 흔들흔들~ 아래로 흔들흔들~ 해볼까?
- 위에서 슝~ 놔볼까? 스카프가 내려가네.
- 엄마랑 마주잡고 내려볼까? 슝~ 또 내려가네!
- 위로 던져볼까? 올라갔다~ 내려왔다~ 와! 잘한다!

응용해요!
보자기나 스카프를 나비 날개처럼 접어서 아기 등에 묶어주고 나비가 되어 날아보게 하세요.

뇌 발달 Point

음악에 맞춰 춤을 추는 아기에게 칭찬과 격려를 많이 해줍니다. 칭찬을 받으면 아기의 뇌에서 도파민이 분비되어 즐겁게 놀이에 참여할 수 있습니다.

엄마를 위한 발달 상식

아기는 음악의 리듬에 맞춰 다양하게 움직일 수 있어요. 스카프의 움직임에 따라 몸을 움직이면 신체운동능력과 협응력이 발달합니다. 두 발로 껑충껑충 뛰는 것도 가능하기 때문에 이동하며 여러 가지 동작을 동시에 할 수 있어요.

상호작용할 때

놀이할 때 사용하는 음악은 빠른 템포와 느린 템포가 적절히 섞인 것이 좋아요. 음악이 느릴 때는 스카프를 느리게 흔들고 음악이 빠를 때는 움직임도 빠르게 변화를 주세요.

궁금해요 Q&A

Q 여자아이인데 보자기를 어깨에 두르고 슈퍼맨 흉내 내기를 즐겨요.

A 아직은 성별에 대해 정확한 구별을 하기 어려운 시기예요. 성 역할에 대한 고정관념이 생기기 전이므로 다양한 역할놀이를 하면서 성 역할을 경험하게 하세요. 높은 곳에서 뛰어내려 다치지 않도록 주의해주세요.

30-36개월
사회정서

재미있는 벽화

바닥이나 유리창에 마음대로 그림을 그리면서 색과 선을 탐색하는 놀이

● 준비물
플라스틱 그릇, 물, 큰 붓, 보드마커, 물티슈, 마른 수건

놀이하기

날씨 좋은 봄이나 가을에 베란다나 야외에서 놀이하세요.

1 **집 밖의 주변 풍경에 대해 이야기 나눠보세요.**
   · 파란 하늘이 보이고, 저기 나무도 있네.
   · 빵빵~ 자동차가 지나간다. 아저씨도 걸어가네.
   · 민재가 좋아하는 해바라기도 보이네.

2 **물과 붓으로 담벼락이나 바닥에 그림을 그려보세요.**
   · (붓으로 물을 칠하며)어? 색깔이 변했다.
   · 엄마는 이렇게 동그라미를 그렸네.
   · 우리 길게, 길게 저기까지 그려볼까?
   · 이번에는 구불구불 파도를 그려볼까?

물이 묻으면 색이 변하는 벽에서 놀이하세요.

3 **유리창에 입김을 불고 그 위에 그림을 그려보세요.**
   · (유리창에 입김을 불며)이것 봐. 여기에 그림이 그려지네.
   · 어? 금세 없어졌네. 다시 해볼까?
   · 유리창에 동그라미를 그려볼까?
   · 이번엔 긴 선을 그려볼까?

4 **유리창에 마커로 그림을 그렸다 지웠다 해보세요.**
   · 이번엔 펜으로 그려볼까?
   · 민재가 동글동글 동그라미를 그리고 있네.
   · 신나게! 신나게! 팔을 왔다갔다. 와~ 초록색이 칠해졌네.
   · 펜으로 그린 그림을 지워볼까?
   · (휴지로 그림을 지우며) 와~ 그림이 지워졌다!
   · (아기에게 휴지를 주며) 민재도 한번 지워볼래?

유리창을 사이에 두고 아기랑 마주보고 그려도 재미있어요.

뇌 발달 Point

월령이 높아질수록 다양한 색깔을 인식하고 분류할 수 있으므로 모든 색깔에는 이름이 있다는 사실을 알려줍니다. 놀이하면서 색깔 이름을 말하면 시각적 자극을 구분하는 뇌 활동을 자극합니다.

응용해요!

이 시기에는 스티커를 벽에 붙여 마치 벽화처럼 꾸미는 것을 좋아해요. 유리창에 아기가 스티커를 마음껏 붙일 수 있는 공간을 정해두고 자유롭게 놀 수 있도록 허락해주세요.

엄마를 위한 발달 상식

만 3세가 되면 크레파스나 사인펜 등으로 그림 그리기를 좋아합니다. 이 시기에는 수직선이나 수평선 또는 원을 자유롭게 그릴 수 있어요. 다양한 그리기나 쓰기 도구로 그림을 그리고 글씨를 쓰는 것을 격려해주세요.

상호작용할 때

아기에게 사과, 얼굴 등 특정한 것을 그리게 하기보다는 다양한 선과 색깔을 탐색할 수 있도록 도와주세요. 아기는 자신이 움직이면서 만들어낸 흔적을 신기해합니다. 아기가 특정 형태만 그리는 것에 집착하지 않도록 해주세요.

궁금해요 Q&A

Q 벽만 보면 낙서를 해서 걱정이에요.

A 낙서나 그림을 그려도 되는 공간을 구분해서 알려주는 것이 좋습니다. 칠판이나 큰 종이(전지 크기)를 벽에 붙여주고 마음껏 그리도록 해주세요. 그리고 다른 공간에 그림을 그려서는 안 된다는 것을 아기에게 지속적으로 알려주세요.

30-36개월
사회정서

얌냠! 상차리기

식사 준비하는 엄마 아빠를 따라하면서 자연스럽게 식사예절을 배우는 놀이

● **준비물**
별도의 준비물이 필요 없어요.

놀이하기

아기가 밥상 차리는 일에 관심을 보일 때 높은 식탁이 아닌 상을 펴서 놀이하세요.

1 **아기에게 식사 시간을 알리고 상차리기에 관심을 갖도록 유도하세요.**
 · 벌써 저녁시간이 되었구나. 배가 고프네.
 · 시윤이도 배고프니? 우리 상을 차려볼까?
 · 먼저 손을 깨끗이 씻고 식사 준비를 해보자.

2 **아기가 행주로 상을 깨끗이 닦아보게 하세요.**
 · (아기에게 행주를 주며) 시윤이가 상을 닦아볼래?
 · 시윤이가 엄마처럼 상을 깨끗하게 닦네.
 · 쓱쓱쓱~ 싹싹싹~ 상이 깨끗해졌다.

3 **아기가 수저와 컵을 상에 놓아보도록 하세요.**
 · 엄마가 수저를 줄게. 시윤이가 상 위에 올려줄래?
 · 이 자리는 아빠! 저 자리는 엄마! 시윤이 자리는 어디야?
 · 컵도 상에 놓아보자. 시윤이 컵은 어디에 놓을까?
 · 와! 시윤이가 밥상을 차렸네~

4 **식사 후에는 정리도 함께 하세요.**
 · 시윤이가 밥을 맛있게 잘 먹었네.
 · 우와~ 시윤이가 반찬 뚜껑도 잘 닫았네!
 · (컵을 든 아기를 안아) 시윤이가 컵을 싱크대에 쏙 넣어볼까?
 · 밥을 다 먹고 시윤이랑 같이 치우니 좋은데?
 · 엄마 도와줘서 고마워~

밥상을 차리고 치우는 과정을 놀이처럼 생각하게 해주세요.

응용해요!
상차리기를 할 때 반찬을 놓거나 컵에 물을 따르는 놀이도 해보세요.

Point 뇌 발달

엄마 아빠와 함께 상을 차리고 정리하는 경험을 통해 식사 진행의 순서를 익히게 됩니다. 아기가 순서를 미리 예측할 수 있도록 "시윤아, 다음에는 무엇을 할 차례일까?"와 같은 단서를 주는 것이 좋습니다. 엄마 아빠의 모습을 관찰하는 동안 아기 뇌에서는 거울뉴런 시스템이 활발히 작동하여 뇌 발달을 도와줍니다.

엄마를 위한 발달 상식

이 시기는 서로 다른 크기의 숟가락과 밥그릇 등을 비교하면서 크기와 길이, 높이의 차이를 구별하기 시작합니다. 식탁에 수저와 컵을 놓으면서 아기는 자연스럽게 수학적 경험을 하게 됩니다. 생활 속에서 자주 사용하는 물건을 비교하면서 사물의 차이를 자연스럽게 이해하게 도와주세요.

상호작용할 때

처음에는 수저를 사람 수만큼 준비해 놓이하세요. 아기가 상차리기에 익숙해지면 수저가 많이 담긴 수저통을 주고 아기에게 필요한 개수만큼 골라 상을 차려보도록 합니다. 이 과정에서 아기는 사람 수와 필요한 수저 수를 생각하고 판단하는 경험을 하게 되지요.

궁금해요 Q & A

Q 아기가 편식이 심해서 걱정이에요.

A 아기가 먹기 싫어하는 음식은 억지로 먹이지 마세요. 대부분의 아기는 새로운 식재료나 맛을 싫어합니다. 새로운 음식을 소개할 때는 조금씩 맛보게 한 뒤 점점 양을 늘려주세요. 식사 시간에 엄마가 맛있게 먹는 모습을 보여주는 것도 좋습니다.

30-36개월 사회정서

빨래를 해요

빨래를 하고 널면서 자연스럽게 생활의 기술을 습득하고 일에 대한 만족감과 성취감을 느끼게 하는 놀이

● **준비물**
작은 빨랫감(손수건, 양말 등), 대야, 빨래판, 물, 아기용 비누, 빨래집게, 건조대

놀이하기

목욕을 하기 전이나 목욕을 하고 난 뒤 작은 빨랫감을 가지고 놀이하세요.

1 엄마가 빨래하는 모습을 보여주세요.
- 지호가 신었던 양말을 빨아볼까?
- 양말을 물에 담가볼까? 양말이 점~점 젖고 있네.
- 양말이 무거워졌다~ 한번 들어봐.
- 통에 담아 물을 적시고 비누를 묻혀서 조물조물~
- 양말이 미끌미끌해졌어. 한번 만져봐.
- (빨래판에 비비며)여기에 빨래를 올리고 비벼! 비벼!

2 아기도 엄마처럼 손수건을 빨아보게 하세요.
- 지호도 엄마처럼 빨래하고 싶구나.
- 그럼 지호는 손수건을 빨아줄래?
- 먼저 손수건을 물에 적시고. 어? 손수건이 점점 물에 젖는다.
- 비누를 묻혀 조물조물~ 수건이 미끌미끌해졌네.
- 손수건을 비벼! 비벼!! 더 세게 비벼! 비벼!
- 이번에는 빨래판에 비벼비벼! 비벼비벼!

3 거품을 없애기 위해 빨래를 물에 넣어 흔들고 돌려보세요.
- 비누거품이 없어지도록 물에 흔들어볼까?
- (빨래를 물에 헹구며)이번에는 휘휘 저어볼까?
- 거품이 많이 없어졌다.
- 물에 거품이 동동 떠 있네.
- 물을 꼭 짜고 깨끗한 물에 다시 한 번! 조물조물~
- 깨끗한 물로 다시 한 번 헹궈보자.

빨래를 하기 전후 달라진 변화를 느낄 수 있도록 놀아주세요.

4 옷걸이나 빨래집게를 이용하여 건조대에 빨래를 널어보세요.
- 이제 지호 손수건이랑 양말을 건조대에 널어보자.

놀이를 하면서 가장 중요한 것은 바로 '즐거움'입니다. 재미가 있어야 또 하고 싶고, 반복된 경험을 통해 새로운 정보를 배우고 익히게 됩니다. 아기가 빨래놀이를 반복하면서 빨래하는 순서를 기억하므로 뇌 발달에 도움이 됩니다.

- 빨래를 탁탁 털어볼까? 그리고 이렇게 널어보자.
- 양말이 자꾸 떨어지네. 집게로 눌러볼까?
- 집게를 이렇게 손으로 잡으면 입이 벌어져.
- 집게 입으로 양말을 꽉! 물게 할까?
- 빨래에서 물이 뚝뚝 떨어지네.

엄마를 위한 발달 상식

빨래놀이에 참여하면서 다양한 옷을 통한 촉감을 경험하고 가벼운 옷이나 양말을 빨래집게로 너는 경험을 통해 집중력을 기를 수 있어요. 마른 옷이 물에 젖어 색깔과 무게가 변하고, 비누를 묻혀 비비면 거품이 생기는 과정을 경험하는 것은 좋은 과학활동입니다.

상호작용할 때

빨래한 후에는 건조대에 널어놓은 양말이나 손수건 등이 마를 때까지 지속적으로 관찰하면서 변화를 느낄 수 있도록 도와주세요. '아빠가 신었던 양말' '아까 슈퍼 갈 때 입었던 바지네'처럼 빨래에 가족의 이야기를 담아 놀이하는 것도 좋아요.

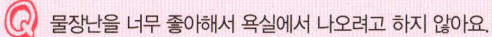

Q 물장난을 너무 좋아해서 욕실에서 나오려고 하지 않아요.

A 아기는 대체로 물을 좋아합니다. 수도꼭지에서 나오는 물이 신기해서 계속 바라보고 손에 잡히지 않고 흐르는 물의 촉감을 즐깁니다. 아기에게 조금 있다 놀이를 정리해야 한다고 미리 말해두세요. "엄마가 이제 그만하자~ 하면 그만하는 거야"라고 말해줍니다. 스톱워치를 3분 정도 후에 울리도록 맞춰놓고 스스로 놀이를 그만두고 정리할 수 있게 해주세요.

30-36개월 사회정서

쑥쑥~ 자라라

동식물이 자라는 모습을 관찰하고 길러보는 놀이

● 준비물
화분, 물뿌리개, 애완용 동물, 먹이

놀이하기
집 안에서 키우는 동물이나 식물이 있는 경우에 놀이하세요.

1 집에서 키우는 동식물에 관심을 가질 수 있게 하세요.
· 은성아, 이리 와봐. 나무에 아기 잎이 생겼구나.
· 화분에 빨간 꽃이 피었네. 은성아, 이리 와서 볼래?
· 엄마가 물을 주었더니 쑥쑥 잘 자라네.
· 밥을 주니까 금붕어가 뻐끔뻐끔 잘도 먹네.
· 금붕어야, 많이 먹고 쑥~ 쑥 자라라.

2 동식물의 생김새나 특징을 관찰할 수 있게 도와주세요.
· 여기 작은 꽃망울이 생겼네. 이 꽃은 활짝 피었구나.
· 잎이 어떻게 생겼지? 이건 잎이 길쭉하네~
· 떨어진 잎들도 있네. 왜 떨어졌을까?
· 금붕어는 눈을 이리저리 움직인다~

동식물을 친구로 느끼게 해주세요.

3 아기가 동물이나 식물에게 물이나 먹이를 주게 하세요.
· 물뿌리개로 물을 줘볼까? 칙칙칙!
· (물뿌리개를 조금씩 기울이며) 물이 넘치지 않도록 조금씩 기울여보자.
· (아기가 물뿌리개를 기울일 때) 그렇지! 조금씩, 천천히~ 잘하네.
· 조금 기울이면 물이 조금 나오고, 많~이 기울이면 물이 많~이 나오네.
· 나무야, 많이 먹고 쑥쑥 자라라~

응용해요!
성장의 변화가 뚜렷한 식물인 경우 사진을 찍어 벽에 붙여놓고 성장과정을 볼 수 있게 하세요.

4 물을 주고 난 후 식물이나 식물 주변의 변화를 눈여겨 살펴보세요.
· 물을 주니 흙 색깔이 진해졌네.
· 잎에 송알송알 물방울이 맺혔구나.
· 은성이가 물을 주니 식물이 쑥쑥 잘~ 자라겠다.
· 금붕어가 지느러미를 하늘하늘 흔드네.

 **뇌 발달 Point**

이 시기의 아기는 집안일을 하는 어른들의 행동을 관찰하며 흉내 내는 것을 즐깁니다. 아기는 엄마와 아빠의 행동을 관찰하며 그 장면을 뇌에 저장했다가 그대로 따라하면서 기쁨과 만족감을 느낍니다.

엄마를 위한 발달 상식
아기가 식물의 변화에 관심을 가지고 자라나는 식물의 모습을 관찰하도록 이끌어주세요. 집에서 동식물을 키우는 경험은 안정적인 정서발달에 도움이 됩니다.

상호작용할 때
아기와 함께 동물이나 식물에 이름을 붙여주고 친구처럼 애정을 가지고 기르도록 하세요. 아침저녁 반갑게 인사를 하며 건강하게 잘 자라도록 돌보는 경험은 생명을 소중히 여기는 따뜻한 마음을 갖게 합니다. 단, 물이나 먹이를 지나치게 많이 주는 것은 좋지 않다는 점을 반드시 알려주세요.

궁금해요 Q&A

Q 아끼는 동물이나 식물이 죽었을 경우 어떻게 해야 하나요?

A 엄마가 먼저 동물 또는 식물의 죽음을 슬퍼하고 안타까워하는 모습을 보여주세요. 아기가 너무 슬퍼하거나 속상해한다면 슬픔의 감정을 충분히 인정해주되 생물이 죽으면 다시 살아날 수 없음을 알려주세요. 아끼는 동물이나 식물의 죽음은 아기가 슬픔의 감정을 경험하는 기회이지요. 따라서 엄마는 아기의 감정 표현이 억압되거나 과장되지 않도록 옆에서 도와주세요.

30-36개월 신체운동

바느질놀이

구멍 뚫린 종이에 끈을 끼우며 눈과 손의 협응력을 기르는 놀이

● 준비물
두꺼운 종이판, 펀치, 운동화 끈 여러 개

놀이하기

아기가 혼자서 단추를 풀거나 지퍼를 올리고 싶어할 때 놀이하세요.

1 펀치로 구멍을 여러 개 뚫은 두꺼운 종이를 살펴보세요.
- 민재야, 여기 구멍이 뽕뽕 뚫린 종이가 있네.
- 이것으로 무엇을 할 수 있을까?
- (펀치 구멍에 눈을 대며) 구멍으로 민재가 보이네.

2 운동화 끈을 보여주고 구멍에 넣었다 빼는 것을 보여주세요.
- 여기에 끈을 끼워볼까?
- 이쪽부터 차례차례. 다음에는 여기로 들어가네.
- (아기에게 보여주며) 잘 봐. 이렇게 나왔다가 다시 들어간다.
- 다음엔 어느 구멍으로 갈까?

3 아기 손을 잡고 운동화 끈을 끼워보세요.
- 민재도 해볼래? 끈을 이렇게 잡고 해보자.
- 이쪽 구멍에 넣었다가 다시 이렇게 빼고~
- 옳지, 민재가 왔다갔다 바느질을 잘하는구나.

4 여러 개의 조각을 끈으로 연결해보세요.
- 이것들을 겹쳐서 바느질해볼까?
- 두 개를 이어서 바느질하니 더 재미있네.
- 빨간색 조각이랑 노란색 조각이랑 합쳐졌어~
- 다시 한 번 해볼까?
- 이제 끈을 풀어보자.

아기가 어려움을 느끼지 않게 차근차근 놀이 과정을 설명해주세요.

 **Point 뇌 발달**

이 시기의 아기에게 끈 끼우기는 매우 어려운 과제이므로 엄마가 먼저 시범을 보이는 것이 좋습니다. 엄마의 행동을 보면 아기의 거울뉴런 시스템이 작동하여 놀이에 적극적으로 참여하고 싶은 동기를 제공합니다.

응용해요!

운동화 끈에 빨대를 꿰어보는 놀이도 할 수 있어요. 손수건이나 보자기 매듭을 풀어보는 놀이도 손끝을 사용하기에 좋은 손가락놀이입니다.

엄마를 위한 발달 상식

바느질놀이는 손가락 끝을 섬세하게 조절하는 능력이 필요한 놀이예요. 구멍에 끈을 끼우는 놀이는 주의집중력과 눈과 손의 협응력을 길러줍니다.

상호작용할 때

두꺼운 종이판이 없다면 못 쓰는 책받침이나 광고용으로 받은 플라스틱 부채, 안 쓰는 마우스 패드 등에 구멍을 뚫어 사용할 수 있어요. 단, 가장자리를 둥글게 만들어 아기 손이 다치지 않도록 해주세요.

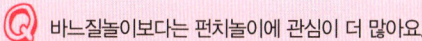 **궁금해요 Q & A**

Q 바느질놀이보다는 펀치놀이에 관심이 더 많아요.

A 펀치(종이 등에 구멍을 뚫는 기구)는 이 시기의 아기에게는 적합하지 않은 놀잇감이에요. 아기가 종이에 구멍이 뚫린 것을 재미있어한다면 엄마가 미리 구멍을 뚫어 위험한 과정을 피하도록 하세요.

30-36개월 신체운동	**놀이터에 갔어요**

놀이터의 놀이기구를 탐색하고 이용하는 놀이

● 준비물
별도의 준비물이 필요 없어요.

놀이하기
아기가 집 주변 놀이터의 놀이기구에 관심을 보일 때 놀이하세요.

1 **놀이터에서 아이들을 관찰하며 아이들의 행동을 말로 표현해주세요.**
   · 저~기, 그네를 타는 언니(오빠)가 있네.
   · 언니(오빠)가 발을 접었다 폈다 하네.
   · 미끄럼틀에 친구가 올라가고 있네.
   · 계단으로 한 발 한 발 조심조심~

다른 사람 놀이를 보기만 해요.

2 **아기와 함께 놀이기구를 타보세요.**
   · 시윤이도 그네 타볼래?
   · 엄마랑 같이 앉아서 타볼까?
   · 시윤이도 친구처럼 미끄럼틀 타고 싶구나.
   · 엄마랑 같이 앉아서 슝~ 내려가보자.

3 **엄마의 도움을 조금만 받고 놀이기구를 이용해보게 하세요.**
   · 시윤이도 아까 언니(오빠)처럼 발을 왔다갔다 움직여봐~
   · 시윤이는 계단을 올라가는 게 무섭구나. 엄마가 잡아줄까?
   · (미끄럼틀을 가리키며)엄마가 뒤에 타서 시윤이를 잡아줄게.
   · (그네를 가리키며)아까는 엄마랑 같이 탔지?
   · 엄마가 아주 살살 밀어줄게. 한번 타볼까?

엄마랑 같이 타요.

4 **엄마의 도움을 거의 받지 않고 놀이기구를 타보게 하세요.**
   · 그네에 앉아 다리를 접었다 폈다 해볼까?
   · 시윤이가 다리를 움직이니까 그네도 움직이네.
   · 이제 시윤이 혼자서 계단을 잘 올라가는구나.
   · 시윤이가 혼자서 미끄럼을 타고 내려왔네.
   · 엄마가 이제 밑에서 기다리고 있을게. 내려와봐~

혼자서 타요.

뇌 발달 Point

놀이기구를 이용하는 것은 뇌의 전두엽 발달에 영향을 줍니다. 또한 놀이터에서 뛰어 노는 경험은 심장의 기능을 튼튼히 하고 뇌 혈류가 원활히 돌도록 하여 스트레스를 풀어주고 건강한 뇌 발달을 도와줍니다.

엄마를 위한 발달 상식

25~36개월경이 되면 아기는 양쪽 발을 모아 팔짝팔짝 뛸 수 있고 혼자서 계단을 오르내릴 수 있어요. 이 시기에 실외 놀이터는 신체운동능력을 기르기에 좋은 장소입니다.

상호작용할 때

아기가 놀이기구를 이용할 때는 반드시 곁에서 지켜보며 안전에 유의하세요. 또 아기에게 놀이기구를 안전하게 이용하는 방법을 잘 알려주고 약속을 지키도록 해야 합니다.

궁금해요 Q&A

Q 놀이터에서 놀이할 때 모래가 신발에 들어가면 짜증을 많이 내요.

A 모래가 신발에 들어가면 불쾌감을 느낄 수 있어요. 또는 엄마가 평소에 신발에 모래가 들어가지 않도록 철저하게 주의를 줬을 수도 있지요. 놀이터에서 놀 때는 옷과 신발이 더러워질 수밖에 없어요. 아기가 이런 현상을 자연스럽게 받아들이도록 도와주세요.

비누거품그림

30-36개월 / 신체운동

물감을 탄 색깔 거품을 빨대로 불거나 종이에 찍어보는 놀이

● 준비물
투명한 그릇, 빨대, 작은 종이, 물, 물감, 액상 아기 비누, 필기구, 안전가위

놀이하기

빨대를 이용해서 무조건 빨아들이지 않고 부는 것이 가능해졌을 때 놀이 하세요.

1. **투명한 그릇에 물을 담고 물감과 액상 비누를 넣어보세요.**
   - 물에 물감을 짜볼게. 어떻게 될까?
   - 휘휘 저으면 어떻게 되지? 거품이 나네.
   - 이번에는 물비누도 넣어볼까?
   - 물에 비누랑 물감을 같이 넣었네!

2. **빨대를 꽂은 다음 입으로 후~ 불어 거품이 나는 것을 보여주세요.**
   - 긴~ 빨대로 비누거품을 불어보자.
   - 엄마가 먼저 불어볼게. 뽀글뽀글 거품이 생기네.
   - 이것 봐. 아이스크림 같다. 그렇지?
   - 지호야, 후~ 비누거품을 불어볼까? 거품이 날아가네.

3. **아기가 빨대를 이용해 거품을 만들고 탐색하게 하세요.**
   - 지호도 빨대로 불어볼까?
   - (빨대를 허공에 대고)이렇게 후~ 하고 불어봐. 그렇지!
   - 거품을 더 많이 만들어보자.
   - 빨대로 세게 불어보자. 더~ 더~ 더 불어보자.
   - 뽀글뽀글~ 거품이 이렇게 많아졌네.
   - 폭신폭신 구름 같아. 손으로 만져볼래?

4. **그릇 위로 올라온 거품을 종이로 찍어보세요.**
   - 종이를 거품 위에 올려보자.
   - 종이에 거품 모양이 찍혀 나왔네. 짜잔~ 거품이 찍혔네!
   - 지호도 엄마랑 같이 종이를 잡고 이렇게~ 짠!
   - 다시 뽀글뽀글 거품을 만들고 또 한 번 찍어볼까?
   - 이번에는 다른 모양이 나왔네.

비누거품 통이 쓰러지지 않게 꼭 잡아주세요.

뇌 발달 Point

이 놀이를 하면서 아기는 거품의 특성에 대해 기억하고 반응할 수 있습니다. 비누거품을 찍어내는 활동은 눈과 손의 협응력 발달에도 도움이 됩니다.

응용해요!

아기가 찍어낸 거품그림 종이를 말렸다가 그 위에 그림을 그리거나 가위로 오려보세요. 거품그림을 찍는 종이를 다양하게(티슈, 한지, 습자지 등) 주는 것도 좋은 경험이 됩니다.

엄마를 위한 발달 상식

이 시기의 아기는 소근육 조절능력이 미숙하기 때문에 비누거품 통을 쉽게 엎지를 수 있어요. 액체를 그릇에 조금씩 부어가며 놀이하면 쉽게 쏟아지지 않을 거예요. 또한 아기에 따라 빨대로 부는 것이 아직은 미숙할 수 있으니 아기가 비눗물을 들이마시지 않도록 주의하세요.

상호작용할 때

'비누거품그림' 놀이를 하기 전에 빨대를 부는 연습부터 해야 합니다. 물감놀이에 사용하는 그릇은 바닥이 넓어야 넘어지지 않고 좋아요. 비누거품을 종이에 찍어낼 때는 엄마가 비누거품 통을 잡아 아기가 종이를 대고 찍을 수 있도록 도와주세요. 거품그림이 완성되면 안전가위로 오려보는 놀이도 할 수 있어요.

궁금해요 Q & A

Q 아기가 거품그림을 하다가 자주 비눗물을 빨아올려요.

A 빨대를 사용해본 아기는 습관처럼 들이마실 수 있어요. 비누거품을 삼킬 위험이 있는 아기에게는 주스를 이용하도록 하세요. 오렌지, 포도, 당근 등과 같이 색깔 있는 과일 주스를 활용하면 좋습니다.

30-36개월 의사소통

하나, 둘, 셋! 일, 이, 삼!

집 안의 물건들을 자연스럽게 세어보며 숫자 개념을 알고, 숫자와 사물을 일대일로 대응하는 놀이

● **준비물**
작은 종이(포스트잇), 필기구

놀이하기

간식을 먹을 때나 계단을 오르내릴 때, 길을 걷거나 블록놀이를 하면서 하나, 둘, 셋 놀이하세요.

1 주변에 있는 것들을 간단하게 세어보세요.
- 신발이 하나, 둘, 셋, 넷!
- 사과가 하나, 둘, 셋!
- 물고기가 하나, 둘, 셋, 넷!
- 계단을 하나, 둘, 셋! 하나, 둘, 셋!

2 물건을 세면서 손가락으로 숫자를 표시하고 전체 개수를 말해보세요.
- (손가락을 펴면서) 신발이 하나, 둘! 신발이 두 개 있네.
- (손가락을 펴면서) 사과가 하나, 둘, 셋! 사과가 세 개 있어.
- (손가락을 펴면서) 물고기가 하나, 둘, 셋, 넷! 네 마리 있다~
- (손가락을 펴면서) 블록이 하나, 둘, 셋! 세 개 있네.

3 작은 종이에 숫자를 쓰고 개수만큼 점을 찍은 뒤 읽어보세요.
- 여기에 '일'이라고 써 있어. 여기 점이 하나다!
- 여기는 '삼'이라고 써 있네. 여기 하나, 둘, 셋! 점이 세 개야.
- 여기는 점이 몇 개 있어? 그렇지, 두 개 있지?

4 숫자가 써 있는 종이를 아기가 보는 앞에서 숨기고 찾아보세요.
- 이 종이를 찾아볼래?
- (아기 손을 잡고) 엄마랑 같이 찾아볼까?
- 와~ 찾았다. 숫자 '3'을 찾았네.
- 점을 세어볼까? 하나, 둘, 셋!
- 은성이가 숫자를 세 개나 찾았다. 야호!
- 또 어디 있을까? 소파 뒤에 있나?

숫자를 세면서 숫자 이름을 반복해서 들려주세요.

응용해요!
아기와 길을 걸으며 광고판에 써 있는 숫자를 찾아 읽어주는 놀이도 좋아요. '하나, 둘, 셋' 놀이를 통해 친숙해진 숫자를 찾아보면 재미있어 할 거예요.

 **뇌 발달 Point**

시각은 다른 감각에 우선하는 감각체계입니다. 두뇌는 글자도 그림으로 인식합니다. 각 문자의 특징을 식별하는 시각이 발달하면 아기가 글자를 읽을 수 있습니다. 지나치게 많은 숫자를 알려주면 아기에게 오히려 스트레스가 될 수 있으니 발달 수준에 맞게 4 이내의 숫자만 보여주고 집중할 수 있도록 도와줍니다.

엄마를 위한 발달 상식

31개월경이 되면 아기의 70% 정도가 '둘'을 이해합니다. 따라서 아기가 어릴 때는 많은 숫자를 한꺼번에 제시할 필요가 없어요. 아기가 1부터 10까지의 수를 기계적으로 세는 것은 단순히 숫자 이름을 차례로 외우는 것이지, 수 개념을 형성한 것으로 보기는 어렵습니다. 일상생활에서 사물을 하나, 둘, 셋! 세어보게 하면서 숫자와 실제 사물의 개수를 연결해보게 도와주세요.

상호작용할 때

아기가 셀 수 있는 만큼의 숫자만 사용하세요. 처음에는 1~3까지 놀이하다가 점차 1~5까지 확대해가며 놀아봅니다. 숫자 카드를 찾으면 숫자 이름을 말해주고 그려 있는 점의 개수는 나중에 세어보세요.

궁금해요 Q&A

Q 아기가 숫자 세기를 잘하면 수 개념이 생긴 건가요?

A 손가락으로 물건을 가리키며 하나, 둘, 셋이라고 셀 수 있는 아기에게 "그럼, 이게 몇 개야?" "한 개하고 두 개를 합치면 몇 개야?"라고 질문해보세요. 아기는 무슨 의미인지 아직 이해하지 못하는 경우도 많아요. 수 개념이 있다는 것은 마지막으로 센 숫자가 전체 개수임을 이해하고, 한 개보다 두 개가 더 많으면 세 개가 된다는 것까지 아는 거예요. 따라서 숫자를 아무리 잘 센다 하더라도 수 개념이 있다고 보기는 어렵습니다.

30-36개월 의사소통

아기별 이야기

엄마가 찍은 사진을 보며 아기를 아기별에 비유해 이야기하는 놀이

● 준비물 사진

놀이하기
하루 동안 아기와 놀면서 찍은 사진을 함께 보면서 놀이하세요.

1 **잠자리에서 아기를 품에 안고 오늘 하루 지낸 이야기를 나눠요.**
 · 주형이랑 함께 누워 있으니 기분이 너무 좋아~
 · (아기를 껴안아주며) 엄마는 주형이를 사랑해~
 · 오늘 주형이가 무엇을 했더라?
 · 우리 놀이터에 갔었지?

2 **오늘 낮에 아기와 함께 찍은 사진을 보며 이야기하세요.**
 · 엄마가 주형이 사진을 찍었는데 한번 볼까?
 · 여기가 어디였지? 놀이터네~
 · 주형이가 뭐하고 있나? 그네를 혼자서 타고 있네.
 · 주형이가 길에서 나비를 보고 쫓아가고 있네.
 · 그러다가 쿵! 넘어졌지? 그래서 무릎을 다쳤지?

3 **불을 끄고 편안한 분위기에서 '아기별 이야기'를 들려주세요.**
 · 아기별은 주형이처럼 아주 작고 사랑스러운 꼬마야.
 · (아기가 경험한 것을 들려주며) 아기별이 놀이터에 갔대.
 · 아기별은 그네가 타고 싶은데 자신이 없었어.
 · 그래도 아기별은 용기를 내서 그네를 탔어. 하나, 둘, 셋!
 · 그러다 쿵! 넘어졌대. 그런데 씩씩하게 일어났대.

그날그날 아기의 경험을 아기별 이야기로 들려주세요.

4 **아기별 이야기와 관련하여 몇 가지 질문을 하고 대답해보세요.**
 · 아기별아, 놀이터에서 왜 울었어?
 · 그래~ 아기별이 그네를 타다 다쳤지? 아파서 울었어.
 · 오늘 저녁에 아기별이 치카치카를 했나?
 · 그래, 저녁 먹고 엄마랑 함께 치카치카 했지?
 · 또 뭘 했지? 그래, 아빠한테 쪽~ 하고 인사를 했구나.

응용해요!
아기의 하루가 담긴 사진을 출력하여 간단한 이야기를 글로 적은 후 벽에 붙여두는 것도 좋아요.

아기는 짧은 시간 동안만 기억할 수 있습니다. 하루 동안의 일을 모두 기억하는 것은 어렵습니다. 하지만 둘 이상의 감각이 결합된 경험은 훨씬 잘 기억합니다. 감정과 결합된 경험, 즉 기쁘거나 슬픈 감정을 느꼈던 경험은 더 오래 기억합니다.

엄마를 위한 발달 상식

그날그날 일어났던 일을 들으며 회상하는 놀이는 아기가 자신의 경험에 대해 개념적 사고를 할 수 있도록 도와줍니다.

상호작용할 때

엄마가 하루 종일 아기가 경험하는 일들을 유심히 관찰해야 재미있는 '아기별 이야기'를 들려줄 수 있어요. 아주 작은 일이라도 아기에겐 의미 있는 일이 될 수 있으니 아기의 입장에서 흥미로웠던 일을 찾도록 합니다. 아기별 이야기를 할 때는 아기가 자신의 이야기라고 생각하고 적극적으로 대답할 수 있도록 귀 기울여주세요.

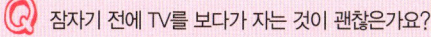

Q 잠자기 전에 TV를 보다가 자는 것이 괜찮은가요?

A TV의 시각·청각 자극은 아기 뇌에 적절하지 않아요. 특히 잠자기 2~3시간 전 자극적인 정보에 노출되면 뇌가 활성화된 채로 수면에 들어가기 때문에 숙면에 방해가 됩니다.

30-36개월 의사소통	**'기'자로 시작하는 말**
	아기 이름에 있는 첫 글자와 같은 소리를 내는 단어 찾아보는 놀이

● 준비물
그림카드(똑같은 글자가 들어가는 사물의 그림)

놀이하기

아기가 자신의 이름에 있는 글자와 똑같은 글자가 들어간 단어에 관심을 가질 때 놀이하세요.

1 아기의 이름을 불러주세요.
- 기현아, 기현아, 뭐하~니?
- 기현이 이름은 '기'자가 들어가네.
- '기~ 기현이!'

2 아기 이름 중 첫 글자로 시작하는 단어 그림을 찾아보세요.
- 기현이처럼 '기'자가 들어가는 말이 뭐가 있을까?
- (아기에게 시간과 힌트를 주고) 칙칙폭폭, 칙칙폭폭 뭘까?
- (힌트를 주며) 이건 차 중에서 제일 긴 차야. 뭘까요?
- (그림을 보여주며) 기차구나~ 기현이랑 기차랑 똑같이 '기'소리가 나네.

3 같은 글자가 들어가는 그림카드 3~4장을 바닥에 놓고 이야기하세요.
- 여기 '기'자가 들어가는 그림이 있어요. 어떤 걸까?
- 동물원에 있어요. 목이 길어요. 뭘까~요?
- 그렇지, 기린이지? 기린은 '기'자로 시작하네.
- 여기 새가 날아가네. 이 새는 '기러기'야.
- 기현이, 기차, 기린, 기러기 모두 '기'자가 들어가네?

4 '기'자가 들어가는 그림을 보며, 단어를 말해주고 노래도 불러주세요.
- '기'자로 시작하는 말이 뭐가 있었지?
- (그림카드를 가리키며) 모두 '기'자가 들어 있지?
- 엄마가 노래 불러줄게. 잘 들어봐.
- 기기기자로 시작하는 말 / 기차, 기린, 기둥, 기러기 / 아~주 많구나.
- (아기도 노래를 부르도록 격려하며) 엄마랑 같이 노래해볼까?
- 다시 한 번 불러볼까?

놀이를 하기 전에 미리 카드를 만들어 놓으세요.

응용해요!
엄마 이름을 알려주고 엄마 이름과 같은 글자가 들어가는 단어를 찾아보세요.

 **뇌 발달 Point**

아기가 글자를 읽으려면 그 글자를 구별하고 사물과 연관 지어 기억할 수 있는 능력이 발달해야 합니다. 따라서 아기가 주변에서 쉽게 찾을 수 있는 사물 중에서 쉬운 모양의 글자부터 시작하는 것이 좋습니다.

엄마를 위한 발달 상식

'기'라는 글자는 놀이의 예를 보여주기 위해 임의로 정한 글자예요. '기' 대신 아기 이름의 글자를 사용하도록 하세요. 아기는 자기 이름을 들으면 흥미로워합니다. 아기가 음성언어를 인식할 때 자기 이름을 가장 먼저 인식하는 것처럼 문자언어를 배울 때도 자기 이름을 가장 먼저 배웁니다.

상호작용할 때

이 놀이는 글자를 알고 있는지 확인하는 것이 아니에요. 자기 이름이 있는 친숙한 글자를 낱말카드에서 찾아보고 그림과 글자를 연결시켜 글자에 호기심을 갖도록 하는 놀이입니다. "이 글자를 어디서 본 것 같은데~ 어디서 봤을까?" 등으로 아기의 관심을 끌면서 단어를 유추하도록 도와주세요. 한꺼번에 너무 많은 글자를 제시하면 좋지 않습니다.

궁금해요 Q&A

Q 같은 글자가 들어가는 낱말놀이는 왜 좋은가요?

A 같은 소리가 나는 단어를 찾는 낱말놀이는 소리에 대한 인식능력과 회상능력을 향상시켜요. 단어를 찾으려고 애쓰는 과정에서 과거의 경험을 회상하고 과거에 학습한 단어를 다시 한 번 확인하도록 도와줍니다. 아기가 단어를 생각해내지 못할 때는 엄마가 단서를 제공해주세요.

30-36개월 의사소통

내 그림 소개하기

아기가 그린 그림에 대해 이야기한 내용을 글자로 옮겨주는 놀이

● 준비물
크레파스, 사인펜, 종이(A4용지, 도화지 등), 셀로판테이프

놀이하기

아기가 쓰기 도구를 다루기 시작할 때 놀이하세요.

1 쓰기 도구(필기구)를 소개해주세요.
- 시윤아, 여기 뭐가 있나 보자.
- 이건 사인펜이고 이건 크레파스야.
- 엄마가 한번 써볼까?
- 쓱쓱~ 이렇게 선이 그려지네.
- 이 색깔은 초록색이야. 빨간색도 있네.

2 아기에게 쓰기 도구를 탐색하고 사용할 수 있도록 기회를 주세요.
- 이건 뚜껑이야. 뚜껑 색깔이 모두 다르네.
- 시윤이가 빨간 펜으로 긴~ 선을 그렸네.
- 파란 크레파스로 구불구불 길을 그렸네.
- 빨간색 동그라미는 자동차 바퀴 같다~
- 사인펜이랑 크레파스는 다르다. 그렇지?

간혹 무엇을 그렸는지 아기에게 물으면 부담이 될 수도 있어요.

3 아기가 그린 그림을 벽에 붙여두고 이야기하세요.
- 이 그림을 잘 보이는 곳에 붙여둘까?
- 엄마가 오시면 엄마에게도 보여드리자!
- 시윤이가 길쭉하게 그린 게 뭘까?
- 동그랗게 그린 것도 있네. 이건 뭐지?

4 아기가 이야기한 것을 받아 적어보세요.
- '시윤이가 바나나 먹어요. 맛있어요'라고 써줄게.
- (아기의 말을 그대로 적으며) '빨간 자동차'라고 썼어.
- (아기의 말을 그대로 적으며) '블럭이 있어요'라고 썼어.

 **뇌 발달**

글이 많은 책보다는 그림이 풍부한 그림책이 읽기 능력에 도움이 되는 시기입니다. 기본적인 감각영역의 시냅스가 발달하면서 사물을 인지하는 능력과 연계되어 복잡하고 미묘한 차이까지 구별하게 됩니다. 또 아기의 말에 귀 기울이고 이해해주는 엄마의 태도에 아기의 감성은 더욱 풍부하게 자극을 받습니다.

응용해요!

아기가 끄적거린 결과물을 소중하게 다루고 벽에 붙여주세요. 다른 가족이 방문했을 때 아기가 자기 그림을 설명할 수 있는 기회를 마련해주면 좋아요.

엄마를 위한 발달 상식

이 시기에는 종이에 목적 없이 끄적거리는 걸 좋아해요. 아기의 그림을 보고 "무엇을 그렸니?"라고 물으면 그때그때 생각나는 대로 대답하는 시기입니다. 아기가 한 말을 글로 적어 말이 글로 바뀌는 과정을 보여주세요. 이런 경험이 반복되면 '말이 글로 바뀔 수 있구나!'라고 인식하게 되지요. 하지만 너무 서두르지 않는 것이 좋아요. 처음에는 아기의 이름을 쓰거나 책 제목을 쓰는 것처럼 단순한 것부터 시작하세요. 그림책에 익숙해지면 책에서 관심 있는 그림 부분을 그리게 하고 이야기를 나눌 수 있습니다.

상호작용할 때

아기가 그림을 설명할 때 어떤 이야기를 하더라도 그대로 인정하고 받아주세요. 하늘은 파랗고 땅은 황토색이라는 고정관념을 가지기보다는 아기의 표현과 느낌을 그대로 받아주는 것이 필요합니다. 엄마의 이런 마음이 아기에게 전달되어 창의성을 형성하는 밑거름이 됩니다.

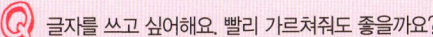 **궁금해요 Q&A**

Q 글자를 쓰고 싶어해요. 빨리 가르쳐줘도 좋을까요?

A 아기가 스스로 글자를 쓰고 싶어하는 것은 글자에 관심이 생겼다는 뜻이지요. 아직은 글자를 가르치지 말고 글자를 자주 보여주면서 아기 스스로 써보도록 도와주세요. 이렇게 해야 아기의 자발적 동기를 해치지 않을 수 있어요.

컵 인형

30-36개월 의사소통

동물 모형, 손가락 인형, 손 인형 등을 사용하여 상황을 설정하고 이야기하는 놀이

● 준비물
익숙한 그림책, 그림책 속 등장인물의 그림(복사본 또는 직접 그린 것), 종이컵이나 요구르트 병, 셀로판테이프

놀이하기

아기가 좋아하는 그림책의 등장인물 인형을 만들어 놀이하세요.

1 그림책을 읽어주고 내용을 기억해보게 하세요.
- 우리 지호가 좋아하는 그림책 또 읽어줄까?
- 여기에 누구누구 나오지?
- 셋째 아기돼지는 무엇으로 집을 지었어?
- 늑대가 어떻게 했지?

2 컵으로 만든 인형을 보여주며 이야기 나눠보세요.
- 짜잔~ 컵으로 만든 인형이야.
- 지호가 그려준 돼지를 붙여놨어~
- (컵 인형 하나를 들고)안녕! 나는 셋째 돼지야.
- 여기 무서운 늑대도 있네. 이빨 좀 봐.

3 컵 인형들을 가지고 그림책 내용을 간단히 들려주세요.
- 아기 돼지 삼형제가 집에 있어요~

아기에게는 반복되는 간단한 대사를 시켜보세요.

4 아기에게도 역할을 주어 인형을 움직이게 하세요.
- 지호가 늑대 역할 해볼래?
- 그래, 지호가 늑대처럼 '후욱~ 불어 날려버릴 테다!'라고 말해볼래?

5 다른 그림책으로도 인형극을 해보세요.
- 다른 그림책으로도 해볼까?
- 어떤 인형을 만들어볼까?
- 이번에는 빨대에 붙여서 막대 인형을 만들어보자.
- 어디서 인형놀이를 해볼까?

 **뇌 발달 Point**

막대 인형을 통해 그림책에서 보았던 이야기를 다시 한 번 간접적으로 체험하게 됩니다. 이런 놀이 경험은 감성을 형성하는 전두엽 발달에 도움이 됩니다.

엄마를 위한 발달 상식

이 시기의 아기는 자신이 좋아하는 동화책의 내용을 간단히 기억하고 말할 수 있어요. 그림책의 글자를 읽지는 못해도 그림을 보면서 동화의 내용을 꾸며서 말할 수 있습니다. 3~4단어의 간단한 문장을 만들기도 하지요.

상호작용할 때

이 시기의 아기가 인형극을 하는 것이 아직은 어려워요. 대사를 외워서 말하게 하기보다는 이야기에서 반복되는 간단한 단어를 말하게 하는 것이 좋아요. 이 놀이에서 중요한 것은 아기가 이야기의 내용을 기억하고 떠올리는 거예요. 아기가 그린 그림을 잘라 종이컵이나 빈 요구르트 병에 붙여 인형극놀이를 해 보세요. 아기는 자기가 그린 그림이 인형으로 바뀐 것만으로도 만족감을 느끼며 좋아합니다.

궁금해요 Q&A

Q 이야기 속에 등장하는 괴물이나 마녀를 무척 좋아해요. 괜찮을까요?

A 아기가 성장하면서 동화에 나오는 강한 힘을 가진 등장인물을 좋아하는 것은 자연스러운 일이에요. 무서운 캐릭터를 좋아한다고 야단치거나 놀리면 아기는 심리적으로 죄책감을 느끼고 좌절할 수 있어요.

30-36개월 의사소통

나도 읽어요

엄마가 읽어준 그림책의 내용을 기억하고 혼자서 읽어보게 도와주는 놀이

● 준비물
글자가 있는 쉬운 그림책

놀이하기
아기가 자주 읽는 그림책(글자가 함께 있는 것)과 친해졌을 때 놀이하세요.

1. **아기가 좋아하는 그림책에 대해 이야기하고 읽어주세요.**
   · 은성이가 좋아하는 책이네.
   · (제목을 읽으며) '이상한 구멍.'
   · 은성이도 읽어볼래?
   · 은성이가 제목을 읽었네.

2. **반복되는 단어나 의성어, 의태어는 아기가 읽도록 하세요.**
   · (글자를 가리키며) '동글동글' 여기도 '동글동글' 똑같네.
   · (의성어나 의태어만 읽으며) '동글동글' '으르렁으르렁.'
   · 엄마가 '코!' 하면 은성이가 '구멍!' 해줄래?

그림책의 글자를 그대로 읽지 않아도 좋아요.

3. **아기가 단어나 책 읽는 소리를 녹음(녹화)해보세요.**
   · 은성이가 '동글동글' 하며 읽는 것을 녹음해볼까?
   · 은성이가 곰돌이한테 책 읽어줄 수 있니?
   · 은성이가 곰돌이에게 책을 잘 읽어주었구나.
   · 곰돌이가 너무 재미있대.

4. **녹음한 것을 들려주거나 녹화된 것을 함께 보며 이야기 나눠요.**
   · (녹음한 것을 재생하며) 은성이가 책 읽은 것 한번 들어볼까?
   · 은성이가 '동글동글' 하고 말하네.
   · 은성이가 읽은 것을 들어보니 너무 재미있다~
   · 다시 한 번 해볼까?

응용해요!
잡지나 달력의 한 장면을 보면서 이야기할 수 있어요.

 **뇌 발달 Point**

책에 나오는 사물(예: 과일)과 관련된 맛과 색깔 등에 대해 이야기를 나누는 것은 아기가 과거에 경험했던 실물의 특성을 기억해내도록 도와줍니다. 따라서 스토리 없이 사물의 이름만 적힌 그림책도 아기에게는 좋은 놀잇감이 됩니다.

엄마를 위한 발달 상식

아기가 '책을 읽는 척하는 놀이(pretend reading)'를 관찰해보면 책을 들고 중얼중얼하기도 하고, 말할 때 사용하는 언어와는 다른 구어체의 문장, 즉 '~ 했습니다'와 같은 구절을 사용하기도 합니다. 아기가 구어와 문어를 구별하기 시작했다는 증거이지요. 이때 언어능력을 돕기 위해 쉽고 짧은 문장이 반복되거나 그림이 누적되어 나타나는 단순한 그림책을 읽어주면 좋아요.

상호작용할 때

아기에게 그림책과 관련된 질문을 할 때는 답이 있는 질문보다는 자기 생각을 자유롭게 표현할 수 있는 질문을 하도록 하세요. 아기의 대답을 듣고 엄마가 정확한 문장으로 다시 말해주는 것이 좋습니다.

궁금해요 Q&A

Q 매일 같은 책만 읽고 싶어해요.

A 아기는 반복을 매우 좋아합니다. 리드미컬한 어구의 운율, 다음에 일어날 일을 예측하기 쉽다는 점, 반복에서 오는 친숙함 때문이에요. 반복을 통해 아기는 여러 가지 경험을 하기도 합니다. 같은 그림책을 보면서도 아기는 볼 때마다 새로운 것을 발견합니다.

0~36개월, 아기와 엄마가 교감하는 뇌 발달 놀이
뇌가 즐거운 아기 놀이 120
ⓒ정미라 권정윤 박수경 이방실 김경숙 문원선 유혜경 이민정, 2013

초판 1쇄 발행일 2013년 7월 25일
초판 23쇄 발행일 2022년 5월 31일

지은이 정미라 권정윤 박수경 이방실 김경숙 문원선 유혜경 이민정
펴낸이 윤은숙
책임편집 이희원
디자인 윤미정 | **표지와 본문 그림** 오승민

펴낸곳 (주)느림보
등록일자 1997년 4월 17일
등록번호 제10-1432호
주소 경기도 파주시 헤이리마을길 48-45
전화 031-949-8761
팩스 031-949-8762
블로그 blog.naver.com/nurimbo_pub

이 책의 글과 그림의 일부 또는 전부를 사용하려면 반드시 저작권자와 (주)느림보의 동의를 얻어야 합니다.
책값은 뒤표지에 있습니다.
ISBN 978-89-5876-164-8 13590

이 도서의 국립중앙도서관 출판시도서목록(CIP)은 서지정보유통지원시스템 (http://seoji.nl.go.kr)와
국가자료공동목록시스템(http://nl.go.kr/kolisnet)에서 이용하실 수 있습니다.
(CIP제어번호 : CIP2013009542)